阜阳历史文化丛书

杨新 主编

中国人民政治协商会议阜阳市委员会/编

韩自强文物考古集

韩自强/著

合肥工业大学出版社

图书在版编目(CIP)数据

韩自强文物考古集/韩自强著．—合肥:合肥工业大学出版社,2018.11
(阜阳历史文化丛书/杨新主编)
ISBN 978-7-5650-4242-3

Ⅰ.①韩… Ⅱ.①韩… Ⅲ.①古文学—考古—阜阳—文集
Ⅳ.①K877.04-53

中国版本图书馆CIP数据核字(2018)第254503号

韩自强文物考古集

韩自强 著　　　　责任编辑 朱移山

出 版	合肥工业大学出版社	版 次	2018年11月第1版
地 址	合肥市屯溪路193号	印 次	2019年3月第1次印刷
邮 编	230009	开 本	690毫米×980毫米 1/16
电 话	总 编 室:0551-62903038 市场营销部:0551-62903198	印 张	19.75
		字 数	342千字
网 址	www.hfutpress.com.cn	印 刷	安徽联众印刷有限公司
E-mail	hfutpress@163.com	发 行	全国新华书店

ISBN 978-7-5650-4242-3　　　　定价：68.00元

中国人民政治协商会议阜阳市委员会
《阜阳历史文化丛书》编委会

序　言

阜阳历史悠久，物华天宝，人杰地灵，源远流长、丰富多彩的历史文化遗产，如淮颍之水，滔滔汩汩，绵延不绝；上自殷末，下迄当代，其间名家辈出，光照千古；形式多样，异彩纷呈；艺术魅力，经久不衰。早在远古时代，这里就出现了文明的曙光。传说大禹治水成功后，把天下分为九州，今天的阜阳隶属豫州。商朝成汤建都于亳（今河南郑州），阜阳地近商都，社会经济文化都得到了进一步发展。西周时期，阜阳是胡子国的国都。春秋战国是我国历史上大变革时期，各国变法图强，弱肉强食，小国被迫依附大国。春秋后期，阜阳境内的小国基本上为楚国兼并，称为汝阴（即小汝水之南）。公元前221年，秦始皇统一中国，在地方上实行郡县制，把全国分为36郡，阜阳置汝阴县，隶属泗水郡。汉承秦制，阜阳仍为汝阴县。公元108年，汉安帝封刘显为阜阳侯，其封地虽不在今天的阜阳市，但阜阳地名开始出现。三国两晋南北朝时期，国家分裂，战事频繁，尤其是淮河一带，政权更替，属地交错，建制比较混乱，但总体上看，当时的阜阳属于豫州。隋唐时，阜阳设汝阴郡（后曾改为颍州）。北宋时，地方行政区划分开始实行路、府（州）、县三级管理体制，当时在阜阳境内设置了顺昌府（治今阜阳市）。元朝创设了行省制度，当时阜阳称为颍州，属河南江北行省。明朝在今阜阳境内设置颍州。清朝雍正帝时，阜阳升州为府，取名颍州府。民国时期，在阜阳设置行政专员督察区（简称“专区”），作为安徽省政府的派出机构。1949年后，中央人民政府设立了阜阳专员公署（驻今阜阳市）；1966年阜阳撤地设市，当时辖太和、界首、涡阳、蒙城、利辛、颍上、阜南、临泉以及颍州、颍泉和颍东三区，并代管亳州市、界首市；1998年亳州市脱离阜阳，成为省辖市；2000年，涡阳、蒙城、利辛三县划归亳州管辖。目前，阜阳市辖三区、四县并代管界首市。

阜阳史前文化位于山东海岱文化与中原文化的交汇地带，这里曾创造过黄河文明，更是淮河文化的发祥地之一，大约5000年前，这里的人们已经开始摆脱逐水而居的境况，在颍河、小汝水（今泉河）沿河台地上定居郜来，并形成以农业为主的原始部落，创造出辉煌的古代文化，留下了许多古文化遗址，如临泉吕寨境内的宫庄遗址是新石器时代中期偏早阶段的遗存，距今约7000年，临泉境内的九槐遗址、台阳寺遗址、老丘堆遗址、胡台遗址、费子街遗址，太和县境内的倪邱遗址、灰角寺遗址，阜南县境内的丁王庄遗址、地理城遗址、清凉寺遗址等属于大汶口文化中晚期的历史遗存。阜阳境内还发现龙山文化遗存二十多处，原始农业、手工业和艺术都有相当成就。阜阳境内的商周文化遗存，以陶器、青铜器为主，润河沿岸的阜南朱寨润河湾、颍上王岗郑小庄出土的青铜器以铸造工艺精湛、纹饰华美著称，阜南县朱寨海孜村常白庄润河湾1957年6月出土的龙虎尊青铜器，造型独特，端庄凝重，意蕴深长，被列为国家一级保护文物，现藏中国国家博物馆。阜阳出土的青铜器还有商代酒器“酉”字爵，战国勾杀兵器大梁司寇绶戈、王莽铜镜等。秦汉以来，统治者为了巩固其势力，在墓前雕造一些实际上并不存在的动物象征守卫，石雕天禄就是其中的杰出代表。此件石器出土于临泉县境内，是国家一级文物。白底黑花釉虎形枕出土于太和县境内，现藏阜阳市博物馆，是宋代磁州窑出产的产品。瓷枕的整个画面生动活泼，不落俗套，造型优美，富有浓厚的乡土气息和民间色彩。阜阳城西南郊西汉汝阴侯墓出土的竹简、阜阳城西郊出土的古代玉器精品——蜻蜓眼玻璃珠、界首市光武出土的“大泉五十”钱母（古代铸钱的模具）等更具学术研究价值。阜阳竹简是西汉初期的简册，1977年在阜阳城西南的汝阴侯墓中发掘出土。这批被文物考古学界誉为稀世之宝的阜阳竹简，其珍贵之处在于：第一，简书种类多。阜阳竹简包括十多种古代典籍，书种繁多，而且内容包罗万象。按我国传统的图书分类，经、史、子、集无所不有；就内容而言，则医药卫生、童梦教育、天文计算、星相卜卦、天干地支、行气养生、建筑工程、器物制造、农产品加工、相狗术等无所不涉，在国内汉简发掘史上实属罕见。第二，史料价值高。在阜阳竹简所存的典籍中，有些属首次发现，为史籍所未载；有些即使有今本存在，但字句多有不同。第三，书法精湛。在国内历年出土的竹简中，阜阳竹简书法是被专家公认最为优美的一种。阜阳简文字墨书，且各种书籍字体各不相同。有的温文清秀、有的粗犷奇崛、有的飘逸俊美、有的严谨端庄，并非出自一人之手。这些资料对于考察秦汉时期的历史、语言、文字，研究历代书法艺术的发展源流等提供了重要的实物资料。目前，阜阳市具有重大考古价值的古代墓群女郎台也正在考古发掘之中。

阜阳人文荟萃，艺术繁盛。历史对阜阳情有独钟，在这里留下了浓墨重彩。自古就“土风备于南北，人物推于古今”的美誉，孕育了姜子牙、管仲、鲍叔牙、甘罗、吕蒙、吕霞光、常润侠、戴厚英、刘德培等闪烁古今、蜚声四海的名人贤士；漫长的历史长河给阜阳留下了颍州西湖、文峰塔、魁星楼、刘锜庙、管鲍祠等丰富的人文景观。唐宋时期的文坛巨子晏殊、欧阳修、苏轼先后在颍州任职，都与钟灵毓秀的颍州西湖结下不解之缘。他们钟爱西湖，疏浚西湖，广植花树菱荷，增益亭阁堂台，更用他们独有的视角去发掘和审视颍州西湖的美，把它凝于笔端，挥洒于尺素，写下一首首、一曲曲颍州西湖的千古绝唱，也留下了颍州西湖余韵悠远的人文景观。王安石曾应邀至颍州西湖玩赏，留下“书院四周水上莲，平湖万顷叶田田。无穷红点无穷碧，正是游人探望天”的诗句，对西湖书院及四周胜景大加赞赏。欧阳修对西湖更情有独钟，“筑室买田清颍尾”，“独结茅庐颍水西”，“西湖烟水如我家”，“都在二十四桥月，换得西湖十顷秋”，直至仙逝于老西湖湖心洲。历史上的颍州西湖曾与杭州西湖难分伯仲。宋代诗人杨万里说“三处西湖一色秋，钱塘汝颍与罗浮”，汝颍即指今天的阜阳。宋代大文豪苏轼更感叹曰：“大千起灭一尘里，未觉杭颍谁雌雄。”明代《正生颍州志》载：“西湖长十里广三里，相传古时水深莫测，广袤相齐。”《大清统一志》云：“颍州西湖名闻天下，亭台之胜，觞咏之繁，可与杭州西湖相媲美。”古今称颂颍州西湖风景之美的诗篇有记载的多达259篇。南宋时，抗金名将刘锜在此地大破金兵，取得重大胜利。元朝末年，刘福通在这里领导了著名的红巾军起义。1928年4月9日，在以优秀共产党员和宣传活动家、中共皖北特委书记魏野畴为首的皖北特委领导下，阜阳爆发了我党历史著名的“四九起义”，为阜阳历史文化增添了新的光彩。

阜阳剪纸、颍上花鼓灯等8项文化遗产被列为国家级非物质文化遗产，另有16项被列为省级非物质文化遗产。阜阳民歌感情朴实，曲调流畅，具有浓郁的乡土气息和鲜明的淮北特色。曾经广为流传的有《逃荒》《摘石榴》《十大绣》《看戏》《货郎子调》《李玉莲》等。乐器有班鼓、边鼓、手板、大锣、小锣、水镲、大镲、架排云锣、班笛、小喇叭等，音乐豪爽奔放，善于表现喜乐欢腾的情绪。阜阳在安徽省享有“曲艺之乡”的美誉。源于或流散于全市的曲种有淮词、清音、莺歌柳、琴书、坠子、道情、大鼓、评书、三弦书、端公戏、灶书、莲花落、杠天神、讲圣谕、相声、大小铙等近20种。阜阳民间舞蹈有40多种，具有鲜明的民族风格和强烈的地域特色，其中花鼓灯舞蹈已蜚声海内外，自立于世界舞蹈之林而别具风姿。阜阳的传统庙会和民间灯会也是一条色彩斑斓的群众文化活动风景线。传统庙会除开展大型民间商贸活动外，也利用庙会唱大戏、演杂技、说曲艺、玩杂耍等。阜阳有名的灯会有界首灯会、颍州灯会、沙河灯会等，颇受群众欢迎。淮北梆子本称梆剧，又称高梆、土梆。其源系秦腔传入阜阳后吸取当地流行的坠子嗡、灶王戏及民歌小调，逐渐衍化形成的具有淮北地方特色的梆子剧种。阜阳教育、科技、学术、宗教、民俗、工艺独具特色，在全国和黄淮海流域都具有较大影响。

“明镜所以照形，古事所以知今。”习近平总书记在庆祝中国共产党成立95周年大会上强调指出：“一切向前走，都不能忘记走过的路；走得再远、走到再光辉的未来，也不能忘记走过的过去，不能忘记为什么出发。面向未来，面对挑战，全党同志一定要不忘初心、继续前进。”阜阳厚重的历史文化，在经济、文化、社会发展中起着极其重要的作用。它可以鉴史明得失、育人爱热土、凝心开民智、聚力兴大业，可以牢记历史责任、强化对外交流，推动经济发展，促进社会和谐。传承历史文化，弘扬社会主义先进文化，创造文化新辉煌，促进文化大繁荣，是时代赋予我们的重任。为全面总结、准确反映阜阳有史以来的灿烂文化，探讨文化事业发展规律，给全市人民提供一套科学、规范的文史典籍，为阜阳文化的大发展、大繁荣奠定坚实基础，根据市政协领导安排，市政协文史委员会组织我市（包括阜阳师范学院）有关学者、教授20余人多次进行研讨、论证，确定从阜阳文学、文物考古、艺术、工艺、学术、教育、民风民俗、宗教、历史名人、名胜古迹等十个方面入手进行整理、编撰，出版“阜阳历史文化”丛书。在近五年的编写过程中，许多专家、学者为此倾注大量心血和汗水，他们不畏艰难、无私奉献、殚精竭虑、严谨治学的精神使我们深受感动，他们在阜阳历史上也将留下璀璨的一页。

本卷作者韩自强同志年逾七旬，原任阜阳市博物馆馆长，考古所研究员，在安徽乃至全国考古界享誉盛名，三十多年来先后在《文物》《考古》《中国历史与文物》《文物研究》《南方文物》《东南文化》《古文字研究》等刊物发表论文近百篇；出版《阜阳汉简周易研究》（上海古籍出版社2004年版）、《阜阳汉简诗经研究》（上海古籍出版社1998年版）、《阜阳·亳州出土文物文字编》（阜阳市老年专家学会2004年版）、《戴名世遗文集》（中华书局2002年版）。他历经寒暑，几易其稿，精益求精，写出了《韩自强文物考古集》一书，四十多万字。本书是韩自强先生近几十年来文物考古研究成果的汇集之作，收录了青铜容器、兵器、货币、印玺、简牍、铜镜及石刻造像、墓志、墓砖、画像材料等方面的研究文章30

余篇。全书以古文字研究内容为主，对1949年以来阜阳地区出土文物铭文进行整理、考证，其中尤以阜阳“双古堆”汉墓出土简牍材料的研究成果最为丰硕。本书是近几十年来阜阳文物考古研究的一部力作，内容涉及阜阳地区及我国古代的社会政治、经济制度、军事生活、文化教育、文学艺术、天文历法等多个领域，对研究阜阳及皖北地区历史与文化具有重要参考价值。

组织编写“阜阳历史文化”丛书是一项浩大的系统工程，也是一项创新性的工作，由于我们经验不足，搜集、拥有的资料、史料有限，加之时间仓促，对一些专题虽然多次组织专家讨论、论证、审稿、核稿，但我们始终强调文责自负，仍以编著者本人的思想观点和编写体例为主，这些观点和思想成果是作者的一家之言，难免有偏颇和不足之处，欢迎广大文史爱好者和社会各界有识之士提出批评指正，以利再版时加以修正。在丛书编写过程中，编著者充分借鉴了相关的资料和作品，在此我们对相关著作者表示深深的谢意。阜阳历史文化研究会会长、著名文史专家李兴武先生，副会长、著名文学评论家陆志成先生，阜阳市博物馆副馆长、考古专家杨玉彬先生在百忙中挤出时间审稿、核稿，付出了大量心血，我们在此表示衷心的感谢；我们还对这部丛书编著出版过程中提供热情帮助的相关领导和专家表示崇高的敬意！

杨　新

2016年10月8日

一生贡献考古　倾心探索文明

张宏明

在安徽省老一辈的考古学人之中，有许多的专家是“半路出家”或者为了就业而投身文博队伍的，这是特定的政治环境和社会人文环境使然，也说不得什么。之所以有兴趣琢磨、研究他们成长发展的历史，不仅仅在于他们已经成名成家，曾经或多或少为文博考古事业做出过贡献和努力，更多的还在于思索人才的起点、成长的途径、社会环境以及个人的毅力、执着所起到的交叉作用。尤其是这些前辈的历史已经构成了新中国安徽文博事业发展史的有机组成，数十万件文物宝藏因他们的关注发现而幸存，见证安徽社会发展文化繁荣的名胜古迹因他们的悉心保护而传今。在每一件馆藏文物、每一处文化遗产的背后，都有着一连串鲜活生动令人百感交集的保护故事，再现了文博人对历史、对祖先、对文明的理解尊重和责任担当。

以文博工作为职业的人，都是表面上普普通通、内心世界却充满丰富情结的人。选择了这一职业，就意味着选择了平淡无奇、寂寞清贫的人生。亲近历史，弘扬文明，坚持做人底线，坚持做事认真，应该是文博人最基本最高尚的操守吧。汉朝人班固在《汉书》里说得好，“修文好古，实事求是”，如果没有前面的条件，又怎么能推导出后面的结论呢？《易经》指出的“观乎人文，以化成天下”，原来文化是一个合成词，用人类创造的文明的、文采的、精华的东西去哺育人的灵魂，进而达到资治教化民众的（包括我们自己）目的，这才是文化的真正含义。文博人虽然是普通民众的一份子，可是由于更多地接触到历史文明，长时间深受古典浸润的缘故，其应该比广大民众有着更多的文化自觉，有更多的有益于社会进步和自身素质提升的思想与行为，我想，这应该是不过分的要求。

安徽的老一辈考古学者，群星璀璨，“李则纲、胡悦谦、殷涤非等一大批已经逝去的专家学者名声遐迩；”石谷风、王步艺、刘和惠、吴兴汉、李国梁、胡寄樵、韩自强等仍然“退而不休”，继续贡献余热。这其中，曾任安徽省政协常委、阜阳市博物馆馆长的韩自强研究馆员的经历是我熟悉的。他早年学习医药，后来进入文博行业，至今已有五十多年。我们之间虽然没有过多接触，却因为很认同对文物保护的见解与事业上的拳拳之志，由此产生心仪友情。手边经常翻用的北魏郦道元《水经注》一书，就是他从北京帮助购买的，书的封皮上有被小偷刀划的痕迹，这促使韩先生专门写一封信说明，留下了当代学人间交往的印痕。我知道他为了阜阳市汉代汝阴侯墓葬出土竹简的保护，曾经别家离子十多年，长期借调在北京国家文物局古文献研究室，默默无闻地从事枯燥单调的竹简修复、保护、清洗、拼对、识别、摹写工作，后来逐渐积累了相关知识信息，写出了一篇篇见识深邃、影响甚广的学术论文，成为20世纪安徽省市一级仅有的两位正高级文博研究馆员之一。这个职称当时要经过国家文物局专家评委会的评审，对于一个没有考古专业背景的自学成才的人来说，其高难度是局外人不清楚的。有一年我去北京出差，看见他大热天待在红楼的一间小房里埋头书山，很为他的敬业所感动。当得知他在北京多年，却没有机会看过京郊的大葆台汉墓，便设法找了一辆车，带着他把大葆台汉墓、卢沟桥转了一遍。当看到他因增加见识十分开心的样子，对他的童真情怀认识平添了许多好感。

韩先生退休以后，我们没有机会有更多接触，只是偶尔电话联系。可就是在这有限的机缘时间，他也总是在谈文物保护，忧虑心情呈现面容，有惋惜、有感叹，有时甚至愤愤不平。在这种时候，我只能劝他看开一些，也觉得无力回天。2004年的一天，忽然接到他寄来的《阜阳·亳州出土文物文字编》。阅读之后，非常钦佩他的细心和努力。我曾经专门研究过宋元以来的金石学，深知金石资料对修史编志的价值。这本书分成古玺、印章；铜、金、铅器铭文；漆器文字；木牍、竹简；写经、印经、陶文、封泥、字砖；碑刻、墓志以及图版文字七个部分，详细搜集摹写介绍了原阜阳市1949年以后发现的金、石、竹木文字资料，是安徽省建国后非正式出版的最有学术价值的金石学著作之一。过去曾听他说过要做这一工作，也曾在报纸上看过关于他出版著作难的报道，没有想到他最终在热心人士的资助下如愿以偿，做了一件令学术界欢欣鼓舞的大事。有感于他的坚守，所以我也一直想帮他做点事情。在2009年，安徽省电视台《天下安徽人》栏目找到我，希望为安徽重大考古发现的发掘者拍摄宣传片。在确定项目人选的时候，我便推荐了韩自强先生，还专门给有关单位的领导打了电话，要求做好配合协助。《韩自强与汝阴侯墓》的节目播放以后，引起了社会的广泛关注，收视率高达前几名，可以看做是社会对韩自强坚持文博研究探索五十多年的一种回报。

2009年12月份，我受命去阜阳市处理公务，再一次见到韩自强先生，当时他正准备把多年来研究的心血成果汇编成《韩自强文物考古集》。看到他提供的论文目录，涉及文物研究、古文字考证、古文献探索等许多方面，有的课题如《易经》思想源流，汝阴侯墓出土竹简考释，均为学术研究的思想原创，也是我难窥奥妙的领域，提不出有针对性的评论。所以当韩先生要我为他的文集出版写几句话的时候，很是让我为难。拖了两个月，还是赖不掉，只好勉力而为，写一点对文化的学术感受以及与韩先生交往的几件事，算是完成一件任务。如果说得不准确，那是我的见解错误，千万不要影响广大读者认真阅读韩先生煌煌大著的心情才好。是为序。

2010.2.18　**大年初六**

（作者为安徽省文物局文物处处长）

自学成才的考古学家

常法秀

韩自强考古是从业余到专业

1950年，16岁的少年韩自强从专区卫生学校毕业，被分配到医药部门工作。业余时间，他爱读历史和文物书刊。一次，他出差农村，碰到农民挖到的一座东汉陶楼，他竟然气喘吁吁地从几十里外背回交给了文物单位。一次，他在临泉城外发现了骨箭头等古物，就给省博物馆胡悦谦写信，说那里可能是个原始社会遗址。省博物馆派人前往鉴定，证实了韩自强的判断。韩自强对文物的热情，感动了省博物馆的负责人，聘请他为“特约文物采集员”。20世纪60年代初，他如愿以偿调到阜阳专区博物馆工作，成为专业文物考古工作者。

韩自强到博物馆不久，在特殊的历史环境下，有些单位的图书馆被毁，大批图书被丢弃在地上无人过问。韩自强悄悄地将那些图书拉回馆里。别人“革命”，他闭门读书。在动乱的“文革”中，他涉猎了历史学、古文字学、天文、地理、民俗、绘画、诗歌、艺术，掌握了较全面的历史文物知识。

原阜阳专区博物馆是个空白馆，如今，已收藏文物1万多件，其中有50多件是国家一级文物，居安徽省地、市博物馆馆藏之冠。这些文物的收藏，几乎件件都凝聚着韩自强的心血。韩自强从业余到专业，直到如今已白发苍苍的他，痴心文物考古、研究已50余年。

他是一块吸引文物的“磁铁”

在特殊的历史环境下，大批珍贵文物被砸坏或被当成废旧物品，韩自强心中既难过又着急。他说服本馆里的同志，一起到蚌埠、阜阳地区各县供销社的废品收购站仓库、国家银行，抢救了大批珍贵文物，其中有战国时期的楚国金币，商代的铜鼎，汉代的铜镜，战国的兵器、玺印等。他从阜阳县供销社的废品仓库里拣出北魏延和元年鎏金铜佛像，从太和县废品仓库捡到春秋铜盘，这些后来均被定为国家一级文物，参加了1978年国家在北京故宫举办的流散文物展览。他征集到的王莽铜镜，上铸歌颂王莽推行井田制的文字："刘氏去、王氏持，天下安宁。乐可喜、井田平、贫广其志。"是国内这方面唯一一件稀世珍宝。

由于韩自强对文物的痴心收集，他被文物界誉为一块吸引文物的"磁铁"。可是，人们却不知道，他每"吸"来一件文物，都要与艰苦的自然环境、人们的愚昧和官僚主义作斗争！1974 年涡阳县出土一批宋代金银器使老韩着了迷，可是，这个县的主要负责人却说是地主留下的财产，坚持将金银器交地方财政。韩自强百折不挠，只要他听说那位负责同志来地区开会，他就徘徊在会议室门外，休息时跟他讲国家的文物政策，一连 20 多次，时间持续近 3 年，终于将这批文物"吸"了过来，其中 2 件系国家一级珍品。他听说涡阳县嵇山一座西汉崖墓出土的随葬品被人们哄抢走了，他立即赶去，动员群众交出文物。有一个造型精美的铜鎏金镶玉杯，被小孩摔成 4 片。经他动员交出 3 片，有一片在一个基层干部手里，他拒不交出，为了那火柴盒大的碎玉片，韩自强通过地方政府动员了半个月，直到那人交出。经上海市博物馆修复，成为全国仅有的一件此类型的珍宝。2009 年，此杯被国家文物局借调去参加了意大利"秦汉与罗马文明展览"。

1977 年，阜南县出土一批楚国金币，他找到该县负责同志，要求由地区博物馆收藏，那位负责同志不同意。后来，他不得不求助于科学院院长郭沫若。郭老给省里写了信，金币被收进地区博物馆，后来上调给省博物馆和国家博物馆珍藏。

20 世纪 70 年代开挖茨淮新河，韩自强为抢救出土文物和古生物化石，在冰天雪地的冬季往来于工地。有一次，为抢运一批古大象化石（现在省博物馆古生物馆陈列室），他怕被汽车颠坏，在呼啸寒风中，用冻僵的双手站在卡车上扶着。因天晴化冻路滑，卡车翻车，韩自强险被砸死。

独辟路径地从事考古研究

文物工作者的任务，不仅是收集、管理文物，更重要的是研究。韩自强以他丰富的历史、货币知识，根据出土文物写出研究楚国金币的论文《龟币郢爰初探》，探讨了两千多年前楚国使用龟贝货币制度，指出金币就是按龟版（钣）形状制造的龟币。他把文章寄给中国科学院院长郭沫若，郭老回信鼓励他："释爰为鼋，可备一说。"该文发表在 1979 年安徽省考古学会会刊上。历史学家周谷城教授读后主动来信肯定他对"爰"字的论证是"新鲜"。山东省博物馆研究员、古代货币专家朱活教授阅后给他来信说："释爰为鼋，从形为龟，宝龟为币，颇备新鲜，足证前人旧说不宜墨守。初探可为研究历史钱币创出新路。"长沙马王堆汉墓的帛画出土，韩自强独辟蹊径抓住帛画与楚辞《招魂》的关系，指出帛画没有羽化登天的含义，而是招魂的用具，强调了帛画与楚文化不可分割的关系。此文在安徽《江淮论坛》创刊号上发表，考古界认为，该文结论有较高的学术水平，是自成一家的力作，因而获得安徽省社会科学优秀成果奖。

史学界一直认为，犀皮漆器产生于唐代，韩自强根据阜阳双古堆汝阴侯墓葬中出土的剑鞘角饰的工艺，把犀皮漆器产生的年代推到西汉初年。这一推断，使考古界为之折服！

汉简研究举世瞩目

1977年，继长沙马王堆汉墓发掘后，阜阳城西双古堆西汉汝阴侯墓出土了大批“汉简”，震动了全国考古界。因阜阳没有整理条件，竹简全部被送到国家文物局文物保护研究所。研究所同时从阜阳抽调韩自强等一批文物工作者进京帮助整理。由于北京的生活费用高昂，被抽调进京帮助整理竹简的人员先后离开，而韩自强却坚持干了十年。

汉简是两千多年的墓葬品，由于自然的变化和盗墓者的破坏，竹简散乱黏结得像饱花板，必须经过蒸煮方能用刀片一层层剥离揭开。竹简剥离后，洗净夹在玻璃片中使之舒展平整，方显出字形，再用照相机拍成照片。每片竹简上只有一句话或几个字，有的字还残缺不全，需根据古籍查找出每一句话的出处，然后编号、释文、缀合、临摹、重新编号、装管保存，最后撰写研究文章。

十年中，韩自强住在国家文物局招待所一间8平方米的房子里。他耐得住寂寞，守得住清贫，每天早饭后就点燃炉子蒸煮汉简。为揭简，他双手长期浸泡在草酸液里，双手手指得了关节炎。为划夹竹简的玻璃条，双手常被碰得鲜血淋淋。为查找资料，撰写研究文章，他常常深夜不眠。这十年中，也是他家庭最困难的时期。他的三个孩子正上中学，全靠他当护士的妻子一人操劳。他每月几十元的工资不够在北京生活开支的，还要买参考资料，全家生活之艰苦，可想而知。

十年，消磨了韩自强最美好的年华，确不寻常。竹简经他揭开整理后，再用蒸馏水浸在密封的玻璃管里，共装2000多管，运回阜阳博物馆永久保存。他对汉简的研究结出丰硕果实，原来这堆朽木块一般的竹简，是十几本古书，其中有《仓颉篇》《诗经》《万物》《庄子》《楚辞》中“涉江”“离骚”等篇章。他与文物研究所胡平生合作整理的《仓颉篇》，是国内发掘竹简研究中存字最多、价值最大的；他俩合作写的有关《仓颉篇》的论文，在1983年中国《文物》杂志第二期发表，成为研究古代字书的源流和研究秦汉时代语言文字的重要资料。他俩整理的阜阳汉简《诗经》，是现存最早的诗经古本，展现了我国最早的诗经风貌，引起国内外文物界的重视。日本书法家浅见笕洞1984年来看过汉简和《诗经》，回国后撰文说："阜阳汉简，令人惊奇!"韩自强独自完成的《周易卦画演变考》，被史学大家刘起釪称赞为"创获最大，开数字符号卦研究之先河"。中国台湾著名历史学家陈鼓应特约韩自强，将其文章《阜阳汉简"周易"研究》编入《道家文化研究》一书。

由于他在汉简研究中做出的别人无法替代的贡献，韩自强成为全省地、市级文物工作者中第一个晋升为教授的研究馆员，成为安徽省第五届政协常委。20世纪80年代初，国家文物局为保护汉简，拨款为阜阳建了一座3000平方米并由郭沫若题写馆名的现代化博物馆。

自强不息夕阳璀璨

1996年，韩自强从阜阳地区博物馆馆长的位置上退休。退休以来，他仍不停地研究着，笔耕不辍。在每年召开的全国性古文字年会上，他都有论文宣读。

2000年8月，在合肥召开的"中国古代文字研究年会"上，他写的《安徽阜阳出土的楚国官玺》一文，被中华书局收入第22辑《古文字研究》。

2001年在合肥"楚文化研究第七次年会"上，他撰写的《近年所见铭文铜器》，被《古文字研究》第24辑发表。这年的8月15日，他在湖南长沙召开的"百年来简帛发现与研究暨长沙吴简学术讨论会"上，宣读的论文——《西汉汝阴侯一号木牍〈儒家者言〉章题释文》，是一部记载孔子及其弟子言行的单一种书。韩自强从"木牍"中引用《儒家者言》的内容分析，不仅使人们重新目睹两千多年前此书的面貌，而且将此书产生的时间从西汉推向战国，受到与会学者的赞赏和肯定。退休以后，他已写出研究论文17篇。此外，他还与原省博物馆文物专家韩明祥合作编校了《戴名世遗文集》，由中华书局出版。戴名世是桐城派始祖之一，康熙文字狱的牺牲者。他们在戴名世遇害300年后，将其孤本印刷泽世流传，实为可贵。

2003年，韩自强与刘奕云等合编出版了《阜阳亳州出土文物文字篇》。

2004年他的《阜阳汉简〈周易〉研究》，由上海古籍出版社出版。为给后人留下研究资料，他将阜阳双古堆出土、刻工精细、最为精美的一百多幅针刻漆器，一笔一划描绘出来，印成完整的文物资料。

如今，满头华发的韩自强，仍坚持着他的文物考古研究。

2007年，他在洛阳召开的"周易哲学与河洛文明学术研讨会"上宣读了《数字卦与阴阳爻漫议》。

2008 年在吉林省长春市召开的“古文字 17 届年会”上，他宣读了《楚国有铭兵器的重要发现》论文。

2009 年 8 月，在河南省永城县召开的“秦汉史第 12 届年会”上，他的论文《东汉木简〈周易〉》，受到与会者赞赏。笔者请他核对此稿时，他正为将在 2010 年召开的“中国古文字 18 次年会”准备论文，题目是《首见燕王哙铭文兵器》。

韩自强自强不息，名符其实。

韩自强同志是我颍上老乡，颍上联中校友。他当时读初中，而我，在该校的研究班听课。他给我留下的印象是，常在操场上与小同学桑耐远拍一个白色小皮球。

1988 年我从《阜阳报》离休，为写报史赴北京找报社原社长收集报纸资料，住在国家文物局招待所内。见韩自强一人住一小屋，一张小床，一个小桌，每天干着蒸煮、剥离、释文、整理《汉简》的枯燥工作，且已来北京多年，有时春节也不回家。没想到我这个当年好玩小皮球的学弟，如今对文物考古事业如此执着，他的精神深深触动了我这个老新闻工作者的神经。

当他从北京完成任务归来时，我决心采访他的事迹，并写了一篇近 3000 字的通讯，寄给《人民日报·海外版》，没想到该报原文不动很快发表了。我的四叔是中央美术学院教授［笔者注：常任侠（1904—1996），《辞海》称他为“中国艺术史论家、艺术考古学家”］，看到报纸后，兴奋异常。他不顾年迈，立即拄着拐棍到街上复印寄给我。在信中，他对韩自强的文物考古事迹大加赞赏，并以故乡颍上有这样人才为骄傲。

如今，韩自强同志已年过七旬。他要将一生对文物考古的研究文章集结出版，留给后人，邀我写序，我当然义不容辞。恩格斯说：“有所作为，是人生最高境界。”这本书凝聚着他毕生心血，十分珍贵。我愿他对文博工作的高度敬业精神，似一盏永远亮着的灯笼，为后来者照明道路！

为此，我乐于为此书写序！

（作者为《阜阳日报》离休老新闻工作者，主任编辑）

目　录

发现龙虎尊

龙，是中华民族的图腾，中华民族的文化又称龙文化。陈列于中国历史博物馆，并印在国家名片邮票上的龙虎尊，即发现于安徽省阜阳市阜南县。这正印证了一种说法：淮河流域的阜阳，是中华民族文化的发祥地之一。2007 年是龙虎尊发现五十周年，龙虎尊的发现，是值得阜阳人纪念的一件大事。

惊世国宝龙虎尊

1957 年 6 月，阜南县朱寨乡润河边上出土了一批古青铜器，有尊、觚、爵、斝各 2 件。这 8 件古代盛酒的青铜器完整无损、图案清晰，有明显的商代工艺特征，距今已有 3000 多年历史。阜南县商代属虎方，在春秋时是宋国土地；战国时为楚地。商代铜器在阜阳地区乃至安徽尚属第一次发现，因此出土后即被安徽省博物馆收藏。

在两件铜尊中，一为龙虎尊（古代盛储酒器）；一为饕餮尊，饕餮是传说中一种凶恶贪食的野兽，古代铜器上常用它的头部形状做装饰，叫做饕餮纹。特别是龙虎尊尤为珍贵，该尊高 50.5 厘米，重 20 千克，大口、细颈、鼓腹、高圈足，其造型之奇、纹饰之美，都堪称青铜器的精华，具有很高的历史价值和艺术价值，被列为国家一级文物藏品。1958 年 9 月 17 日，毛泽东主席视察安徽省博物馆时，曾在龙虎尊前留影；老一辈革命家朱德、周恩来、邓小平、陈毅等领导同志也先后来安徽看过龙虎尊。

1959 年，这件珍贵的文物被调进京，现珍藏在中国国家博物馆。1964 年，国家发行一套青铜器文物特种邮票，全套共 8 枚，其中就有 2 枚印的是阜南出土的“龙虎尊”和“饕餮纹铜斝”。20 世纪 70 年代初，在国际事务中，为摆脱外交困境，开展了“乒乓外交”；随后又踵事增华，开展了“文物外交”。国家选了一批珍贵文物到欧洲几个国家举办文物展览，本来龙虎尊首当其选，但因其太珍贵了，保险费太高，即将同是阜南出土的饕餮尊送展。

捕鱼人水中得宝

龙虎尊是怎么出土的呢，说来很有趣。1957 年 6 月一个雨过天晴的上午，平时是一弯细流的润河变得一片汪洋。河水淹没了滩上的草丛，阜南县朱寨乡徐海子村几个农民，手提渔网，身背鱼篓，赤脚沿润河北岸浅水处撒网，当他们来到常白庄润河拐弯处（俗称月牙河）时，见岸边水中有一圆形口沿，风吹浪起，时隐时现。大多数人以为是一只破瓦盆的口沿，没理会它。走在后面的徐廷兰是个有心人，他蹚水到跟前摸摸，发现器物很完整，用手提也没提动，他顺口沿向下掏泥，掏出两件像喇叭一样的东西（古代饮酒器觚），他很高兴，又使劲掏，泥太硬，掏不动。他急忙到常白庄借把铁锹，一会儿就把大口沿龙虎尊挖出来了，接着又在龙虎尊下挖出两个横卧着的铜斝（斟酒器），在铜斝旁又挖出一件饕餮尊，在饕餮尊腹内掏出 2 个铜爵（饮酒器）；徐廷兰喜不自胜，用渔网裹起 8 件洗净的铜器，先背到常白庄还了锹，捡一件铜爵送给借锹人作酬谢，后把大小 7 件铜器背回徐海子家中。

奇事传千里，没出 3 天，四邻八乡的农民听说徐廷兰得了宝，像赶庙会一样前来看稀奇。半月后，阜南文化馆的一位同志也赶来看，并立即给安徽省博物馆写信反映情况，省博物馆急派葛介屏同志赴阜南调查：经葛老辨认鉴定，这是一套罕见的商代青铜酒器。在当地政府大力协助下，徐廷兰要回送人的铜爵，并愉快地把这 8 件商代青铜器捐献给安徽省博物馆，得到政府的奖励。有点遗憾的是，当徐廷兰用箩筐挑着铜器送往阜南县城时，因龙虎尊口沿大，被箩筐麻绳磨掉许多锈皮，这使葛老心痛得一夜没睡好觉。在现藏安徽省博物馆龙虎尊复制品上，也能看到被麻绳摩擦的痕迹。葛老从群众中还了解到：抗日战争时期，常白庄农民张殿春曾在龙虎尊出土的地方割青草，看到润河边有一个小王八在水草上晒盖，他用镰刀去砸，王八窜到水里，不料“当啷”一声，镰刀却砸到一件铜鼎的耳朵上，从而挖出一个大如司（后）母戊鼎的长方形四足铜鼎，鼎里掏出 12 个铜鬲。张家很想拿这些铜器换几个钱用，但没有门路，后来就把这几个铜鬲分送给几家亲戚当香炉用，还送两个给驻阜阳的国民党第十四绥靖区司令李觉，大鼎则送到村中的庙里做了大香炉。1956 年张殿春母亲病故无钱埋葬，就把这件宝鼎当废铜卖给合作社收购站（后被运到南京炼铜厂化掉了），买口棺材安葬了母亲。

铸造技术光照古今

龙虎尊是用铜锡合金，使用内模外范铸造的，高超的工艺反映了 3000 多年前的冶金技术水平。因长年浸在水里，体表氧化层深入铜质 1～2 毫米，但花纹依然清晰如新，灰绿色的皮壳古朴高雅。时光的年轮未能磨蚀它不朽的仪容，至今看到它，都会产生一种震心荡智般的激动。

龙虎尊高仅半米，口径却达45厘米，做如此大而薄的喇叭形口，没有出现冷阻现象，技术要求一定是很严的。尊上的龙头和虎头要预先铸成后，再放进外范内进行第二次浇铸，使其连为一体。同时，为了使尊体壁厚薄如一，减轻重量，凡外壁凸出的花纹，内模都凹进去，这种内模外范里外呼应的技术是很不容易掌握的。

龙虎尊花纹，从肩部、腹部和足部，均被平分为3个画面，由3个立体的龙头和竖起的扉棱间隔成三等份，肩部三条蜿蜒的龙游荡在空间，龙头伸出铜尊肩外，每条游龙后面还尾随小龙一条。腹部用镂空扉棱隔成三个相同的画面，主体花纹是一只双身老虎伸出虎头，张牙咧嘴。虎头下是一裸体文身、两臂上举、下肢蹲坐像蛙形的人。主体花纹四周布满了饕餮纹。足部饰以饕餮纹一周。从总体上看，三部位的纹饰衔接得紧密流畅，浑然一体；从主体花纹看，龙、虎、人造型庄严稳重、奇特神秘，特别是龙头和虎头用浇铸法从外突兀凸起，雄健粗犷，比起用高浮雕法更具有一种威武逼人的悍气。这种手法既适应尊的特定造型，又表现出龙虎凛然非凡的气概。同时，在龙虎威严的外表下，又涵容纤柔亲和之意，似乎在呵护着蛙形裸人，折射出神秘莫测的魅力。

关于龙虎尊腹部纹饰的含义，曾有不同的见解，在强调阶级斗争的年代，有人把虎与人铸在一起的造型说成是“虎食人”，说奴隶主把这残酷景象铸在尊上是拿来威吓奴隶、压制反抗。或认为奴隶主吃饱喝足之后，用欣赏虎食人的可怕场面来寻开心，犹如古罗马奴隶主观赏奴隶斗兽一样。这些说法可能都不对。前些年浙江余姚反山等遗址出土一批原始社会进入文明时代初期的文物，在几件玉琮、玉钺上，用微雕刻画有带冠神人蹲抱在虎头上的图案；四川广汉三星堆也出土一件人跪坐在虎背上的雕像。这些形象都是氏族的保护神。

同样，龙虎尊上的虎也应是商代淮河流域的氏族保护神。甲骨文有虎方氏族的记载，据历史学家丁山先生考证：商代虎方、地望就在以凤台为中心的沿淮一带。阜南距凤台不足200华里，属虎方范围，因此，龙虎尊应是商代虎方淮夷的器物。从龙虎尊造型创意上解读，圆形大口表示上天，肩部神龙游荡于空中；尊腹表示大地，有神虎张牙舞爪，以其不容侵犯的雄伟姿态保护着文身的淮河氏族。可以说，龙虎尊以其强烈的历史穿透力，传递出商代及商代以前虎方淮夷的原始巫风、图腾崇拜、神祇信仰等多方面信息，展现出淮夷虎视八方的雄风。

龙虎尊

令人惊喜的是，古代还有一个以崇拜虎神著称的蜀人氏族，近年在三星堆遗址也出土一件砸碎的龙虎尊，花纹、形制与阜南出土的无异；两地远隔万里，古人用什么方式沟通信息，意志趋于一致，并铸出相同礼器的？这实在是一个值得探讨的有趣问题。

在阜阳润河之滨，1949 年前后两次出土 21 件商代铜器，有力地证明了淮河流域也是中国古代文明的发祥地之一。先民们在 3000 多年前就创造出如此精美绝伦的青铜器，作为新时代的淮河儿女，一定能继承文化传统，紧步祖先后尘，创造出无愧祖先的业绩。龙虎尊是阜阳历史文明的标志，也是阜阳人民的骄傲，有人推选它作为阜阳的市徽，是很有见地的。

附言：

2007 年 7 月 18 日《中国文物报》第六版刊登了一篇《商代中期饕餮纹三牛尊考》，文章中介绍了《收藏家》杂志于 2003 年第 4 期封面上刊登的商代中期饕餮纹三牛尊，此尊是日本企业家千石唯司氏家于 20 叶纪 20 年代入藏的收藏品。

这件三牛尊引起了《三牛尊考》作者的兴趣，他觉得这件三牛尊与阜南润河边出土的龙虎尊“似曾相识”，从形制上看，都是大口侈唇、折肩直腹、长颈圈足、十字形镂孔等，而且都是商代中期的典型器物：作者因此臆断三牛尊也是阜南润河出土的商代文物。

我们知道，在阜南朱砦润河边两次发现过商代铜器。一次是抗日战争时期（1944 年左右）由朱砦农民张殿春发现的长方形大鼎一件，内装十二件铜鬲，没有铜尊；第二次是 1957 农民徐廷兰在出土大鼎附近发现龙虎尊、饕餮尊各一件，铜觚、铜斝、铜爵各两件，也没有“三牛尊”。两次发现的情况和器物被收藏的情况，我们在《发现龙虎尊》一文中有清楚的叙述。

2007 年是商代龙虎尊等八件青铜器被发现五十周年，像龙虎尊同类的商代铜器，在全国不止一处被发现，如果没有确凿证据和流传有序的脉络，仅以器形相似就断定某个器物是某河出土的是极不严肃的。实际上这件三牛尊出土地不在阜南朱寨润河边，究竟在哪里发现尚需进一步研究。

（与刘奕云合作，原载《志鉴》2007 年第 1 期）

颍上赵集发现商代青铜器

1983 年，颍上县赵集农民在淮河行洪口挖土，发现两件商代青铜器。器物出土时已残破，后为半岗店电影队放映员收购，转给县电影发行公司经理岳其蔚同志收藏。1984 年 6 月，岳其蔚将这两件青铜器捐赠给阜阳地区博物馆。

祖癸铜爵：前有窄流，后有尖锐状翘尾。圆鼓腹圆底，腹部饰饕餮纹，两组饰纹间有扉牙，口沿左右有柱，蘑菇形，上饰漩涡纹。一侧有鋬，上饰兽面纹，鋬内侧腹部有铭“且癸”，足为三棱形，尖足外撇，爵通高 19.2 厘米，柱高 3.1 厘米，流口到尾端相距 17.2 厘米。（图一）

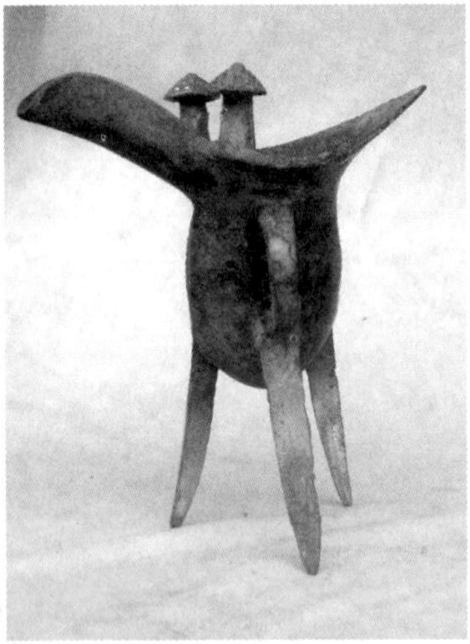

图一　祖癸铜爵

图二　饕餮纹铜觚

饕餮纹铜觚，通高 27.8 厘米，口径 16.8 厘米，重 978 克。喇叭口，高圈足，圆腹。圈足上有四扉牙纹饰均分为四组，花纹以饕餮纹为主，饕餮纹上饰蝉纹两两相对。腹部下为弦纹，中部饰饕餮纹和夔纹，以四扉牙间隔，上部饰蚕纹一周。颈部饰蕉叶纹，蕉叶用变形雷纹组成。通体花纹精致，清晰无比。（图二）

这两件铜器，从铭文、花纹和器形等方面分析，应为商代晚期器物。铜爵与20世纪70年代赵集出土的“酉”字爵、“月己”爵很相似，是同一时代产物。颍上赵集1949年以后曾多次发现商代酒器和兵器，均出土于小型墓葬，为我们研究淮河中游商代的历史提供了宝贵的实物资料。赵集沿淮一带因为多次发现商周青铜器，已引起考古学界的高度重视。

1986年7月

（原载《博物馆信息》13期）

安徽阜阳地区出土的楚国金币

近年来，安徽阜阳地区发现了三批战国时代的金币，共98块，重2.5公斤余。除阜南三塔发现的金币过去已有报导外①，临泉的鲖城和艾亭两地也先后发现了不少金币。这些金币的出土，为我们探讨楚国后期的货币制度和商业发展等情况，提供了可贵的实物资料。现把这些金币出土情况报道如下：

（一）阜南三塔金币

1970年5月，阜南县三塔公社胜华大队朱大湾生产队社员挖河泥时发现，我们闻讯后，做了现场调查。出土地是在朱大湾庄北500米的小润河南岸高坡边缘下，因早年筑堤取土，灰褐色土层仅保留半锹深，金币便发现在这层之下，共计42块（“郢爰”25块，金饼17块），总重量1451.5737克。其中编号阜7、8、9三块是完整的，出土地距其他碎块东约40厘米，是印面向下叠放在一起的。在被甩上岸的泥土里，捡到鹿角、红色绳纹陶片和鼎足，以及灰色陶豆柄。其周围经钻探，也发现类似的陶片和红烧土块。

安徽阜阳地区出土的楚国金币

阜7号，重280克。近方形，通长7.5厘米、宽5.6~6.5厘米、左右束腰处宽4.8厘米。厚薄不均，约0.5厘米。钤“郢爰”二字小方印十九枚，其排列方法是：中间横排两列各四、上下横排两列各五枚，并于左上角戳一印。印文上下相背，视下两列为顺文，上两列为倒文。六安陈小庄出土的“郢爰”印文排列也是如此。边缘的小方印或存半或三分之一、三

① 夏鼐：《无产阶级文化大革命中的考古新发现》，《考古》1972年1期；《无产阶级文化大革命期间出土文物展览简介》，《文物》1972年1期。

分之二，大概是边缘弧曲的关系所形成。其上列当中一小方印，是戳重了的。另于其右边侧面，刻有“三”字形记号。

阜8号，重262.825克。近方形，通长8~8.5厘米、宽5.4~7.4厘米、左右束腰处宽4.7厘米、厚约0.4厘米。正面钤“郢爰”二字方印十七枚，其排列是中间横排两列上三印，下四印；上、下两列各五印，余全同阜7号。它已被切割成四块，即《文物》1972年第1期图版捌第一列左上第一块与第二列左一至三块，缀合之，还可窥其全貌。

阜9号，重263.3627克。方形，通长6.4~7厘米、宽5.2~6.8厘米、左右束腰处宽5厘米、厚0.2~0.5厘米。正面钤“郢爰”二字方印十八枚，其排列是下三列各四印，最上列五印，于右下角加一印。其下边侧面、背面均刻有记号。

金饼中阜14号，半圆形，长5.7厘米、宽2.5厘米，重85.5克，背面有刻文，可能是标出的铸地和重量。其余零碎小块多为楔形。金饼和零碎“郢爰”共出，还是首次发现。

（二）临泉鲖城金币

1967年坟塘生产队社员从庄西耕地挖土时发现的。该处土质油黑色，内夹有灰、红色绳纹陶片和瓦片。80厘米以下是原生土。附近地表有大量的灰陶片，面积很大，向东约0.5公里直到汉晋鲖阳城故址。这里可能是楚国的繁阳亭遗址。此处共发现“郢爰”6块，重约272.9382克。最大的一块阜49号，重170.015克，长条形，长7.1厘米、宽3.2~3.5厘米，厚0.3厘米。正面平，戳印两行直列，每行六个，计十二枚。一边有切割痕迹。含金量为94%，较其他金币的含金量（98%）低。

（三）临泉艾亭的金币

1970年底在艾亭集西南挖蓄水沟时发现，金币出土在淤土层中，深距地表约2米。四周没有发现其他遗物。这批金币共50块，重约799.2067克。其中“陈爰”（阜55~62号）8块，是新中国成立后第一次发现。

阜阳地区出土的大批楚国金币是安徽省最近考古工作的重要发现之一。特别是阜南三塔出土的三块完整的“郢爰”，更为过去所罕见，它们的重量在263~280克之间，与湖南长沙楚墓出土的天平砝码的一斤相接近①，这就证实了“郢爰”的一版相当于楚国一斤的重量。同时，从登记

① 高至喜：《湖南楚墓中出土的天平与砝码》，《考古》1972年4期。

表里也可以清楚地看出，“郢爰”的印数与重量并没有直接的联系，如整版“郢爰”的印数在17～19印之间；同时，每一印或两印之间的重量，往往差距较大。因此，所谓一印代表一爰的说法，殆不能成立。

在所发现的50多块金币中，除了同一块“郢爰”之外，其不同块的戳记的字体风格，往往不尽相同。这可能由于铸地、铸工的不同，间或有时代早晚的区别。至于有些金币的背面、侧面或背侧两面，刻有数字符号，则可能属于金币的编号或重量。

临泉艾亭出土的“陈爰”与“郢爰”共存，有力地证明了它们是同时流通的金币。至于阜南三塔出土的金饼，虽与“郢爰”共存，但它的基本形制却与汉代通行的金饼一致，不过这里出土的金饼都被剪切成碎块，最大的一块（阜14号）重85.514克，约相当于金饼原大的三分之一。这些金饼当即古代所谓的“马蹄金”① 或“柿子金”②，除陕西兴平和临潼发现于秦代遗址外③，湖南长沙④、广西合浦⑤、山西太原⑥、河北满城⑦等地的西汉墓中也有出土。因此，这里的发现为我们提出了一个问题，即金饼究竟在什么时候开始出现？值得今后深入探讨。

这三批“郢爰”出土的地点，都在古之楚地。《鄂君启节》的车节铭文中，途经的地名有“緐阳”“高丘”“下蔡”和“居巢”，是临近郢（寿春）的几个地点。郭沫若同志认为，“緐阳”即《左传》襄公四年、定公六年的繁阳⑧。襄公四年杜注：繁阳，楚地，在汝南鲖阳县南。据谭其骧同志考证，繁阳“故址在今河南新蔡县北”⑨，这应该就是今安徽临泉县西鲖城镇附近的鲖阳城故址。至于“高丘”“下蔡”和“居巢”三地，谭其

---

① 《汉书·武帝纪》：“太始二年（公元前95年）三月诏曰：有司议曰，往者朕郊见上帝，西登陇首，获白麟以馈宗庙。渥洼水出天马，泰山见黄金。宜改故名，今更黄金为麟趾、褭蹏以协瑞焉。”

② 《梦溪笔谈》卷二十一：“襄、随之间，故春陵、白水地，发土多得金麟趾、褭蹄。麟趾中空，四傍皆有刻文，刻极工巧，褭蹄作团饼，四边无模范迹，似于平物上滴成，如今干柿，土人谓之柿子金。”

③ 朱捷元、黑光：《陕西省兴平县念流寨和临潼县武家屯出土的古代金饼》，《文物》1964年7期。

④ 中国科学院考古研究所：《长沙发掘报告》1957年。

⑤ 广西壮族自治区文物考古写作小组：《广西合浦西汉木椁墓》，《考古》1972年5期。

⑥ 山西省文物管理工作委员会、山西省考古研究所：《太原东太堡出土的汉代铜器》《文物》1962年4、5合期。

⑦ 中国科学院考古研究所满城发掘队：《满城汉墓发掘纪要》《考古》1972年1期。

⑧ 郭沫若：《关于鄂君启节的研究》，《文物参考资料》1958年4期，又见《文史论集》。

⑨ 谭其骧：《鄂君启节铭文释地》《中华文史论丛》第二辑169页；《再论鄂君启节地理答黄盛璋同志》，《中华文史论丛》第五辑169页。

骧同志考订其故址应分别在今安徽“临泉县南”“阜阳县西”和“阜阳县南”。既然如此：那么在这个楚国商道上出土楚国的“金币”，就是很自然的事情了。

楚国为我国古代有名的黄金产地，如《管子·轻重甲》：“楚有汝汉之黄金。”《战国策·楚策》：“黄金珠玑犀象出于楚。”因而战国时期的楚国，以“郢爰”“陈爰”特殊形态的黄金铸币作为流通手段，是有它一定背景的。按郢是楚国的国都，最初都郢（今湖北江陵县），后来还曾迁都于鄀（今湖北宜城县东南）、陈（今河南淮阳县）、钜阳（今安徽太和县）和寿春（今安徽寿县）等地。郢原为楚国国都名，嗣后所迁之处皆名曰郢，也可以为国名，所以楚郢并称，因此，“郢爰”“陈爰”当都是楚币。有人认为“郢爰”的出现当在战国末五六十年间①，这种说法可以商榷，因为“郢爰”等金币流通范围颇广，在安徽、河南、山东②、江苏③和湖北④各省都有发现，说明它们是经过长期的流通和发展过程的，金币的出现可能较早，当不限于楚都东迁以后。

（原载《考古》1977年3期）

---

① 加藤繁：《郢爰考》，《中国经济史考证》第一卷，中译本17页，1959年。

② 王毓铨：《我国古代货币的起源和发展》，北京：科学出版社，1957年。

③ 张浦生：《江苏“郢爰”》，《文物》1959年4期。

④ 荆州博物馆：《湖北江陵首次发现郢爰》，《考古》1972年2期。

安徽阜阳出土的楚国官玺

阜阳春秋时为胡子国，楚昭王二十年（前495）楚灭胡，皖西北尽为楚有，直至公元前223年楚国被秦灭，阜阳这块地方被楚统治272年之久。

楚顷襄王时（前298—前263），楚国在强秦的不断攻击下，从一个“地方五千里，持戟百万”的强大国家，逐渐走向衰亡；考烈王时（前262—前238）国土已丧失大半，无奈退守东南，公元前253年楚国国都从郢陈迁到钜阳（今太和县东）。公元前241年，考烈王联合各国伐秦失利，只得顺茨河（古称水）而下迁都于寿春，直到公元前223年秦王嬴政派王翦攻下寿春，俘虏楚王负刍，楚亡。

楚国国都沿颍淮流域东徙，时间虽只有30多年，由于淮北是楚国后期的中心地带，这里留下的文物还是非常丰富的，20世纪70年代，临泉鲖城、艾亭，阜南三塔朱大湾出土的大批楚国金币就是明证。下面介绍几件在阜阻地区出土的楚国官玺与陶文，以就教于同行。

一、郄厚行宫大夫玺

这枚铜玺是1992年临泉县杨集农民杨应美在小润河边发现的，今藏临泉县博物馆。铜玺坛座鼻钮，方形，每边宽2.5厘米，白文有边阑（图一）。玺文三行七字，文曰“郄厚行宦大夫玺”，大夫两字合文。玺文郄字从邑从秀，此字与包山楚郄陽（47简）郄齐（142简）人名郄字写法相同，应隶定郄字。在包山楚简89简郄齐又写作秀齐，郄字也可写作秀。

玺文第二字厚，从后、人、大，在包山楚简里我们找到几个人名与此字相同的字，如46简，厚字从后、人、土；99简的公逿，厚字从后、人、土、辵；第170简的，鄗逿厚字从后、大、土。《说文》：“厚，山陵之厚也”，“古文厚、从后、土。”玺文所从后、人、大，与包山楚简170简相同，玺文从的人，与99简、46简相同，玺文省去土字，稍有差别，但该字仍应隶定为厚字。郄厚作为地名，遍查阜阳历史地理、地名沿革资料，没有发现郄厚线索，显系外来侨置的地名。

同类的“行宦大夫玺”，还有“江陵行宦大夫玺”（上博藏）：“上场（唐）行宦大夫玺”（故宫藏），两玺据传均出土于寿县。这方“郄厚行宦大夫玺”是同类玺的第三方，弥足珍贵。玺中的宦，曾被误释为宫，随着近年大批楚简的出土，才释为宫。楚国的宫和邑用法有区别，宫是作为县宫用，邑是作为如《周礼·地官·小司徒》所载“四井为邑”，《注》“方二里”的县、乡以下的基层单位来用，包山楚简宫和邑绝不混用。

图一　郝厚行宫大夫玺

三枚行宫大夫玺里的“行”字很值得注意，古籍对行字有多种解释：《独断》“天子以四海为家，故谓所居为行在所”；《周礼·州长疏》“行谓巡狩”；《素问》“行者移也”；《吕览》“行、去之他也”。还有“天子行所立名曰行宫”；“大吏出行所驻处谓之行辕”；“魏晋以后以行尚书省事者号为行台”；“元代于各路设行中书省称为行省”等。至于行宫的含义古籍失载，但我们不能像理解行在、行宫、行辕是天子，大吏出巡驻跸那样，把行宫理解为大夫出巡的住所，也不能像理解代行尚书省政务的行台或代行中书省政务的行省那样，把行宫理解为代行政务的派出机构。我们今天看到的葬于公元前 316 年的包山竹简《文书》《受期》等记载有几处宫大夫，没有一处称作行宫大夫的，反观称作行宫大夫的官玺都出土于淮河流域。江陵、上唐和郝厚都不是淮河流域的地名，这些宫大夫的官玺流落到颍淮一带，这与楚国后期受强秦的步步进逼，楚国统治集团重心东移有关，随着楚都徙陈、徙钜阳、徙寿春，一定有大批贵族以及大小官吏随考烈王逃难到颍淮流域，这些失去了原有的封地或领地的封君、大吏，身虽已“去之他所”，逃到新的驻地，仍要保留原有的封号或封地的名称。这些侨置有名无实的流亡政权，楚人称之为“行宫”。楚被秦灭后，这些流亡的“行宫大夫”随着消失，他们的官玺却流落到颍淮流域。

历史上流亡政权出逃的事例不胜枚举，战国末年楚国东徙留下的流亡政权的官玺，是目前我们所能见到的最早的流亡政权的实物。

二、新东阳宦大夫玺

1976年在阜阳废铜仓库捡选，今藏阜阳博物馆。铜玺方形，坛座鼻钮，边长2.1厘米，通高1.6厘米，白文有边阑（图二）。大夫两字合文。新从辛从斤，与包山楚简202简新字相似。东与包山简156简东字同。阳与包山楚简阳均写作“昜”。

历史上叫东阳的地名有鲁邑、齐邑等，秦国有东阳县，在今江苏盱眙县东南，新东阳在什么地方，黄盛璋先生著文也说“待考”。

这方“新东阳宦大夫玺”与故宫藏“下蔡宦大夫玺”大小相等，比“行宦大夫玺”小0.2~0.3厘米，“行宦大夫玺”都是楚国东徙陈、钜阳、寿春时的地方流亡政权官玺，因此“宦大夫玺”和“行宦大夫玺”有早晚之别。

“新东阳宦大夫玺”是在阜阳废铜仓库捡选的，可能新东阳就在阜阳周围，阜阳地区的古城遗址，可以界首县光武乡的尹城子当之，该城址面积广大，夯土城墙和城门历历在目，这里是春秋蔡国的莘邑，

图二　新东阳宦大夫玺

《春秋·庄公十年》“荆败蔡师于莘”即此地，西汉时曾在此建置新阳县，西晋时废。包山楚简的“新”字写法很多如16简、154简、186简等。楚败蔡后占有莘邑，把它改称为新东阳，把莘写作新，才有西汉在这里建置新阳县的可能。

三、中州之玺

1966 年从蚌埠废铜仓库捡选，今藏阜阳博物馆，铜玺方形，坛座鼻钮，边长 2.2 厘米，通高 1.5 厘米，白文有边阑（图三）。中字，原释为安不确，经黄盛璋先生指教改释为中。中字与包山楚简 138 简、140 简的中字相同，也有作审的如 198 简，这审字的写法都是楚国特有的。州，《礼记·内则》：“五党为州，州二千五百家也。”州是乡的下属行政单位，根据包山楚简，州的官吏是“州加公”。《古玺汇编》里收有右州之玺（185）、北州之玺（5554）。楚国州一级的名称，多以方位来命名。

图三　中州之玺

四、莄里貣玺

1975 年于阜阳插花庙农民手中征集；铜玺方形；鼻钮；边长 2.3 厘米，通高 1 厘米，白文、无边阑（图四）。

貣，《说文解字》：“从人求物也。”段注：“代，弋同声，古无去入之别，求人施人，古无貣贷之分，由貣字或作贷。”包山楚简 103～119 简是关于子司马及令尹子士，大师子绑以楚王之令，令有关官员为某地贷越异之黄金以籴种的纪录，其贷字均作貣；与“莄里貣玺”的貣同。莄，与包山楚简下从土的莄同。此玺是基层“里”一级行政机构，为管理借贷事务的专用玺。《周礼·地官·司徒·泉府》：“凡民之贷者与其有司辨而授之。”郑注云：“贷者谓从官借本贾也。”借贷官家财物由里一级行政单位参与，是这枚官玺提供的信息。

图四 莀里貣玺

包山楚简 120～123 简记录一杀人案件（以下据刘信芳先生今译择录）："楚怀王九年（前 319 年）夏历三月乙卯，下蔡蔵里人余猬向下蔡纠执事人阳城公牂睾状告'郏拳在下蔡放马，却来到阳城赎债，杀了下蔡人佘睾'。阳城公发令将郏拳捉拿施了黥刑，解押拘所。"

三月丁巳，下蔡山阳里人郏拳供说："小人没有放马，小人确实与下蔡关里人顾里返，东邶里人场贾，莀里人景不害一起在景不害的客馆杀了佘睾，然后将佘睾的尸体丢弃在大路上，弃尸时景不害没去。"

这起杀人审案实录记载，杀人地点是在下蔡的莀里景不害的客馆，景不害案犯也是夷里人。这方"莀里貣玺"是在今阜阳市插花庙乡发现的，此地离下蔡（今凤台县）只有百华里之遥，莀里玺与包山楚简合符，两千年的巧合，耐人寻味。

包山楚简这个案件是由阳城公牂睾审理的，原告说郏拳下蔡放马，却到阳城赎债，说明阳城离下蔡不远。这个案例为我们寻找楚悼王为阳城君时的封邑和秦末农民起义军领袖陈胜的家乡阳城，提供了重要的线索。

五、传室之玺

1965 年征集于阜南县阮城楼，今藏阜阳博物馆。铜玺圆形鼻钮，直径 1.9 厘米，通高 0.9 厘米，白文有边阑（图五）。

玺文"专"与包山楚简（176）号同，"室"，与包山简 233 简同。专室之玺，专读为传，楚国的传室即汉代的传舍。《广雅・释言》："传，舍也。"

图五　传室之玺

《释名·释宫室》："传，传也，人所止息而去，后人复来，转转相传无常主也。"传室是楚国供应驿传车马及饮食休憩的机构。《古玺汇编》中收有两方相似的"传室之玺"，但没有出土地点，这方"传室之玺"出土于楚国故地，当为楚玺无疑。

六、市人之玺（陶文）

临泉县博物馆收藏一件直颈黄陶小罐，颈部倒印一枚玺文，玺为方形，每边长2.7厘米，白文有边阑（图六）。文曰"市人之玺"。陶文第一字作𡉚，原拓片因土字的中间一竖没有拓出，左边的框又没连接，因而把框内的笔划看成了三横，误认为彦字，数年来不敢认定。近日去临泉县博物馆，蒙老馆长冯耀堂的帮助，仔细端详了实物，并重新打了拓片，玺文第一字上从止，左边框是一笔拉下来的，框内从土，与《玺汇》同，字反写，与这方陶文的市字相似。

《周礼·地官·司徒》"司市，掌市之治教政刑，量度禁令"等，商业贸易归其管理，权力很大，司市的下属有市师、胥师、贾师等，齐国市官之长称市师，副职称市相，还有市工等，燕国的制陶业组织更严密，有左右陶尹，下属有倕、敀、工三级。《史记·循吏列传》："庄王以为币轻，更以小为大，百姓不便，皆弃其业，市令言之相。"楚漆耳杯上有"市工"印文，证明楚国也有市令和市工。楚国的制陶业官营的隶属于大工尹或是工尹，楚国的陶文极少见，不知下属有没有"陶人"或"旊人"。现在我

图六　市人之玺（陶文）

们发现楚国陶器上有“市人之玺”，这一定是市令的下属专管陶器经营的市吏，正如韩国兵器上有“市库”铭文，楚漆器上有“市工”印文一样，证明战国时期各国的市官有一部分是兼营进入市场的商品生产的。

以上介绍的六方楚国官玺，官衔虽然都很低微，但透过行宫大夫玺，我们能了解到楚亡之前的官吏流徙情景；通过邑、州、里以及传室、市人等玺，我们了解了楚国基层组织以及传室设置和司市下属市人管理制陶业的情况。对厚字、中字、市字的辨认和对下蔡（今风台）萸里的认定，包山楚简起到了关键作用。

1999年9月9日完稿

（原载《古文字研究》2000年22辑）

阜阳博物馆藏古代铜印

安徽省阜阳地区博物馆自建馆以来，捡选、征集到200多方官、私铜印，现将其中较重要的战国、秦、汉古印介绍如下：

安石里典，秦代铜印。1966年于蚌埠废铜仓库捡选，印体方形，坛座鼻钮，边长1.9厘米，田字格白文，字为刻制。(图一)

图一　安石里典

秦汉时代，地方政府的基层组织是乡、亭，乡、亭以下的组织是里、什、伍。《后汉书·百官志》："里有里魁（正），民有什伍，善恶以告（本注曰：里魁掌一里百家，什主十家，伍主五家，以相检察）。"乡，亭依靠里，什、伍组织来维持地方的治安。

有关伍家连坐的材料，在《云梦秦简·法律问答》里有这样一条："贼入甲室，贼伤甲，甲号寇，其四邻典、老皆出不存，不闻号寇。问当论不当？审、不存，不当论；典、老虽不存，当论。"《韩非子·外储说右下》："里正与伍老"相连称。所以秦简《法律问答》里所谓的"老"当时主伍家的人称为"伍老"；"典"是主十家的人称为"什典"。典、老是秦代民间基层组织什伍的负责人的专称。到了汉代均以"长"为名。

城广乡，汉代半通印。1966年于蚌埠废铜仓库捡选，长方形，鼻钮，长2.5厘米，宽1.4厘米，白文无边框。(图二)

乡、亭、里是汉代县府以下的基层组织。《续后汉书·职官》："凡县户五百以上置乡，三千以上置二乡，五千以上置三乡，万以上置四乡。"《汉书·百官公卿表》："大率十里一亭，亭有长；十亭一乡，乡有三老，有秩啬夫，游徼。"他们的职责："三老掌教化，啬夫职听讼，收赋税，游徼徼循，禁盗贼。"汉代的三老"比于吏"，不是行政职务，没有俸禄。实体掌握行政权的乡官是由县政府任命的有秩啬夫，他们"秩百石，掌一乡人"。但在官品中有秩啬夫是刚入等级的"少吏"，因此"得假半章印"。据《汉书疏证》:《汉官仪》：皇太子黄金印，龟钮，印文曰章，下至二百石，皆为通官印。案：自此以上，印皆取方，曰"通官印"，其百石以下，则为半印，曰：

“半通”。李轨注《扬子法言》说：“五两之纶，半通之铜，皆有秩啬夫之印绶，印绶之微者也。”这方半通印正是乡官有秩啬夫的官印。

单父左司马，战国魏印。1966 年于蚌埠废铜仓库捡选。印体方形，坛座桥钮，边长 1.4 厘米，通高 1.5 厘米，司马二字合书，朱文。（图三）

图二　城广乡

图三　单父左司马

单父是春秋时的鲁国城邑，宓子贱，巫马期都曾在此为邑宰，一个是弹鸣琴，身不下堂而单父治；一个是以星出，以星入，日夜不处，以身亲之而单父治。“任人者逸，任力者劳”的著名故事就发生在这里（见《说苑·政理》）。秦置单父县，故址在今山东单县南一里。这件战国时代的单父印，疑是魏国官印，战国三晋及秦代均有邦司马、郡司马、县司马等大大小小的司马级别。此印为单父邑负责军事政务的武官印。

左博玺，战国私称。1966 年于蚌埠废铜仓库捡选，印体方形，坛座鼻钮，边长 1.7 厘米，通高 0.9 厘米，朱文。（图四）

博字与《六书通》收录的义云章博字相同，故释为博字。《汉印文字证》里收有赵博、孙博、杨博、伍博等汉印，现在又增加一枚战国时代的左博玺，古代以博为名的人看来不少。

中邮吏印，汉印。1973 年于颍上县汤圩村（古慎城遗址）征集。印体方形，桥形钮，边长 2.1 厘米，通高 1.4 厘米，白文。（图五）

西汉初年每郡曾设都吏巡行属县，西汉中期逐渐形成的以督邮督察属县的制度。督邮职责重大，他们督察属县长吏，察其善恶，报府以便奖惩。同时他们还负责督察邮驿。《汉书》《志》曰：“郡监县有五部，部有督邮掾，以察诸县也。”《太平御览》引《钟离意别传》：“汝南黄说拜会稽太守，召（钟离）意署北部督邮。时郡中大疫，黄君转署意中部督邮。”可见汉代一郡之中，分部督察，按郡的大小可分为两部、三部、四部甚至五部。此印应是某郡中部督邮的属吏印。

北地候丞，汉印。1966 年于阜阳县废铜仓库捡选，印体方形，鼻钮，边长 1.9 厘米，通高 1.2 厘米，白文，无边框。(图六)

北地郡，最早为秦置，统今甘肃省东北和宁夏回族自治区西南各一部分，治所在义渠（今甘肃省庆阳西南），西汉移治马岭（今甘肃灵武县东南）。北地郡是西汉边塞重郡，因防御设施与军事需要，其组织自成系统，边郡之中，由两个以上都尉分部管理（据《地理志》所列，北地郡设有二都尉），下设候官、候长、燧长三级，燧长之下则为戍卒。陈梦家先生在《汉简缀述》中说："候官与八百，燧长月俸六百或九百。"候丞是候官的佐吏，月俸不见记载，可能与候长的月俸相当。

史书所记的候，往往冠以郡名而不举其候官名；"北地候丞"印也是如此，此印实为北地郡烽塞上候望系统的候官属吏——丞的印。

南海长史，东汉印。1976 年于太和县大新集塚子湖一座东汉砖墓出土，现藏县文物组，印体方形，瓦钮，边长 2.4 厘米，白文。(图七)

图四　左博玺

图五　中邮吏印

图六　北地候丞

图七　南海长史

南海郡，秦置，治所番禺（今广州市），汉武帝元鼎六年灭南越国后复置，辖境相当今广东滃江、大罗山以南，珠江三角洲及绥江流域以东，其后渐小。

西汉的丞相、太尉、御史大夫的属官中均有长史一职。东汉的太尉、司徒、司空三公府也设有长史，职任很重，号称三公辅佐。两汉将军属官亦有长史，以总理幕府。此印为南海郡的长史印。据《通典》卷三十三："秦置郡丞，共郡当边戍者，丞为长史，掌兵马，汉因不改。"《汉书·百官公卿表》："郡守……有丞，边郡又有长史，掌兵马，秩皆六百石。"《古今注》：建武十四年，罢边候长，皆居塞上警戒，候官直辖为一段候官塞（约百里）。" "有若干候长与候长所率之若干燧长。候官的属史则为丞、掾、令史、尉史等，候之有丞和令史与千人司马同。"

例如《流沙坠简》317 条："□□与讯守丞况，玉门关候蒲，候丞兴，尹君所遣史宜执口籍口官。"候丞兴排在玉门候官蒲的后边，兴应是蒲的下属。

据《居延汉简释文》卷二《薄录·钱谷类》："候官月俸钱三千，候长月俸一千二百或一千六百，一千郡太守丞，长史领丞职。"东汉郡级长史领丞职，由中史任命，佐助郡守理事或代郡守行事，地位仅次太守。长史的主要职责是"治兵马，领兵行"，即带兵打仗。

阜阳博物馆所藏战国、秦汉官印，虽说都是郡以下的县、乡、州、里的小官印，但为我们进一步了解战国、秦汉的乡村行政基层组织和边塞军戍之地的军事基层组织，提供了实物例证。因此，这些藏印弥足珍贵，难怪罗福颐先生生前把这些印大多定为一级正品。

1986 年 10 月 1 日写

（原载《文物》1988 年 6 期）

安徽阜阳地区出土的战国铭文兵器

四十多年来，阜阳地区出土了一些古代青铜兵器，其中以战国时期的铭文兵器尤为珍贵，现分别论述如下。

蒙字戈、剑

蒙字戈，1974 年 3 月，笔者在临泉县城关废品收购站拣选，现藏该县博物馆。

戈长援，上翘，呈弧形，内平直无刃，尾圆，内中一长方穿，阑长过胡，阑侧三长方穿，戈通长 24 厘米，其中援长 15. 5 厘米、内长 8. 5 厘米、胡长 11 厘米，字在胡部为鸟虫篆，字体狭长，作虎头鸟尾装饰，模铸。(图一)

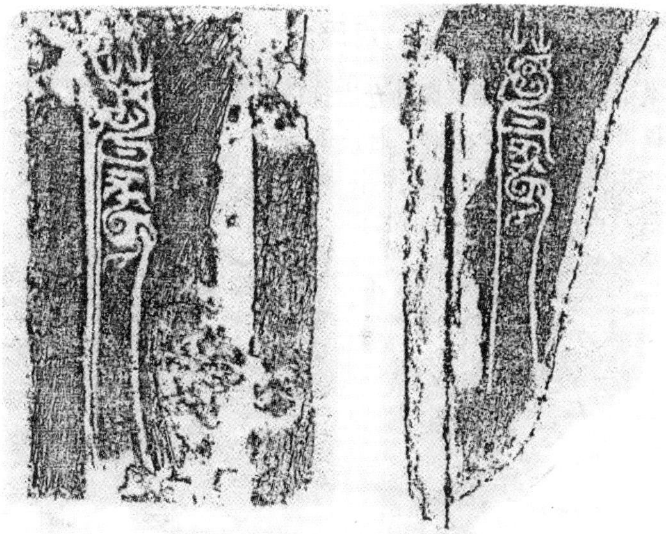

图一　蒙字戈蒙字剑

蒙字剑，1974 年 6 月，笔者在颍上县废品仓库捡选，现藏阜阳地区博物馆。该剑仅存剑身一段，长 13. 3 厘米，宽 3. 8 ~4. 2 厘米，断面呈菱形，字铸于剑锋内侧，字与上戈的蒙字相同。

蒙字铜器，宋代已有出土，在宋代王厚之辑录的《钟鼎款识》一书中，载有铜壶一件，说是“毕良史少董得古器，于盱眙榷场”，“法帖四作商蛟篆壶铭一字”，其字与这两件兵器相同。近年山东临沂地区也出土过一件蒙字戈，字亦作鸟虫书。这种狭长的艺术性字体，在战国时期曾流行于以楚为中心的淮河流域，而且这几件兵器和铜壶都在古代楚地发现，应为战国时代楚国文物无疑。

蒙是地名，春秋战国时期以蒙为地名的有鲁国蒙邑，《左传·哀公十七年》：“公会齐侯盟于蒙。”《杜注》：“蒙在东莞蒙阴县西故蒙阴城也。”还有宋国的蒙泽，贾逵曰：“蒙泽，宋泽名，杜预曰宋地，梁国有蒙县，蒙县汉置。”故城在今河南商丘县东北22里。公元前286年，齐湣王同魏、楚伐宋，杀宋王偃，灭宋，三分宋地，蒙地可能此时为楚有，故铸此蒙字器物。

或曰，此字所从的虎头不应当作装饰笔划看待，字当释为藘，借为蘧。《庄子·天运》：“仁义，先王之蘧庐也。”《注》：“蘧庐，传舍也。”传舍是供应驿传车马及饮食、休憩的机构，蘧庐遍置交通要道，所以才会有较多的蘧庐兵器及饭食器传世。

卢氏戈

1973年，笔者在阜阳县废品仓库拣选，现藏于阜阳地区博物馆。

戈，长援上翘，内已残缺，通长20厘米，其中援长15.5厘米，内长4.5厘米，穿以下缺；胡长12厘米，阑长13厘米，阑侧三穿，半圆形。胡面有针刻“卢氏”二字。（图二）

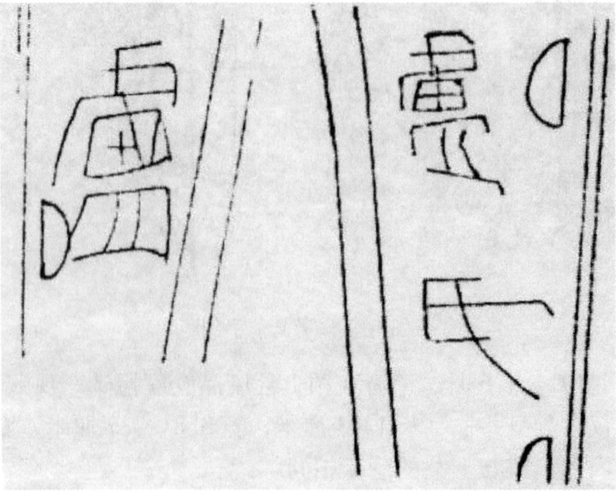

图二　卢氏戈

卢氏，春秋时西虢莘川地。《竹书纪年集证》：“周定王十三年（前594）晋韩龙取卢氏城。”卢氏，今在河南陕县东南，或曰今河南卢氏县，战国时期卢氏属韩国，但该戈字体接近秦篆，可能是秦占领韩国卢氏后，在缴获的兵器上加刻的地名。

叶字矛

1972 年笔者在临泉县城关废品收购站捡选，现藏于该县博物馆。

矛长 14. 8 厘米，一锋二刃，中脊隆起，通前锋，叶有凹槽，骹口成椭圆形，骹中部有钉孔，孔右下侧刻一“叶”字。(图三)

叶，春秋时期为楚邑，《左传·成公十五年》：“楚公子申迁许于叶。”《史记·孟尝君传》：“取宛叶以北，以疆韩魏。”宛即南阳。战国晚期，楚、韩曾以南阳为接界之地。叶为韩国所有。后来秦攻韩，叶又为秦所有，此矛铭“叶”为秦篆，应为秦国占领葉（叶）后所刻兵器。

右戠戈

1987 年出土于临泉县韩楼乡老邵庄泉河北岸，同墓还出土一件喇叭形把铜剑，藏该县博物馆。

戈长援，微翘，援中起脊，内上昂，中有一长方穿，上下及尾有刃，胡近阑处有三个长方形穿。通长 24 厘米，其中援长 16 厘米，内长 8 厘米，胡长 10 厘米，阑长 11 厘米，胡刻“右戠”二字。(图四)

图三　叶字矛

图四　右戠戈

戠，才声与载通，读菑，在今安徽宿县北，春秋时属宋国，戈应为宋国兵器。

大梁戈

1958 年出土于临泉县杨桥区，同墓还出土青铜剑两件，无铭，今均藏于阜阳地区博物馆。

戈前援和胡尾均残缺，援、胡后来修复，长度不一定精确。现戈通长 20.8 厘米，其中援长 12.8 厘米，内长 8 厘米、胡长 11 厘米，内中有一长方穿，内前部宽，中、后部收分变窄，上下及尾部均作双面刃，阑侧四穿，戈内正面后部刻铭文三行，共 14 字，其中二字为合文。（图五）

七年，大梁司寇绶，右库工师缳、冶疾。

大梁，战国时期魏国都城，今河南开封市，魏国原都安邑（今山西夏县西北），梁惠王六年（前 362）迁都大梁。此戈当为惠王迁都后的第二年即梁惠王七年所铸造的戈，为魏国标准兵器。

司寇，是主刑罚的官吏，古代兵刑无别，所以兵器亦由司寇监管，大梁司寇即魏司寇，此戈是由国家司寇所监造。

工师，《荀子·王制篇》："论百工，审时事，辨功苦，尚完利，便备用，使雕琢文采不敢专造于家，工师之事也。"兵器里的工师是监工的人，工师合书是三晋兵器铭刻的特点之一。

冶，《考工记》："冶氏执上剂。"冶应是铸造兵器的直接掌管者，掌握兵器的合金配方比例。

司寇绶，工师缳，两个从系的偏旁刻在一齐，初不易辨认，后悟出为绶、缳二字共用偏旁。

晋阳戈

1967 年笔者在太和县废品公司仓库拣选，现藏于阜阳地区博物馆。该戈仅存内穿以下部分，残长 5.5 厘米，上下及尾部均作双面刃，刻铭 2 行，存十个半字。（图六）

□年晋阳守命虔，□□工师错，冶埠。

晋阳为夏禹都城，在今山西太原市西南营西古城，春秋属晋，战国初年赵国曾建都于北地，后为秦占。根据战国中晚期兵器铭刻常例，这一时期的三晋地方官监造的兵器，监造者皆称令，唯秦国地方监造官称守，此戈守、令并称，在众多的三晋铭刻兵器中实为孤例，此戈离秦统一中国之前不久，显系秦国势力膨胀后，赵国受秦影响，而产生的赵秦铭刻结合体。

图五　大梁戈

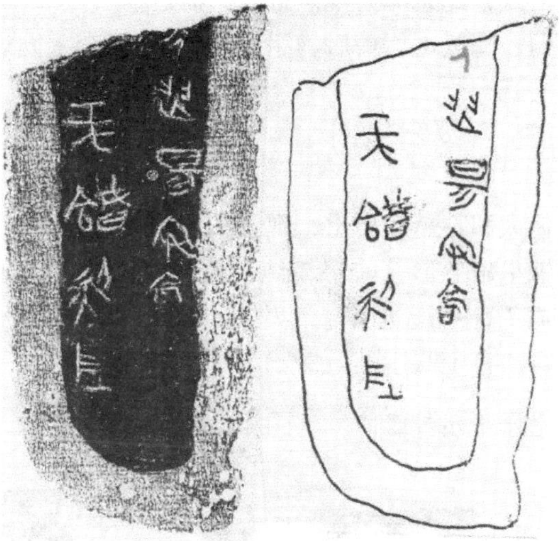

图六　晋阳戈

虞字虎头下面从双又，仍读为虞；错字从金从昔；埠字上从阜，下从土，读埠。

廿四年晋戈

1986 年，临泉县博物馆在县城西郊清理战国墓一座，发现此戈和楚式高足陶鼎及壶、罐等器物，1987 年 6 月清洗铜戈发现文字。

戈长援，微上翘，内长上昂，内中一长方形穿，内上下及尾作双面刃；胡近阑处有三个长方形穿，戈通长 24 厘米，其中援长 14. 5 厘米、内长 9. 5 厘米、胡长 10 厘米、阑长 11. 2 厘米，刻铭 3 行，存 11 字，另一字锈蚀不清。（图七）

廿四年晋上库工师黦，冶慜。

此戈刻铭有时间、地名、铸造机构和铸造人，按黄盛璋先生的三晋铭文兵器划分标准应为简式，韩国没发现上库，应予排除，赵国兵器多以相邦、守相或赵令为监造者，此戈也不属赵。

晋是地名，为晋阳或阳晋的简称，《史记・六国年表》魏哀王十六年“秦拔我蒲坂・晋阳・封陵”。战国为魏地，在今山西芮城县西。

韩、赵、魏三家分晋时，魏初都安邑，与曾作为晋国都成的曲沃、绛、新田都很靠近，魏处晋的中心地带，把安邑称作“晋邦”也在情理之中。

兵器刻铭起于简式，萌于战国中期之前，与魏都安邑尚未迁徙大梁的时间一致，此戈应为魏国中期兵器。

黣，晦黑也，最后一字释为愆字。（李零同志在《出土文献研究续集》有专文）。

十九年邦司寇铍

传太和县赵庙出土，现为私人珍藏。

铍呈扁条形，前锷较纯，柄中有圆穿孔，现茎断为二，通长 34. 3 厘米、宽 2. 5 ~3. 3 厘米，其中柄长 10. 5 厘米，宽 2 厘米，铭刻在铍茎偏下，共两行，存十八字。（图八）

十九年邦司寇陈绶，□库工师长（张）义，冶奚阳执齐。

图七　廿四年晋戈

图八　十九年邦司寇铍

邦司寇陈授，陈治军先生认为，与临泉出土七年大梁司寇绶为同一人，即魏相田需，此铍应为魏梁惠王十九年标准器。

此铍与北大考古专业陈列室藏魏“十二年邦司寇肖新邦右库工师□孙、冶巡执齐”，铭文格式一致，以邦司寇监造的兵器是魏国兵器的特点，此铍为邦司寇监造，应为魏国兵器，邦司寇就是大梁司寇，执齐原是赵国兵器刻铭的款式，北大藏剑（铍）出现“执齐”只是魏国兵器的一件孤例，这件十九年铜铍的发现，冶某执齐的款式，可能也是魏国兵器的特点之一。

此铍库前一字由于不太清楚，暂不能隶定，我们知道三晋兵器是以库的工师为主造者，库分上、下、左、右、武、皇等库。有国家的库，也有地方的库，此铍库下一字不识，但此铍库上的一字很重要，如果能够识别出来，可为三晋兵器的主造单位，增加一个库类。

冶人下一字有合文符号，把字释为奚昜（阳）为妥。

战国铭文大多刻制草率。字的形体结构变化大，往往不易辨识，有些字，如“蒙”字宋代就被发现，到近代才被认识，再如愆字，几十年前，李三孤堆出土的楚器里就有此字，直到近代两年才被认识，再如大梁戈的绶字和缳字，三十年前考古所的同志把他释綒、綒和褭，直到写稿时，才正确地识别出来。

阜阳地区积累了九件铭文兵器是很可观的，现在我们初步把这些兵器的国别分了出来，其中大梁七年戈和十九年陈授铍为梁惠王时代的兵器，其余的兵器为某个王铸造的还得继续研究，楚墓里往往发现魏国的兵器，多被视为战争的胜利品，我想问题不会那么简单。

此文对三晋兵器的识别，得力于黄盛璋先生的文章，另外李零、陈平二位同志也给了诸多帮助，在此一并表示感谢。

（1991 年与冯耀堂合作，原载《东南文化》第二期）

安徽凤台发现楚国“郢大廥”铜量

这件铜器（如图）是凤台郊区出土的，1976 年 4 月由阜阳博物馆从废铜站拣选收回，当时已残碎成十二块，后经上海市博物馆修复。铜量器身为圆筒形，旁有一环钮，钮的一侧器壁上刻“郢大廥之□笲”六字，第五字笔画不太清楚，可能是器物名称，器底刻一“午”字。通高 12 厘米、外径 11.3 ~11.5 厘米、内径 10.5 ~11 厘米、内深 11.5 ~11.7 厘米。用水测量容积为 1000 毫升。

安徽凤台发现楚国郢大廥铜量

同类型的器物，淮南市博物馆曾征集到一件，也是凤台出土的，形制、大小与此件相同，器壁刻一“王”字，另外尚有针刻文字，十分模糊。1933 年，寿县朱家集（现属长丰县）李三孤堆楚王墓中出土过一大一小二件同类型器，后归安徽博物馆收藏，大的一件体量、形制与此件基本相同，无铭文；小的一件通高 6.2 ~6.5 厘米、口外径 7 厘米、内径 6.2 ~6.5 厘米，底外径 6.2 ~6.6 厘米，容量为 170 毫升，即约为大廥的六分之一。

此器明记“郢大廥”，则应为楚国太府之器。过去将此种器物定名为酒器“卮”不准确。我们认为，这些器物应该定名为楚量器。都是楚国中央政府太府的标准器。

（原载《文物》1987 年 5 期）

两面新莽政治歌谣铜镜

1976 年和 1978 年，阜阳地区博物馆先后在阜阳郊区征集到两面出土的新莽铜镜。一面是“新兴辟雍”规矩纹镜，直径 18. 8 厘米，破碎修复；一面是“刘氏去王氏持”规矩纹镜，直径 15. 1 厘米。两面铜镜均有铭文，内容都是王莽篡汉前后的政治“歌谣”，涉及到一些重大历史事件，与一般汉代的吉祥语镜不同。现分别介绍如下。

新兴辟雍镜

“新兴辟雍建明堂，然于举土列侯王。将军令尹民户（所）行，诸生万舍在北方，子孙复具在中央。长宜子孙。”（图一）

图一　新兴辟雍镜

西汉末年，刘汉王朝已经摇摇欲坠。王莽借助其特殊身份，积极夺权为篡汉做准备。他先是“網罗天下异能之士”，大肆收买人心，平帝元始四年（公元 4 年）“奏起明堂、辟雍、灵台，为学者筑舍万区”，并增加博士子弟名额，给一般知识分子提供做官的机会。王莽篡汉，迫不及待，征召十万余众，仅用了二十天的时间，便建起了明堂和辟雍。

明堂和辟雍是什么样的建筑呢？应劭说：“明堂上圆下方，八窗四达，布政之宫，在国之阳。上八窗法八风，下四达法四时，九室法九州，十二重法十二月，三十六户法三十六雨，七十二牖法七十二风。”“辟雍者象璧：圜之以水，象教化流行。”东汉时的蔡邕认为，明堂、辟雍与太学、太室、太庙“是异名同事，其实一也”。明堂、辟雍可能是一组礼制性建筑的几个组成部分，这组礼制建筑，主要是用来举行各种典礼和颁布政令、举行祭祀、召见重臣、学习礼乐以及占望云气的场所。

在宏伟壮丽的明堂、辟雍周围，还有许多附属建筑，镜铭“诸生万舍在北方”为我们点出了“为学者筑舍万区”的方位。据《汉书》载，与明堂、辟雍兴建的同时，还“作市”“常满仓，制度甚盛”，明堂、辟雍周围还设有市场，建有仓库。镜铭中的“将军令尹民户行”，户或解做“所”，“户”者门户，“所”者住所，均指民居建筑，“行”是行列。这说明官员和百姓也在明堂的四周建起了排列有序的住宅，使西汉末年长安城南明堂、辟雍一带，短暂地热闹过一段时间。

明堂的具体位置，据《关中记》载：“汉太学、明堂皆在长安南安东门，杜门之西。”1956 和 1957 年陕西省博物馆在西安玉祥门外 1.5 公里处，发掘了一座西汉时期的礼制建筑遗址，发掘者认为这里就是西汉辟雍的遗址。

“然于举土列侯王”，然于即单于。然与单均为寒韵阳平字，可以通假。据史书记载，王莽曾于天凤二年改单于为“善于”，而“然于”未见记载。此镜为民间产品，早于天凤之前已将单于写为“然于”了。单于举土列侯王一事，见《汉书》卷九十九。元始二年：“莽念中国已平，唯四夷未有异，乃遣使者赍黄金、币帛，重赂匈奴单于。”《资治通鉴》卷三十五：“单于从之，上书言：幸得备藩臣、窃乐太平圣制，臣故名囊知牙斯，今谨更名曰知。莽大说，白太后，遣使答谕，厚赏赐焉。”王莽通使匈奴，为的是“诳耀媚事太后”（太后王政君是王莽的姑母），为其篡汉服务。这次以重赂通使匈奴是成功的。镜铭“单于举土列侯王”指的就是囊知牙斯上书称“藩臣”一事。后来王莽篡汉成功，也曾多次派人分赴少数民族地区，以大汉族气势侮辱少数民族领袖，激起少数民族的反抗，引起了连年不断的边境战争。因此，始建国以后的民族交往，关系十分紧张，不可能再成为镜铭歌颂的事件了。

新兴辟雍镜，1949 年前曾有一件流出国外，《日本考古学大系》汉式镜第1 卷73 图录有一面，铭文与我馆这面大致相同，只是在“诸生万舍在北方”句后，是“乐中央”，少“子孙复具”四字。

“刘氏去王氏持”规矩镜

“刘氏去，王氏持，天下安宁。乐可喜，井田平，贫广其志。长宜子孙。”（图二）

图二　“刘氏去王氏持”规矩镜

孺子婴始初元年王谏于曾上书言“皇天废去汉，而命立新室”，与此镜铭文用语近似。王莽于这年年底，持掌国柄，篡汉自立，镜铭以六个字概括了这一重大的历史事件。

王莽篡汉当上皇帝以后，为了缓和严重的阶级矛盾，推出了一系列复古改制措施，他哪知过期的药物难医病，结果遭到了彻底的失败。始建国元年（公元 9 年），王莽依据《周礼》的井田制，下诏颁布“王田”政策，他把全国土地收归国有，然后当作“王田”重新分配。他说：“古者一夫田百亩，什一而税，则国给民富而颂声作，秦坏圣制废井田，是以兼并起，贪鄙生，强者规田以千数，弱者曾无立锥之居，今更名天下田曰‘王田’，奴婢曰‘私属’，皆不得卖买。其男口不盈八口而田过一井（九百亩）者，分余田予九族、邻里、乡党。故无田、当今受田者，如制度□□。”

从这份诏书中我们可以看到，王莽对西汉末年留下来的社会矛盾，是有认识的，他开了一张解决土地矛盾的处方，许下按井田的古老制度分田给无地农民的诺言。新朝在努力实施井田制的初期，在一定程度上可能得到过人民的拥护。“乐可喜，井田平，贫广其志”，使那些渴望“天下安宁”的无地和少地的农民是快活了一阵子的，铜镜的铭文真实地反映了这一情况。但是王莽推行井田制是违背土地运动的客观规律，损害了大地主的利益，始建国四年（公元 12 年）王莽在形势的压力下，不得不下诏废除井田制。在这极为短促的四年里，能够反映井田制的文物流传下来，而且这面铜镜又是目前在世的孤品，实在值得珍视。

这些歌功颂德的镜铭反映了王莽在篡汉过程中是非常重视大造政治舆论的。史载元始五年（公元5年）“王恽等八人使行风俗还，言天下风俗齐同，诈为郡国造歌谣，颂功德，凡三万言”。王恽等人伪造的歌谣，和王莽篡汉后继续编造的歌谣，大量浸透到社会的各个阶层，连手工业产品也深受其影响，让两千年后的我们还能从这类商品铜镜铭文里得见“天下喁喁，引领而叹！颂声洋洋，满耳而入”的政治狂热场面，实在有意思。

（与刘海超合作，原载《文物天地》1988年2期）

安徽阜阳地区出土八颗金代官印

1974年12月，凤台县粮食局建筑楼房，挖掘地基至1.2米深时，发现铜官印六颗，地基周围土色灰暗，并杂有碎瓷片、牛肋骨及宋“崇宁通宝”钱一枚。六颗印是：

万户之印

1. “万户之印”一颗，长、宽各为7厘米，左侧刻“壬辰年四月□日”，右侧刻“万户之印”，上侧刻“汤字号”。（图一）

汝阴县印

2. “汝阴县印”一颗，长宽各为6厘米，左侧刻“汝阴县印”，右侧刻“壬辰年三月□日造”。（图二）

提控之印

3. “提控之印”一颗，长7.5厘米、宽7.6厘米，左侧刻“提控之印”，右侧刻“壬辰年四月□日”，上侧刻“余字号”。（图三）

图一　万户之印

图二　汝阴县印

图三　提控之印

都提控所之印

4. “都提控所之印”三颗。其中两颗都是长8厘米、宽8.1厘米，左侧均刻“都提控之所印”右侧均刻“壬辰年三月□日”，只是一颗上侧刻“月字号”，一颗上侧刻“荒字号”（图四、图五）；另外一颗长8厘米、宽7.7厘米，左侧刻“都提控所之印”，右侧刻“壬辰年四月□日”，“霸字号”（图六）。

以上六印皆造于金哀宗壬辰年（公元1232）三四月间。除“汝阴县印”外，都刻有《千字文》编号。

图四　都提控所之印（一）

图五　都提控所之印（二）

图六　都提控所之印（三）

副统之印

1975年，阜阳县苏集公社杨庄大队挖沟时发现“副统之印”铜印一颗。长6.5厘米，宽6.3厘米，右侧刻“天兴元年十一月□日行”，左侧刻“六部造副统印”（图七）。金哀宗天兴元年，当公元1232年。

图七　副统之印

临涣县税务记

1975年10月，在蒙城县土杂公司废铜仓库拣到“临涣县税务记”官印一颗。长、宽各4.4厘米，上侧刻“临涣县税务”，左侧刻“记”，背右刻“正大三年六”，背左刻“行宫礼部造”（图八、九）。“正大”也是金哀宗的年号，正大三年，当公元1226年。

图八　临涣县税务记

图九　临涣县税务记（侧、背面）

据《金史·宣宗纪》：贞祐二年（公元1214）四月，“尚书省奏巡幸南京，诏从之”，五月壬午宣宗从中都出发，七月至南京，五年改元兴定，九月设行六部。中都本辽国的燕京，金海陵王贞元元年（公元1153）定都于此，后改号中都。南京即北宋汴京（开封），金宣宗完颜珣被蒙古兵所逼，自燕迁汴，故称行宫；并设行六部（吏、户、礼、兵、刑、工）。“副统之印”侧刻的“行六部”和“临涣县税务记”背刻的“行宫礼部”，正反映了这段史实。金代后期，军队有乡军、义军之分，乡军是以宣宗南迁时带来的河北军户（主要是女真人）组成，义军是后来组成的。义军编制以三十人置谋克一人，五谋克置千户一人，四千户置万户一人，四万户置副统一人，两副统置都统一人，都统之外又设总领提控。金以提控名官有总领之意。因此，万户、副统、都统、提控、都提控皆金代领兵之官，这八颗印都是金朝的官印。金末战事频繁，领兵官相当多，故这类印多加《千字文》编号以别之。

印中提到的汝阴县，即今阜阳县。汝阴县最初为秦置，北宋时属顺昌军，金代属南京路颍州。临涣县本汉代铚县地，梁克魏，铚城置临涣县，旧址在今宿县西南四十五里，隋代移到宿县西九十里，即今濉溪县临涣集，蒙城距临涣仅数十里，“临涣县税务记”印在蒙城境内发现，是可以理解的。“汝阴县印”在凤台县出土，应和当时的战事有关联。

阜阳地区发现的八颗铜印，除“临涣”一印时间稍早外，其余都造于1232年，即金王朝覆灭前夕。其中竟有三颗相同的官印（“都提控所之印”）在一起出土，所用《千字文》编号的顺序也不甚远，可能是这批官印铸成之后，还没来得及颁发，金就灭亡了的缘故。

（原载《文物》1976年7期）

安徽阜阳博物馆珍藏玉器

阜阳博物馆自1961年建馆以来，收藏文物近万件，其中石器、玉器近百件。现在介绍几件战国至汉代玉器供读者欣赏。

战国玉韘

1978年博物馆在阜阳县宁老庄尚庄大古堆清理一座战国楚墓，墓早年被盗，墓室被扰乱，仅发现两件错银戈樽，一件玻璃壁，一件残玉璧和这件完整玉韘。

韘高4.6厘米、宽3.1厘米、厚0.3～0.5厘米，玉呈黄褐色，局部有少量红色小斑点，体作心形，上端呈三角形，旁出一钩形，下端状如指甲形，一面呈斜坡下削，一面内凹，薄处仅为0.3厘米，器身有孔（圆孔）、径1.8厘米，成人拇指不能完全套入，所以，不是扣弦的实用品，而是佩戴在身上的装饰品。(图一)

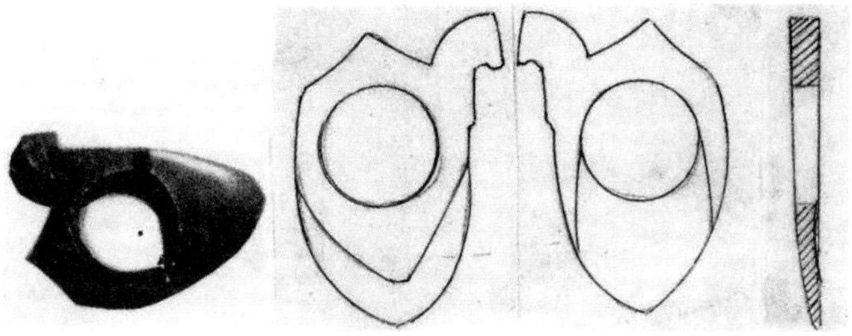

图一　战国玉韘

古代供射箭钩弦以保护手指的器物叫韘（音息）。《说文》："韘，射决也，所以拘弦。"《周礼·缮人》：韘又称作"抉"。《毛诗》作"玦"，清代称钩弦器为"扳指"或"搬指"。这种防止拉弓弦时勒伤手指的器具，河南安阳殷墟妇好墓曾出土一件，刻有兽形呈圆筒形的玉韘，十分精美。我馆这件出于楚墓的玉韘，形制非常简练，是这种钩弦器类一种简单的形状，失去了实用价值，成为一种配饰，到汉代又演变成心形配饰。例如北京丰台大葆台2号西汉墓所出玉环，环中琢出心形配饰的轮廓，与这件玉韘十分相似。广州南越王墓出土的韘形佩，山东即墨发现的心形佩，边饰繁复，但从玉佩主体形态观察，仍能看出由战国韘佩演变成心形玉佩的发展轨迹来的。

描金鎏金铜座玉杯

1975年3月，涡阳县嵇山石工炸山时发现两座西汉崖墓，一座早年被盗一空。一座没有被盗，出土有铜鼎、壶、钫、盉、灯、匜、勺、镜和瑟轸钥以及陶器鼎、合、壶，还有鎏金铜香熏、鎏金铜卮、鎏金铜耳杯座和描金鎏金铜座玉杯等。

描金鎏金铜座玉杯（图二），杯通高8.2厘米，其中杯壁直口圆筒形为白玉经旋切挖空琢磨而成，高3.9厘米，径4.9厘米，厚0.2厘米，嵌纳于描金鎏金的铜座上；铜座上有浅槽，纳玉杯壁于其中，滴水不漏；铜座足部束腰，圈足呈喇叭形，铜座高4.6厘米，底径5厘米；铜座内壁鎏金，外壁及底内描金，腹部绘两只张牙舞爪长有翅膀的应龙，足部绘变形云纹，底内绘柿蒂花纹。描金有深黄色和浅黄色相搭配，更衬托出羊脂白玉杯的华贵。

图二　描金鎏金铜座玉杯

人形玉佩

嵇山崖墓出土的男性玉人为扁平立体雕像，通高5.8厘米，宽3.3厘米，厚0.15~1.1厘米，玉呈青白色，背有少数土斑，上下有直穿孔，背面下孔处有残损。

玉人扁方形脸，悬胆鼻，杏仁眼，八字胡，嘴小紧闭，神态傲慢，头戴三梁通天冠。汉代通天冠作前倾，玉人限于扁平，为显冠梁高大，只好向右方倾斜，或谓这是侧注冠。冠额前装金博山，谓之金颜。冠下露鬓，额下系冠缨，飘向两肩，颔下有一横木，名枚。《周礼·秋官·叙官·衔氏》：郑注“枚状如箸，横衔之，为缅结于项”。

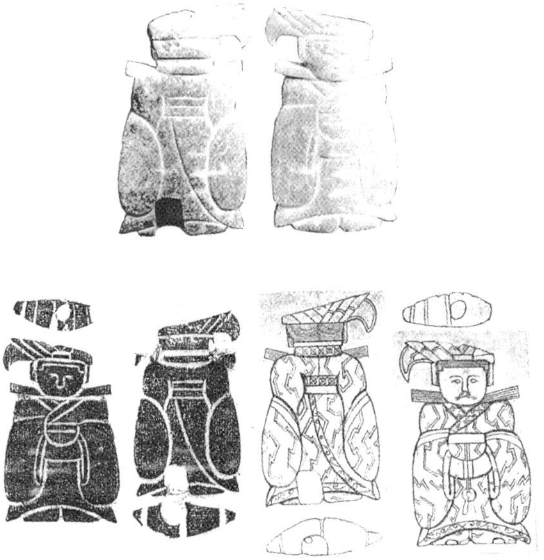

图三　人形玉佩

玉人身着广袖菱纹博袍，束带，两手袖于衣内，交领，领与袖、裾衽加缘，绣雷纹与勾云纹图案，腰间系带，下垂玉璧。背后曲裾向右斜掩，下着绣花袴，足着履。（图三）

玉人雕刻，除几条框架为大线条外，其余均刻细如游丝的线条，尤以头发、衣纹，精雕细刻，一丝不苟，精美绝伦，堪称玉作上品。这种汉玉微雕技艺，称作“游丝工”“游丝毛雕”。

据《续汉书·舆服志》载：古代冠梁是用来表示身份的，“公侯三梁，中二千石以下至博士两梁。自博士以下至小吏，私弟子皆一梁”。这件玉人头载三梁通天冠，身着菱纹锦袍，身佩玉璧，表情高傲，活生生刻画出西汉前期公侯阶层人物的形象。在以往发现的汉代人形玉雕中，还没有见过类似高位人物的写实雕像。此玉雕实属弥足珍贵。

玉柄漆匕

1971 年 7 月博物馆发掘阜阳西南郊双古堆西汉汝阴侯夏侯灶墓，于 1 号墓中出土一件玉柄漆匕，全长 30.8 厘米，其中玉柄长 10.5 厘米，径长 1 厘米与漆木柄同，玉柄连接木柄，有穿 2 厘米长，与木柄榫相连，玉柄

顶端有凹槽，不深，玉柄全身雕刻勾连云纹，玉呈青白色。（图四）

图四　玉柄漆匕

《诗·大东》毛传："匕，所以载鼎实。"《仪礼：士昏礼》郑注："匕，所以别出牲体也。"匕是自鼎取食，置于俎上以备进食的用具，考古发现的商周至秦汉的铜匕、漆匕不少，但像汝阴侯墓出土的这件装有玉柄的漆匕，目前还仅此一件。

（原载台湾中华文物学会《1994 年年刊》）

亳县、阜阳出土汉代铅券笺释

1970年，安徽省亳县和阜阳县先后出土两件汉代铅券，分别收藏于亳县博物馆和阜阳地区博物馆。1919年以来，汉代铅券在全国发现得不多，在安徽更少。铅券虽是阴阳家的迷信之物，但它对我们了解东汉时期的社会习俗乃是宝贵的实物资料。现分别介绍如下。

戴子起铅券

1970年春季，亳县城父区农民平整土地，发现中型砖墓一座，出土釉陶鸡、狗、楼房等明器和这件铅券。铅券出土时被农民折为三段，现长41.5厘米、宽4厘米，阴刻隶书四行。因多处锈蚀和断裂，现能辨认出的文字共175字，字面满涂朱砂。（图一）券文释读如下：

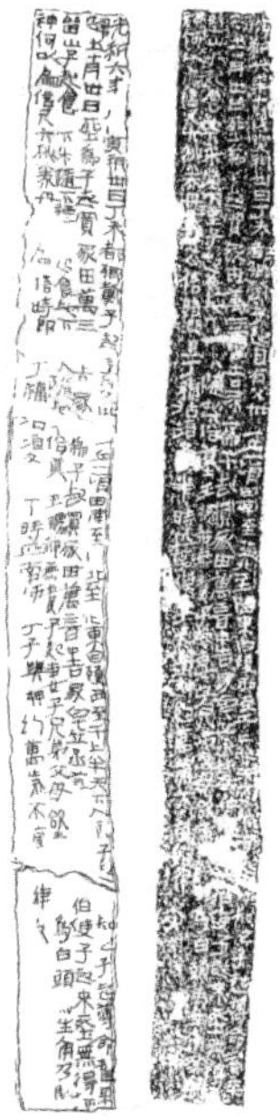

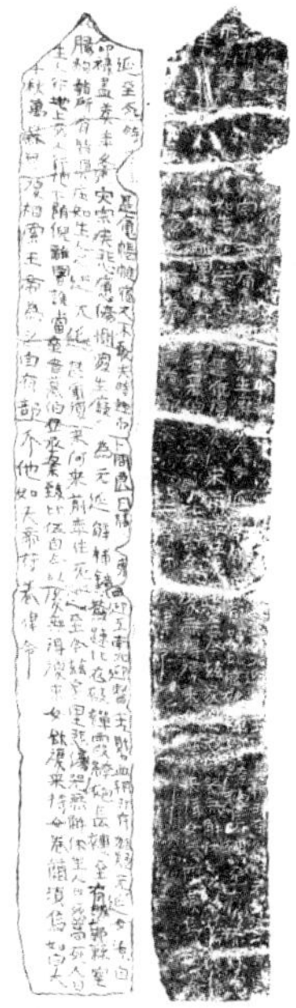

图一　戴子起买地铅券　　　图二　元延镇墓券

光和六年十月戊寅朔，卅日丁未。都乡戴子起。自有父世一丘一顷田。南至海；北至陆；东至陌；西至千（阡）；上半（伴）天，下入渊。

子起□知之。子起薄命，盍来归土，十月卅日瘗（葬），为子起买冢田万三百，〔申〕告冢□。为子起买冢田万三〔百〕，申告冢皂、丘丞、墓伯、□□、□伯，使子起来葬，无得□留止。子起食地下米，随〔地〕下禋，子起食地下〔米〕，随地下俗。墓王、魂神无责子起妻子、兄弟、父母。欲责〔生人〕，〔待〕乌白头、马生角，乃与神〔相听〕。何以为信，尺六桃券，丹〔书以〕为信。时乡里丁福沽酒各半，时正南使者丁子与神约，万岁不更。如律令。（图一）

注：亳州博物馆发掘董园曹氏家族时发现戴子起的砖铭，编号为董57，证明戴子起曾参与曹氏家族墓的施工。

光和：东汉灵帝年号，光和六年，为公元185年。十月戊寅朔，卅日丁未：与陈垣《二十史朔闰表》吻合。都乡：汉代政府机构有两种统治系统，一为理民施政的行政系统；二为军事、治安的暴力镇压系统。县以下的乡、里属行政系统，亭、邮属军事治安系统。[①]《居延汉简甲编》1982简有“自言与家买客田，居作都亭部”，据《考释》：“是田在都亭，不应在城内，当以附郭之说为近。”都亭既是附郭之亭，都乡也应该是汉代城父县的附郭之乡。

自有父世一丘一顷田：世，《说文·注》：“父子相继曰世。”丘，《说文》：“土之高也，非人所为也。”券文意为戴子起从父辈那里继承一顷高亢的田地。

南至海；北至陆；东至陌；西至千：陆字仅存半边，由海字推测应该是陆字，陻是陌的或体，千与阡通。阡陌是田间纵横的小路。这里的土地界限是虚设的而不是实在的界限。

盍来归土：盍字是从去从目，字出无，可能是从皿的盍字或体。《说文》：“盇，覆也，从血大声”。段《注》：“其形隶变作盍。”《释字》：“曷，盍也。”曷与何相通，“凡言何不者，急言之亦曰何”。“盍来”意为“何不来”。归土，言归葬于地下。

为子起买冢田万三百：为死者安葬而买的冢田要向冥府申告并取得认可，因申告的对象不一样，所以券文里两次出现“买冢田”的话。第一次申告的对象因字迹不清，不知是冥间什么官吏了。

券文开始已言“自有父世一丘一顷田”，似不应该再提“买冢田”，既言“买冢田”，又不说冢田的面积和买卖关系。所以这里虽然提到土地的价钱，一如“买冢田”这件事一样，都是为了向冥府“申告”而虚拟的

① 朱绍侯：《汉代乡·亭制度浅论》，《河南师大学报》1982年第2期。

词句。

无得□留止：得下一字仅存糸旁，“留止”即停留。

食地下米，随［地］下禋，食地下〔米〕，随地下俗：第一句随字下脱一地字，第二句随上一字不清。禋，《说文》：“洁祀也，一曰精意以享为禋。”禋本指烟祭，后来泛指祭祀，例如《左传·桓公六年》：“故务其三时，脩其五教，亲其九族，以致其烟祀”。烟祀即指祭祀。券文言死者已食地下米，入了冥籍，就要按冥间的规矩受祭祀。随习俗。

欲责［生人］：责下两字漫漶不清，据近年洛阳出土的《王当买地券》补上“生人”二字。“责”有责备和索取之义。据下面《元延镇墓券》“无复相索”，此“责”字用的是第二义。

［待］乌白头、马生角，乃与神［相听］：乌前一字不清，据《王当买地券》补一“待”字。券文神字下原夺“相听”二字，也据“王当券”增补。乌头白、马生角的典故出自《史记·刺客列传·赞》司马贞索隐，“燕（太子）丹求归，秦王曰：乌头白、马生角乃许耳”。《王当买地券》里也有“待焦大豆生，铅券华荣，鸡子之鸣”等类似的话，皆喻根本不能实现之事。相听，即神明来听讼断。

尺六桃券，丹［书以］为信：按铅券现长 41.5 厘米折算，一尺合 25.9 厘米强，比传世的汉尺（23 厘米）长 2.9 厘米强。丹字下面两字漫漶，按文义补“书以”二字。古人相信用朱砂书写的文书和券契可以“传于无穷，”所以铅券的刻文一面涂满了朱砂，以企“万岁不更”，辟邪禳灾。

时乡里丁福：在同类的券契文书中多使用“旁人”“证知者”来称谓旁证人，此券用“乡里”，与别券稍异。乡里是汉代县级以下的行政基层组织，这里借指同乡同里的邻居。丁福是作旁证的人。

正南使者：汉代道教盛行，为了迷信的需要，方士们曾编造出能通天神的“天帝使者”；能通地神的“黄神使者”，这些“使者”均由方士们自己来充任，作为受神明之命派往人间处理丧葬事物的人。“天帝使者”与“黄神使者”在镇墓文里屡屡出现，还有印章流传下来①。该券的“正南使者”别处尚未见，查《后汉书·五行志》：“舆鬼尸星主死亡，荧惑入之为大丧。”舆鬼尸星是二十八宿里鬼宿的第五星，鬼宿的方位在天南，传说是主宰人间死亡的星宿。丁子自称“正南使者”即鬼宿的使者，与其他方士自称“黄神使者”的意思是相同的。

---

① 禚振西：《曹氏朱书罐考释》，《考古与文物》1982 年第 2 期。

元延镇墓券

1970年12月，阜阳县三十里铺前马庄南地发现残砖墓一座，仅存铺地砖一层，砖为东汉晚期常见的几何花纹砖。墓中出土一件完整的铅券，阜阳地区博物馆在废品站收回时，已被折断成六段，上部两角被剪去，成了如今的圭形。该券残长39.5厘米、宽4.7～4.8厘米。阴刻隶书五行，存字197个，字面涂朱。（图二）券文释读如下：

［元］延至死时，〔家室〕甚痛，帐帷宿之，不敢失时。趍走卜问，良日□□，东西迎工（巫），南北迎医，辛〔钱〕财尽朔（索），非有狐疑。元廷女凉自〔薄〕命禄尽，夭年逢灾，宗疾（族）悲痛伤侧（恻），处生痂人为元延解补：镜奁踈（梳）比（篦），衣被禅覆，袴袍长襦，至有城郭棘室，〔鸡〕豚狗猪，所有皆具，狂如生人之送。元延甚质，复来何来！前年枉死，延至今兹，家室悲伤，哭无解休。生人日夜蒿，死人日夜□，生人行地上，死人行地下。隋倪离署，谁当坐者！墓伯、丘丞，案致比伍。自今以后，无得复来。女（汝）欲复来，持女（汝）卷齿，须乌如白，大□□□，千秋万岁，无复相索。玉帝为之，自有部介（界），他如天帝符卷，律令！（图二）

〔元〕延至死时，［家室］甚痛：延字前残缺一字，据后文补一元字。家室二字仅存“家”字的上部、“室”字的下部，据残笔补为“家室”二字。元延，西汉成帝刘骜有元延年号，券文显然属人名而非年号。元姓，春秋时代已见记载，如卫大夫元暄。《左传·桓十八年》：“女有家，男有室。”券文借“家室”指夫妇双方家庭成员。

趍走卜问：趍是趋的俗体字。见《广韵》及《诗·齐风·猗嗟》释文。《释名》：“徐行曰步，疾行曰趋，疾趋曰走。”卜问，占卜以问凶吉。

辛财尽朔：辛字写作辛，即辛字。《说文》：“辛，罪也。辛读若愆。”券文辛借为钱。朔，假为索，朔、索皆审母铎部字，可以通假。索，求取也，此言为迎工医，尽取其所有的钱财而在所不惜。

凉自〔薄〕命禄尽：凉通谅，《汉书·五行志》：“尽凉阴之哀，天下应之。”《师古》注：“凉，信也、凉读曰谅。”命字前缺一字，当是汉代镇墓文中常用语“薄命早死”的“薄”字。禄、福也。意为自信薄命福尽。

夭年逢灾：夭字写作芺，与汉《武氏石阙铭》：夭作芺相同。夭、美盛貌，《广韵》：“夭，未壮也。”夭年即青年之义。

宗疾（族）悲痛：族字写作了疾字。汉《广汉属国侯李翊碑》族作缅，券文可能又误作了疾。《尔雅·释亲》："父之党为宗族"。这里指死者丈夫的家族。

解补：过去发现的镇墓券多作解適（谪）或解除，谪是罪过。解谪是通过对鬼神的祭祀而除去凶灾罪过。解除是为死者解谪，为生人除殃①。"解补"一词，诚为初见。《周礼·秋官·小行人》："补。助也，若国礼丧则赙补之。"以财物助人办丧事，即助生送死之礼日赙，解补是解谪赙补一词的省略。

绔袍长襦：颜师古注《急就篇》说："长衣曰袍，下至足跗。短衣曰襦，自膝以上，若今袄之短者。袍若今之长者。"券文既说"长襦"，可见襦有长短之分，颜师古在《注》里说襦为短袄，似不尽然。

城郭棘室，［鸡］豫狗猪：小枣丛生曰棘，室外种棘称棘围。《荀子·礼论篇》："圹垄其貌象室屋也。"此言为死者在城郭附近营建墓室，周围有枣丛环绕。"豚"字上缺一字，可能是"鸡"字，豚是腯字的或体，《说文》："牛羊曰肥，豕曰腯"。显然"豫"是豚字的误写。豚是小猪，与鸡狗彘常连用，例如《孟子·梁惠王上》："鸡豚狗彘之畜，无失其时"。

疰如：疰字是莊的别体，此与汉延熹三年《孙叔敖碑》里的莊之作疰同。《论语·为政》："临之以莊，则敬。""莊如"，敬如也。

甚质：甚，极也。《史记·大宛传》："以为质于外国，"《集解》："质，诚信也。"甚质，为人极为诚信。

生人日夜蒿，死人日夜□：这里的蒿字应为呼叫的嚆字。嚆与号字皆在宵部，《说文》："号，嘑也。"《段注》："号呼者，如今云高叫也"。《墨子·号令》："夕有号，失号断。"古代防守，以高叫作为警戒。券文的意思是说生人与死者界线分明，而且地上与地下日夜都互有防范警戒，死人已入了冥界，不应再到人间随意往来。

隋倪离署，谁当坐者：隋通堕，《诗·摽有梅·传》："盛极则隋落者梅也。"以"隋"为堕。堕倪见《管子·正世》："财竭则不能毋侵夺，力罢则不能毋堕倪。"清戴望《校正》："倪，傲也，谓傲倪，倨傲傍视，目空一切。"堕倪，怠惰傲慢之义。离署，《墨子·号令》："勇敢为前行，伍坐令各知其左右前后，擅离署，戮。"又"离署而聚语者断，非其署而妄入者断，离署左右共入他署皆断无赦。"《睡虎地秦墓竹简·法律答问》："何谓窦署？窦署即去也，且非是，是其论何也？即去署也。"《居延汉简甲编》476 号："第十二燧长张寅迺十月庚戌擅去署。"署是指岗位，离

① 吴荣曾：《镇墓文中所见到的东汉道巫关系》，《文物》1981 年第 3 期。

署、去署、窦署同义，皆指擅离岗位职守。当坐：《说文段注》：“凡相持相抵皆曰当。”《史记·商君传》：“商君之法，舍人无验者坐之。”古代获罪谓之坐罪。

案致比伍：案指官府文书和狱讼判词。致是传致，送到。比伍是古代地方的基层组织。《周礼·地官·大司徒》：“令五家为比，使之相保，五比为闾，使之相受。”两汉时期的县属基层组织乡、里以下犹有什、伍组织。

券齿：《周礼·质人·注》：“其券之象，书两札，刻其侧，是为券齿。”

须乌如白：须，《尔雅·释沽》：“待也。”此句与《戴子起铅卷》“待乌头白，马生角”意相类。

自有部介（界）：部，《广韵》：“署也。”许最目曰：“分别部居，不相杂厕。”介是界的古今字。《说文》：“界，竟也。”《墨子·号令》：“诸吏民非其部界而擅入他部界，辄收。”自有部介，是说生人死人各有归属和活动的界线，不准许随便逾越。

结束语

汉代铅券，按其内容和作用可以分为两类，一类是阴阳家为生人除殃，为死人解谪的镇墓券，《元延镇墓券》属于此类，另一类是阴阳家仿照现实社会里的土地买卖文书，为死者“买冢田”的买地券。早期的买地券接近实在的土地买卖文书格式，有立契年月日，买卖当事人及其住址，以及土地面积，四至和价值，买卖始末，立约人和旁证人，酬劳条件，文书记载形式等。买地券反映了当时的土地私有制观念。稍晚的买地券向镇墓券结合，《戴子起铅券》就是有买地券和镇墓券结合过程中的一个过渡形式。该券为了向墓王魂神申告死者的情况，虚构了“买冢田”的情节，但又没有涉及具体的土地买卖问题，因此《戴子起铅券》属镇墓券类而不是买地券。

《元延镇墓券》的券文在同类镇墓券文中，堪称一篇优秀的文章。结构完整，辞藻精丽。从券文中可以看出死者可能是一位受虐待而死的妇女，死后一年才得安葬，死者丈夫因为害怕鬼魂作祟，祸害其家族，带着恐惧的心理，竭力向死者铺陈其对死者生前的关怀和照料以及死后的赙补厚葬。可说是声泪俱下，犹如一函表白心境，情意缠绵的家书，但又不乏恫吓鬼魂的言辞，该券文生动地反映出东汉人在思想意识中对鬼神的迷信以及“敬鬼神而远之”的矛盾心理。

《元延镇墓券》使用了较多的《急就篇》中的词句，如“镜奁疏比”“衣被禅覆”“袴袍长襦”“鸡豚狗猪”和“城郭”“帐帷”等，有的是稍作变动，有的径直来自《急就篇》。可见作为两汉时期启蒙课本的《急就篇》，在当时人民中间产生了多么深广的影响。

（与李灿合作，原载安徽《文物研究》1988 年 3 期）

安徽亳县咸平寺旧址发现北齐石刻造像碑

1965年6月，亳县政校于咸平寺旧址建筑房屋，发现砖塔基和残石刻。经清理，出土了北齐天保、河清、天统、武平等年号的石刻造像碑十一件，北宋石棺一具，《砖塔记》一件。安徽境内发现如此大量精美的北朝石刻造像碑，实属少见。现将出土情况和出土文物追述于后。

这批石刻出于北宋一座八角形砖塔（直径10米）基下。塔基中间有砖砌长方形地宫，东西两壁作阶梯式向下收口，武平造像碑及石佛、千体佛柱、经幢等残损粗糙的石刻，零乱地倒放在地宫的封土内，五块大造像碑，分上下两层规则地放在第四、五级砖阶上，砖阶最下层是一南北向的地宫，内放石棺一具。棺顶距造像碑约10厘米，棺头朝北，下垫青石板，距棺头20厘米处，置《砖塔记》石一块。发现石棺时棺盖已错开，并有一小石块支撑着，错缝处可容手伸进。棺内积满泥土，在清除淤泥时，发现棺内存有数十枚宋代铜钱和一些五色石子（舍利子）。石棺外也散放着宋代铜钱和汉代五铢钱，约三公斤。现将出土石刻分述于后。

一、天保十年夏侯显穆等造四面石像

石呈方柱形，顶有榫，底有卯眼，原应有上额和下石，惜已缺失。现残高124.5厘米、宽29.5～30.5厘米。背面雕佛龛一，龛下刻铭文，其余三面各残存三个佛龛，每个上龛的龛楣均雕人字帔，帔上饰璎珞宝盖。

正面，上龛雕高髻佛像立于莲座上，侧立二菩萨，右边的已残，仅存一手。左边的菩萨有项链手镯装饰，一手提带，一手拈荷叶，背后一裸体童子作揭幔装。中龛雕戴花冠披璎珞观音像，并手坐于莲座上。二菩萨分立两旁，都是一手举珠，一手提带，他们的冠上都有一莲花化生。下龛仅存一高髻佛上身及莲花头光，右侧残存一菩萨手部。

右面，上龛雕一佛，高髻，结跏趺坐。旁立二花冠菩萨，一手举珠，一手提带。中龛雕经变故事，共二十四人，以山为界，按故事情节分隔为七组。下龛仅存一浮屠和一飞天头部。

左面，上龛雕一佛高髻，结跏趺坐于莲花须弥座上。二花冠菩萨侍立两侧，也都是一手拈两支荷花，一手提裙带。中龛主佛与上龛同，略小。侧立二菩萨和二弟子，后雕菩提树。下龛雕一佛二菩萨和二莲花化生。菩萨戴花冠，一举火珠，一拈荷叶，后雕莲花两朵。（图一）

图一　亳县咸平寺发现北朝石刻

背面仅一龛，雕高髻佛像，袖手结跏趺坐，左侍立一菩萨戴花冠，举火珠，提裙带。龛下界以方格、横九格，竖存二十三格，上十六格刻造像铭文，下刻比丘、维那名。

北齐天保十年四面石像碑铭

大齐天保十年岁次己卯十月乙酉□□日丙戌建崇寺邑主夏侯显穆，邑主王绍业、邑主孙外贵、邑主夏侯景昕、维那邑子四十人等，深体幽玄妙闲至理、知法无常，归心正觉，以功德为本，皆崇三宝，敬造四面石像一区，上尽良将之奇精，远窥如来之妙相，为皇帝陛下，郡僚百官，师僧父母，七世亡者生天，见在眷属，咸蒙福庆，又愿三□八难，一切成佛，四百都佛主舒瑛姑，菩萨主夏侯曾业，比丘尼昙真，都邑比丘尼昙明。（图二）

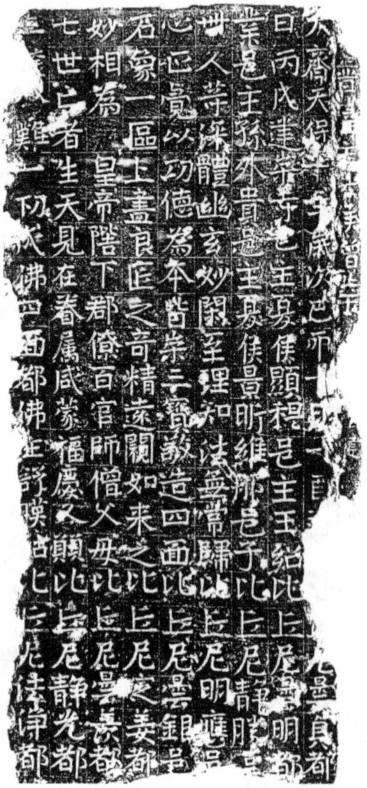

图二　天保十年夏侯显穆等造像铭文拓片

二、河清二年上官僧度等造像碑

碑分上下两石，上石高 101 厘米、宽 55.5 厘米、厚 26 厘米；下石高 99 厘米、宽 54.5 厘米、厚 28 厘米，座榫长 14 厘米。

上石，正面造像分为四层：上层左方雕显贵者一人，一人跪拜面前、四人侍立在两旁。右方雕菩提树，树上立迦梭频迦鸟，一王者悉达多赤足打坐，俯首作言语状，右方刻一马，伸舌舔悉达多的脚。这是一幅与“白马惜别”的佛传故事，表现出悉达多出家成佛的场面。第二层左右侧各有一小龛，龛内坐居士，两龛间有供养天八身，盘膝并坐。第三层分两龛：左龛雕肉髻释迦、多宝佛像，并坐于须弥座上，左佛端坐、右佛盘一膝，佛间夹一小沙门，两侧各立一菩萨。右龛雕弥勒、观音像，盘足并坐须弥座上，佛间立一小沙门，两侧各立一菩萨。下层为一大龛，四飞天组成龛楣，龛侧饰以帷幔，龛内雕观音立像，身披瓔珞、头戴宝冠、背光莲花、面相庄严。左右侍立花冠菩萨及迦叶、阿难两弟子。该龛佛像的足部和莲座，分雕在下石上部。

下石，正面造像也分四层，上层为承接上石的莲座。第二层左右各雕一龛，左龛雕维摩诘，头戴小冠，手执拂尘，病容清瘦，隐几作忘言之状。讲坛帷帐内，侧立两侍者。右龛雕文殊师利，盘膝坐于菩提树下的幡盖内，面对维摩诘，从容不迫，作答辩之状，两侧侍立拱手菩萨。讲坛之间分立一信徒、四比丘，在恭听辩论。第三层为一主龛，雕阿弥陀佛说法像。阿弥陀佛高髻，莲花背光，著通肩大衫、结跏趺坐须弥座上。背光两侧列坐罗汉八，姿态各异。佛像两侧分立观世音和大势至菩萨，另有两侍者，饰螺旋状髻；两莲花化生合十闭目；两高鼻深目的西域人着束袖长袍。下层雕两金刚、两狮子，中立御狮人，手托博山炉。

左侧，上石雕两龛，上龛雕普贤菩萨与御夫坐于象背上，行进在菩提树下。下龛雕伎乐天十身，作吹排箫、击鼓、弹琵琶等状。下石三龛，上龛雕一佛侧身而坐，有两比丘合十，一跪、一立于佛像面前。龛上雕菩提树，树上有伎乐天作吹角、飞舞之状。中龛雕一佛坐于菩提树下，右立一菩萨、一比丘尼。下层为一小龛，内坐一居士，侧有两供养人，一人手提罐，一人跪于树下。右侧，上石两龛，上龛雕一立佛，着透体通肩大衫，两侧分立两比丘，一供养人跪于右侧。下龛雕两佛塔，似在云中，四塔门内有佛露出上身，塔下为一佛殿，殿内有一佛，高髻，结跏趺坐，二胁侍残。下石两龛，上龛雕一佛，袒右臂坐于菩提树下须弥座上。树上两伎乐天，一弹琵琶、一吹笙。一比丘立于左侧，下雕群山。下龛雕浴佛图，在激流中，八个挽顶髻的青年在沐浴游泳，远岸是密林，树林上有四伎乐天在伴奏音乐，近处有三凫作戏水之状。（图三）

造像碑背面刻铭文、蟠螭碑额。铭文界以方格，横十七格，竖二十七格，十九格以下为比丘、维那、中正等造碑人姓名。

北齐河清二年造像碑铭

唯大齐河清二年，岁次癸□□□□辰朔二日癸巳。盖至相凝玄，真体冥寂，细乃一毫莫喻，大则万象俱含，谁能究其根源，讵可穷其际末。自托体王宫，降生迦卫，尊称无上，受浴神龙，池出五种之花，渠流八味之水，威力普振三界，光明遍照十方，灭星之夜昼灾，堂堂乎莫辨。薨日之宵致惑，巍巍乎难名。自非深机离解，融心妙悟，六尘可弃，一乘是修，

图三　河清二年上官僧度造像碑

岂能式遵妻子之施，叹上刻画之工者矣，清信仕佛弟子上官僧度，卫炯六十人等，并芳银宿挺，法门早觉，遂减舍珍玩，摸写真形，知土木之非固，以丹素之难永，敬造石像一区，工超当世，石穷上等，仰为皇帝陛下德迈三五，祚隆七百，宏野归怀，甲兵休偃，万品四生，俱游正觉。其词曰：妙相澄玄，至理融迈，大满六合，小居一芥，宝殿易没，金花永沦，像法乃成，遗教空陈，土木非坚，□□□□，金铜维□，□□□□，永精不朽。（图四）

图四　北齐河清二年上官僧度等人造像碑铭文拓片

三、天统三年石济周等造像碑

碑高 145 厘米、宽 41.5 厘米、厚 25 厘米，榫长 11 厘米。蟠螭额、两蟠螭间有一小龛，龛内雕太子立像，高髻，着多褶壁通肩大衫。中龛龛楣雕两飞天，裳带飘扬，飞翔于菩提树上。龛内一佛高髻，结跏趺坐于莲花须弥座上，座的束腰处刻眼一只。座下有二力士坐地弯腰、背承佛座，手托两莲座，座上立二菩萨，菩萨头戴宝冠，身披璎珞。下龛雕二金刚，袒胸赤足，怒目圆睁。金刚间有两卷发御狮人，骑在狮子背上，两人各以一手牵狮尾，一手供托盘状物。龛下边沿雕饰山峦。（图五）

造像碑背面刻施主名。左侧刻碑铭，铭文界以方格，横九格半，竖三十七格，上空二格，下空九格。

北齐天统三年石刻造像碑铭（图六）

〔大〕齐天统三年岁次丁亥二月□□日己酉

佛法僧宝，理可归依，但在有心，必须回向，佛弟子石济周三十人等，并发拥沙之心，俱起掸指之信，敬造石像一躯，故能运海访功，旋镂今石灵颜，一唱八十之好，卓然众相之奇，秉着颙颙即是生福之林，昏昏之士，因慈发念，纵使劫火焚天，灾流荡岳，此福神基，三衰岂易，愿以箇坚，固众善根，力使弟子等，拔溺惚津，神超安养，辮发顿除，游心常乐，师父获安，存忘等福，眷属并浴，国蒙永祚，法界同欣，普登彼岸，故刊铭记，乃为讼曰：生情极异，不似人面，夜迷月兔，昼惑阳乌，从今始有，由来实无。

当阳像主张建义，比丘僧道彦，都像主郭福仁，发心主斋主石道人等□□。

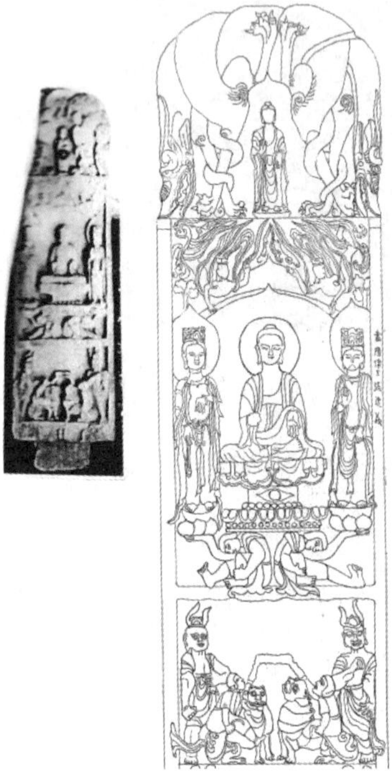

图五　天统三年石济周等造像碑

图六　北齐天统三年石刻造像碑铭

四、武平五年王伯奴等造像碑

碑高 103 厘米、宽 37 厘米、厚 21.5 厘米，座榫长 7.5 厘米。蟠螭碑额，碑额正背两面各有一龛，龛内雕坐佛一尊。正面碑额下雕饰帷幔，下雕一佛，高髻，结跏趺坐须弥座上，头大身短，旁立两菩萨，二弟子，头小身长，下雕两金刚、两狮子。狮子头部承一人面具，面具上结一宝珠，珠上饰以虎头，口啣两支莲蓬，上托两菩萨。碑身右侧有一直径为 13.5 厘米的圆洞。（图七）铭文刻在碑的背面。界以不规整的长方格。录文如下：

大齐武平五年岁次甲午、七月己未朔八日丙寅，合邑等上为皇祚万年，敬造石像一区已就，愿藉（借）兴造像浴，国泰民安，戈武不起，普及边地，有形鄣难之例，悉蒙福闰，所愿如是，故以刊记。都维那王伯

奴、妻刘、都像主许贵宾、邑子韩建明、邑子曹昙、邑子韩须摩。(图七)

(一)　　　　　　　　　　(二)

图七　(一)(二)　北齐武平五年造像碑及施主姓名

五、韩怀顺等造像石

石高 82 厘米、宽 47 厘米、厚 18 厘米，正面雕一龛，龛内一佛两菩萨，雕工粗糙、潦草，似未完工。侧面刻施主名：

施主韩怀顺、妻丁。施主许行最、父□□，施主边洪俊，母韩□□。

六、王子仪等造像碑

碑宽 62 厘米、残高 77 厘米，正面雕一佛二菩萨，佛高髻，微笑，结跏趺坐于莲花须弥座上，法轮莲花背光，华丽庄重。两菩萨头戴花冠，身披璎珞，一手举珠，一手提带，袒胸赤足立于莲座上。佛座两侧各有一供养人，一作捧物状，一提瓶。菩萨两侧各有一莲花化生。佛座下残，存一金刚、一狮子、两比丘。全石雕工细腻、线条流畅，刀法类天保十年造像石。

该碑失铭文。背面残存忠正、维那等姓名，界以方格，横十八格，竖残余十六格。“主王子仪，邑主宋□□，忠正唐俊，都维那王庆容，邑子程静姬、元贰、维那夏侯子云，等。”

七、司马、将军造像碑

碑残高 113 厘米、宽 85 厘米。正面雕一佛二菩萨，佛像头部和足部残缺，菩萨身躯完好，手持善锁、宝囊，人物造型清秀潇洒，刀工雄健刚劲，线条简练浑厚，在这批造像碑里堪称最佳作品。（图八）

图八　司马、将军造像碑

背面刻施主官阶姓名、上下皆残缺。铭文界以方格、横二十九行，竖残存四十一行。（图九）司马、将军造像碑由于残缺没有留下纪年，但我们从碑铭中的郡县名称知道，这块造像碑不是北齐也不是东魏时的作品。如澄城郡、华山郡都在北周、西魏境内，不属北齐或东魏管辖。再如北梁郡、下蔡郡、钜辘郡、己氏县等，到北齐时已废置，被废过的郡县和管辖不到的郡县官吏，不可能来谯郡造碑。这块碑也不可能是北周时的作品，因为公元 578 年，北周灭了北齐，正值宇文邕“诛除佛法”之时，北周的官吏断不会不知趣地来谯郡大造佛像。我们认为，此造像碑是北魏时的作品，因为北梁郡、下蔡郡、永固县等都是北魏初置，北魏之后旋又废去的。碑的上限年代当在北魏建置南兖州之后。北魏在太和中置南兖州于涡阳县（今蒙城县东北），正光中移治谯城（亳县），我们把此碑暂定谯郡兼

置南兖州以后的作品，即北魏晚期正光至永熙年间（520—535）。铭文见拓片。（图九）

图九　司马将军碑

八、无铭造像石

残高 143 厘米、宽 79 厘米、厚 19 厘米。蟠螭额，碑额中有一龛，雕一佛倚坐凳上。碑额下有两龛，上龛以透雕的四个飞天组成龛楣，龛楣之中有盘龙口衔串珠下垂。龛内雕一佛两菩萨，并列平坐于菩提树下。下龛仅存一飞天和一佛塔。石下断面有卯眼，原来应有下石承接，惜缺失。

造像石背面划以方格，但无铭文。（图十）

九、石刻太子像

通高 136 厘米，身首分离，手足皆残，佛高髻垂耳，着多褶壁通肩大衫。（图十一）

十、千体佛柱

佛柱共六段，通高 185 厘米。柱体十六面，每面宽 7 厘米，上下分雕小佛龛，每龛高 9 厘米、宽 4.4 厘米，龛内雕不同姿态的坐佛一尊，其中有大龛一个，宽 8 厘米、高 27 厘米，内雕一佛二……

图十　无铭造像石图

图十一　石刻太子像

十一、陀罗尼经幢残石

经幢残高 38 厘米，石体八面，每面宽 14 厘米，对称的四面有四小龛，内雕菩萨，有一面线刻天王像，尚清晰，余三面漶灭。

十二、宋代石棺

通长 106. 5 厘米、前高 75. 5 厘米、尾高 60. 5 厘米。石棺分棺盖、棺身、棺座三部分。

棺盖呈瓦脊形，长 106. 5 厘米、前高 31 厘米、宽 57. 5 厘米，尾高 24 厘米、宽 52 厘米，棺头突出棺身 11 厘米，作云头状，上刻缠枝牡丹纹，两旁刻飞天，中刻坐佛一尊。盖尾亦作云头状，中刻牡丹花，侧刻两行施主姓名。盖顶前宽 23. 5 厘米、后宽 20 厘米，线刻团凤花纹，每一团花有两凤组成，前后配以缠枝牡丹花纹。花纹后部刻六行工匠姓名。盖侧顶，前宽 18. 5 厘米、后宽 16 厘米，线刻游龙，配以缠枝牡丹花纹。棺盖两侧前宽 18 厘米、后宽 14. 7 厘米，满刻施主姓名。

棺身全长 85. 5 厘米，棺头高 26 厘米、宽 57. 5 厘米，左右刻护法神，两神之间浮雕一门，左扇门半开，门内露一线刻半身女子像。门上有四个方形门簪，门下有坎和门臼，边有门框，全门涂银朱。门的上部线刻牡丹花两朵。

石棺侧壁前高 26 厘米、后高 21 厘米，左侧壁前后线刻东方、北方两天王，右侧壁前后线刻西方、南方两天王，两天王之间刻管内僧正、功德塔主、登仕郎守亳州司理参军等施主姓名。棺身尾部宽 53 厘米、高 20 厘米，刻满女尼名。

石棺下部雕莲花须弥座，高 16. 5 厘米，两排莲瓣束腰处左刻“佛骨灵牙”，右刻“真身舍利”八个字。

十三、《释迦如来砖塔记》

石长 71 厘米、宽 62 厘米。铭文四百二十五字：

释迦如来砖塔记　乡贡进士李宽撰

盖闻如来以示相灭度，后群生若径路而有依者，其像教焉，故崇而施之之谓因，庆而极之之谓果，因果之利，伊窣堵波也最为胜焉。昔谢尚刻杖头之形，犹可禳诸天谴，况乎鸠材僝工，摩霄戛汉之瑰绩耶！今亳社有咸平寺，正殿之后，地方数丈，爽垲可嘉，郡之缁流士庶，心游目想，固有年矣，幸当兹地创其宝刹噫！事与愿符，迹随法胜，由是无贫富，无远迩，皆慕缘而乐舍。且曰：丘井易隳，芥城难满，白黑之业，唯人自修。斯盖遘熙隆之运，被恺悌之风，外户靡扃，鸣桴乃息，苟非建诸佛事，何以利益迷途。旌酬真化，肇崇基址，则有塔主沙门从郁，讲经传戒，功德塔主沙门明惠，先收得佛骨灵牙，真身舍利，及都大缘管内僧正宝印大师赐紫晓圆，元发心修塔，勾复官丁秀，修塔施主乡贡学究祁维周，修塔施主钜鹿时昭信者，以先供养佛骨舍利，造金棺，银椁盛而瘗诸基下，俱以年祀超忽，事迹弥忘，命以志之弗遑牢让。夫西天之教，历代盛欤！讵假懦儒之述也，网避浅微，但虞漏略，时皇宋天圣五年岁次丁卯四月辛未朔十日庚辰记，宣补苏州昆山钲将应德兴，前昭文馆书库官陈沆书，咸平寺三纲都维那僧智清，寺主僧惠乃，上座讲法华上生经沙门云霭。

结束语

咸平寺在亳州北门内大街西，俗称大寺，由于寺庙年代久远，几经兴废，明清时人已不知创建于何代。《亳州志》：“寺初建于唐代，名崇因寺，宋改为咸平寺，后因之。”今按出土碑记，确知该寺在北齐天保十年名为“建崇寺”，大概此时已是“绀楼碧宇，广殿崇阶，巍焕庄严，具有兜率干霄，气象为谯城第一精蓝”的大寺庙了。它的创建年代当在“司马、将军”造像碑雕刻时的北魏，而不是“初建于唐”。在这批出土石刻里没有唐代的作品，“唐名崇因寺”还得不到证实。“宋改为咸平寺”在《砖塔记》中得到了证实，宋天圣五年该寺已称作咸平寺，改于何年，《砖塔记》中没有说清。我们认为该寺改名应在宋真宗的咸平年间（998—1003）。

咸平寺出土北朝石刻，除了王子仪，司马、将军碑破损，天保十年和无铭造像石缺少下石外，大部分是完好的，甚至当年石像上涂饰的色彩，出土时还大多保存了下来。我们在今天能够看到一千四百多年前的如新的石刻，自然是因为宋人“瘗诸基下”得以保存，可是北齐武平五年，距宋天圣年间也有四百五十多年，这期间是如何保存的？宋人又如何得到这批石刻的？可惜在“懦儒”李宽的笔下没有提及。我们设想，这批石刻是宋人在天圣年间从地下发现的。北齐在公元577年被北周灭亡。北周在未灭北齐之前，宇文邕已经进行了多年的灭佛酝酿，并于建德三年（574年）正式下诏“断佛道二教，经像悉毁，罢沙门道士，并令还民”，开始了大规模的灭佛活动。北周既灭北齐，这个禁断佛道两教的行动，必然要波及北齐境内。北齐僧侣在即将亡国之际，预知北周摧毁佛教，也预知自己的命运，因得早自为计，将自己崇拜的“工超当世、石穷上等”的“妙相灵颜”有准备地埋在地下。到了北宋天圣年间，宋人又发现了它们，在赞叹惊奇之余，旋又将它们埋入了塔基之下，这就使我们又得以见到这批珍贵的艺术品。

在清代乾隆三十四年，知州孙维龙撰写的咸平寺碑记中曾说：“僧人复不善经理，割寺旁之地以售民，恐有议其非者，将寺中所有碑记悉碎之而投之水。”何代僧人“不善经理”没有讲清楚，“碎碑投水”不知他根据什么？但有一点能够肯定，咸平寺曾经出土过造像碑之类的石刻，孙维龙一定是见到过的。果真如此，那么，这一批石刻就是继孙维龙后又一次出土的了。

（原载《文物》1980年9期）

安徽阜阳发现唐代《陀罗尼经咒》记

1974 年 9 月，阜阳郊区一农民到博物馆上缴几件出土文物，有瓷器、银器、石壁等，说是数月前在市郊白蟹泉附近挖西灌渠时碰到的一座古墓，放工时他从墓顶打开一个洞钻进去，把碰到的物件都取了出来。馆里即刻派员，让农民领路，到西灌渠工地察看。灌渠工程早已完工，农民指着一汪满积灌渠的水说，墓就在这水下。透过一米多深的水层向下看，有一座券顶砖室墓，南北向躺在渠底，两头内收，状如船形。当时因水深，气候还在初春，墓内遗存小到耳挖都已搜索干净，估计不会再有遗物存在，因此没有下水测绘墓葬形状和数据。

1975 年夏天，老馆长韩自强翻阅资料时，在《文物参考资料》1957 年第 5 期上看到冯汉骥先生文章《记唐印本陀罗尼经咒的发现》，所附银钏图引起他的注意。他找来银钏对照，与图一模一样，拿起银钏感到轻飘飘的，像是空心。在该文的启发下，他截开银钏，果然如冯先生所记，钏内有纸卷填塞。用镊子轻轻抽出一部分慢慢将卷在一起的纸卷展开，发现是两张纸叠在一起，方形纸在外，圆形纸在内，方形纸对角紧紧卷裹置入钏内。经咒展开后仅存一半，钏内可能还有残余，他又用细铁丝从银钏锯口勾出几段残纸卷。这时发现银钏焊接处有一细微裂缝，常年在墓室水中浸泡，裂缝中进水，使得部分纸卷受潮，出土后又停了一年多时间，进水的纸卷阴干后已固结成块，很难展开。年底送省博裱画室请洪师傅揭裱，他用传统的方法，放在锅内蒸煮，希望纸卷松动，结果用针拨弄，纸卷碎如齑粉，经咒未能抢救过来令人痛惜。

墓葬出土文物介绍如下：

白瓷盒一件，圆形，上盖下盒，子母口，盖为平面。上侧内收盝顶，于内收的边缘用硬物横向加压，三道凹槽。盒折腰平底，通体施白釉，开片细碎，足与下腹及内口沿经旋刀修饰的地方无釉，窑口为河南巩窑。口径为 13.9 厘米，通高 6.1 厘米，足径 10 厘米，盒口沿壁高 1 厘米，重 595.9 克。（图一）

白瓷大碗一件，敞口翻沿，弧壁，倾斜处由外壁向碗内按四等分，用硬物竖向加压，呈四条压痕，使内壁凸起四条出筋。圈足矮浅，碗底未施釉，胎质灰白，白釉泛黄，巩窑产品。口径 24.7 厘米，底径 11.8 厘米，

通高 7.4 厘米，重 934 克。（图二）

四弧花口青釉瓷碗一件，敞口，斜壁，壁外按四等分，以硬物竖向往内加压，四条压痕，内壁形成四条出筋，碗口留有四个缺口，碗呈四瓣花口。通体施青釉，表面腐蚀，足为玉璧形底，内凹，属越窑器。口径 16.6 厘米，底径 7.1 厘米，高 4.2 厘米，重 333.8 克。（图三）

银钏一件，钏面鼓隆，内壁平直，中空，钏面无纹饰，钏面与内壁焊接成体。钏的外径为 9.6 厘米，内径 8.4 厘米，粗一点 1×0.6 厘米，壁厚 0.1 厘米。

银耳挖一件，圆棒形，近勺处渐粗，再向前变细，形成勺状。残长 7.9 厘米。

银簪，单股一支，圆柱形，上粗下细。粗 0.3 厘米，长 18.3 厘米，断为两截。（图四）

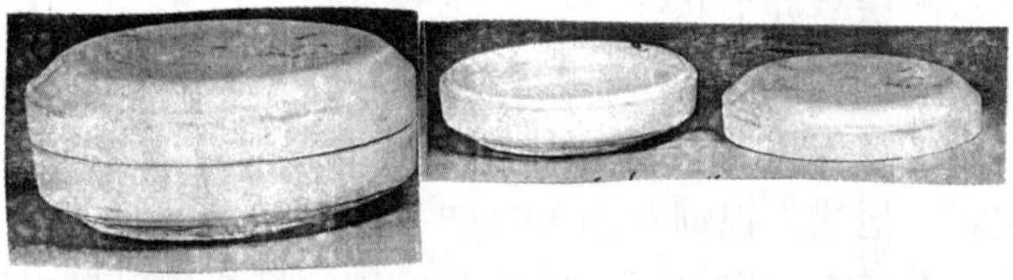

图一　白瓷盒

图二　白瓷大碗

图三　四弧花口青釉瓷碗

图四　银镯簪耳挖

图五　石璧

图六　手写音译陀罗尼经咒

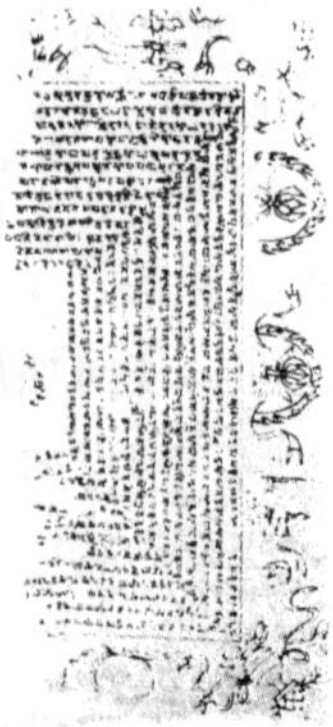

图七　木刻陀罗尼经咒（梵文）

皋阳西灌渠唐墓出土文物插图

石璧一件，圆形，边缘有破损，表面腐蚀。直径 8.2 厘米，厚 0.5 厘米。（图五）

手写音译陀罗尼写经一件，桑皮纸，色微黄，圆形，现仅存一半，直径为 27 厘米。内容为汉字音译陀罗尼经咒，毛笔手书，无外界边栏，直接从边沿以顺时针方向旋转向中心书写，二十四圈经文，中间留有圆形空白，内绘佛像，现存佛像后边些许部位。图六的释文如图八所示。

图八　陀罗尼经咒汉语释文

雕版印刷陀罗尼经咒一件，原为方形，现存半边，边长约 26 厘米。经咒外有细线边栏，栏外至纸边较宽，方角处刻宝瓶各一只，有绶带缠绕。

有火焰纹，火焰中一存三股金刚杵，一存无股金刚杵，刃头向上，下有底座，五股金刚杵外有绶带缠绕，另刻矛头和金刚斧各一件，斧柄有绶带。另一边刻莲花，有绶带及莲座，一边刻人顶骨做成的手鼓等密教法器图案。单边线内刻梵文陀罗尼经咒，对角旋转，由外向内刻十三圈咒语，中部有方形空白，内刻供养佛一尊，仅存右边残痕。这件梵文经咒照片，20世纪90年代在北京曾请林梅村教授鉴定过，他认为此经咒为印度悉昙体梵文。（图七）

印度大乘佛教的分支密宗，公元7世纪经西藏传入中土，流行于唐、五代、宋、辽，印刷与书写的陀罗尼经咒均为密教流行中土的遗物见证。据目前所知，经咒大部分为纸质，有雕版印刷或手书，也有绢质书写的经文。咒语称为真言，诵持真言陀罗尼可以静身，供养诸尊时，将诸尊位置安排在方形或圆形土坛上以行祭拜，故陀罗尼经咒有方形和圆形的，称为曼荼罗。每一尊佛各有不同的印相，因此曼荼罗中心的供养佛各不相同，以表示崇敬者的意趣。郑振铎先生《中国版画史图录》一书中收有“圣自在菩萨千转陀罗尼轮”和“无量寿陀罗尼轮”，均为晚唐或宋初遗物，还有千佛洞藏雕版印刷的“大随求陀罗尼”。经文用汉字表现的有音译和意译两种，梵文早期为悉昙体，晚唐以后被兰查体或天城体代替。

这种用纸或绢书写或印刷的陀罗尼经咒除千佛洞藏大随求陀罗尼①和苏州瑞光寺塔中藏于珍珠舍利宝幢内的北宋太平兴国五年、咸平四年雕版印刷的“大随求陀罗尼经咒”外②，全部出土于墓葬死者的臂钏和颚托内，这与密宗的教义密切相关。如“圣自在菩萨千转陀罗尼轮”说：“千转灭罪陀罗尼有大威力，能灭众罪，转现六根，成功德体，若带持者，罪灭福生，当得作佛。”“无量寿陀罗尼”说：“此无量寿大誓弘广随求心所愿□□置之处龙鬼护持法舍利之伽他，佩之者，身同诸佛，普劝四众持带结缘，并愿同登真常妙果。”“大随求陀罗尼”说：“若有受持神咒者，所在得胜。若有能书写带在头者、若在臂者，是人能成一切善事，最胜清净，常为诸天龙王之所拥护，又为诸佛、菩萨之所忆念。此神咒能于众生最胜安乐，不为夜叉、罗刹诸鬼神等为诸恼害，亦不为寒热等病之所侵损，厌蛊、咒诅不能为害，先业之罪，受持消灾。持此咒者，常享安乐，无诸疾病，色相炽盛，圆满吉祥，福德增长，一切咒法皆悉成就，若有人受持供养，敕宜护敬。”

---

① 斯坦因著：《西域考古记》第二卷，商务印书馆2013年版，497页。

② 周芜编：《中国古代版画展览图录》，上海人民美术出版社1987年版，1~3页。

密宗修行，仪轨复杂繁琐，对设坛、供养、诵咒、灌顶，皆有严格规定，由阿阇黎（导师）秘密传授，依法修手结印契（手势），口诵真言（咒语），心观佛尊，就能使身、语、意“三业”清净，与佛相应，即身成佛。更简便的方法，将陀罗尼经印在纸上，写在绢上，带在身上，等于“随诵、随求、随得满意”，死后带入墓中，得以解脱，修成正果。

阜阳西灌渠出土的印本陀罗尼经咒因为标题部分残损，不知是什么寺院雕印或持有者姓名。墓内共出土的文物也没有可以确定具体年代的信物，我们只能从印本的文体和经咒的臂钏形制来考证。

目前我国从墓葬中得到的纸本陀罗尼经咒以西安发现的最多，共六件，均出土于唐代墓中；洛阳出土一件，为后唐时期；成都出土一件，加上阜阳这一件，共为八件。西安唐墓出土的经咒，装置器具有多种。1967年，西安沣西造纸厂出土一件是置于长4厘米，直径约1厘米的“小铜管”里，后被认定为铜制臂钏的残段；1974年，西安西郊柴油机厂内出土一件是置于佩戴的铜颚托中；1975年，西安冶金机械厂出土一件是放置于小铜盒中；1983年，西安西郊沣滈路自来水一厂出土一件绢质经咒，置于鎏金铜臂钏所附的铜盒中；2000年，陕西历博征集一件是叠于臂钏内，经文外首题刻印“成都府浣花溪报恩寺□□敬造印施”，与1944年成都出土的印经首题“成都府成都县□龙池坊近卞□□印卖咒本□□”十分近似；2000年，西安西郊唐墓出土一件，藏于臂钏内，黏结紧密，揭开时已成残片；1985年，洛阳东郊史家湾一座后唐墓发现雕印陀罗尼经一件，题记为“报恩寺僧知益发愿印施，天成二年正月八日徐殷弟子依佛记”①。

以上七件出土于唐墓葬的经咒，有四件是置于铜或鎏金银臂钏中，一件置于开口臂钏前的圆桶中，一件置于小铜盒中，一件置于铜颚托中，一件放置器物不明。其中，最值得注意并具有时代特征的是臂钏②。与已知的1944年成都出土的银钏，2000年西安三桥镇出土的银钏③，1974年阜阳西郊出土的银钏都是钏面鼓隆，内壁平直，中空，除没有法门寺出土皇室御用器物錾花鎏金的豪华厚重外，其余均相同，使人一看就知是同一时代的物件。再从雕版印本格式来看，方形中心雕佛像，像外雕梵文经咒十八行（阜阳为十三行），经外刻菩萨、法器、手印一周（阜阳的经只刻法器）。阜阳印经为方形，是仿曼荼罗的方坛，手写为圆形，汉字音释经咒

---

① 霍巍：《唐宋墓葬出土陀罗尼经咒及其民间信仰》，见《考古》2011年第5期，81~93页。

② 石兴邦编选：《法门寺地宫珍宝》，陕西人民美术出版社1988年版，52页，图31。

③ 霍巍：《唐宋墓葬出土陀罗尼经咒及其民间信仰》，见《考古》2011年第5期，87页。

是仿曼陀罗的圆坛。方坛、圆坛是分离的，不像晚唐宋初版的“圣自在菩萨千转陀罗尼轮”，外方坛，内圆坛，雕刻在一张纸上；也不像宋太平兴国和咸平年间雕刻的圆坛和方坛那样的庄严繁杂。因此，阜阳经咒要早于宋或晚唐，接近成都印经。两件成都府成都县刻印的陀罗尼经咒，是在唐肃宗至德二年成都始改府后的刻本，当在公元757年以后。

再从梵文字体来看印经，用的是梵文悉昙体，这种字体唐初传入中国，盛行于盛唐和中唐时期，到晚唐逐渐被梵文兰查体和天城体所替代。因此，阜阳印经与两件成都印经时间应相当，都是唐代中期接近晚期的印本。

阜阳陀罗尼印经是何处刊印，因首题残损，不明。但我们可以推想，古代颍州的著名寺院，只有颍州开元寺可以担当。颍州开元寺从唐代开元年间建寺，至今还存留有后唐铜钟一口，北宋建有十八罗汉堂，罗汉塑像十八尊为全国首创。金代，寺院败落，“文革”时遗址内曾出土一批宋代金银器，仅银钗就有数百枚，均为信众捐赠的供品，战乱时，僧众未能携逃而留下。

阜阳墓葬出土的唐代密宗陀罗尼经咒印本与写本，是我国东部以及安徽省首次发现，唐代木版印刷，是难得的文物珍品，为阜阳市的人文历史增加了光彩。

（与韩朝合作，原载《志鉴》2013年1期）

近年所见有铭铜器简述

近年退休在家，结识了几位文物收藏爱好者，在他们的收藏品中，见到几件未曾著录的带有铭文的新铜器，具有很高的历史研究价值，现征得收藏家的允许，写成此文，以供学术界同仁欣赏研究。

一、曾太保庆皿

皿，圆形，通高 12.4 厘米，口径 25.3 厘米，唇广 3.5 厘米，底径 12.5 厘米，大口、折肩，小平底，颈部饰单道云纹一周，腹的内壁铸铭文三行八字“曾太保庆川作宝皿”。(图一)

图一　曾太保庆皿

这种器形的铜器还见于 1971 年河南新野发现的一组曾国铜器，简报称作盞（盆），没有铭文：还有河南潢川发现的子諆皿；简报称作盞（盆）：这两件：铜器都有盖和兽首环耳，盖和器饰窃曲纹、蟠螭纹和乳丁蟠虺纹。新野的一件：定为春秋早期，潢川的一件盖和器均有刻铭四行十六字“佳子諆舌铸皿，其行宁子孙永年寿用之”。李学勤先生在《论汉淮间的春秋铜器》一文中，认为与黄国铜器同墓所出的子諆敦（简报作盞），时代属于春秋中期，“子諆很可能是楚国人”。

传世遗器中还有一件曾太保盆，见于《三代吉金文存・卷十八》和容庚、张维持《殷周青铜器通论》，此器高 12.3 厘米，口径 27 厘米，唇广 2.1 厘米，广唇，两兽耳，小平底，颈饰窃曲纹（应为云纹）两道，腹内壁铸铭文，反书，容庚先生释为“曾太保双麐叔亟用其吉金自作旅盆，子：孙：永用之”，时代属春秋早期。

这种器形的铜器，定名不一，有称敦者，也有叫盆、𣪘、锜、鍑者。曾太保皿和子諆皿自铭叫皿，《说文》：

“皿，饭食之用器也。”曾太保盆自铭为盆，《说文》：“盆，盎也。”颜师古《急就篇·注》云“缶即盎也，大腹而敛口，盆敛底而宽上”，与这类铜器正符合。容老依据文献记载总结说：“盆为盛水兼盛血器，亦可作炊器、量器、乐器之用。”新见的这件曾太保皿和潢川的子祺皿都自铭为皿，传世的曾太保盆彭子中盆都自称盆，因此称此类广唇，折肩，小平底，有两耳或无耳，有盖或无盖的铜器为盆或皿才符合历史真实。

太保在周王朝内是三公之一，位仅次太傅，曾国设有太保和随县城郊发现的“曾大攻（工）尹戈”一样，反映出当时的曾国有自己一套符合诸侯身份的官制。

新见的曾太保皿，器主名庆，细审传世的曾太保盆的拓片，与“庆”应是一个字，“双”是鹿角的延伸，鹿腹内的圆形原是心的象形，心下的“□”字是增繁的无义偏旁，此字也应释为庆字。两件盆、皿，形制相同，实为同时代同一个人，即曾国太保庆叔亟所铸的器物。

二、曾侯邚簠

簠，长方形体，盖、器形状人小相同，斜壁，口沿处皆有一段直壁，平底，下附四只对称的蹼形足，盖口缘有六个兽面形衔扣，腹部两端各有一兽形耳，盖、器外表饰很浅细的蟠虺纹。通高 25.5 厘米、口径 30.5 厘米×22.5 厘米，盖、器腹深 5.5 厘米、足高 3 厘米。器内底刻二行五字“曾侯邚乍持”。鸟篆，铭文字体瘦长，“乍持”用语和随县曾侯乙墓出土的“曾侯邚乍持”铭文相同。（图二）

随县曾侯乙墓出土的还有曾侯邚和曾侯遇的器物和兵器，但曾侯乙的大型礼器，例如簠，饰的是龙凤勾连纹，纹槽内有褐、白色的填充物，与这件只饰浅细的蟠虺纹迥然有别。《曾侯乙墓发掘报告》认为曾侯邚和曾侯遇是曾侯乙的先君，传世的有一件“曾子遇之行簠，”（见三代吉金文存），今又见“曾侯邚乍持”簠，充分证明曾侯邚、和乙不是同一个人。曾侯乙墓的下葬年代是公元前 433 至前 400 年，即战国初期，这件曾侯邚簠应在公元前 433 年前的春秋晚期。

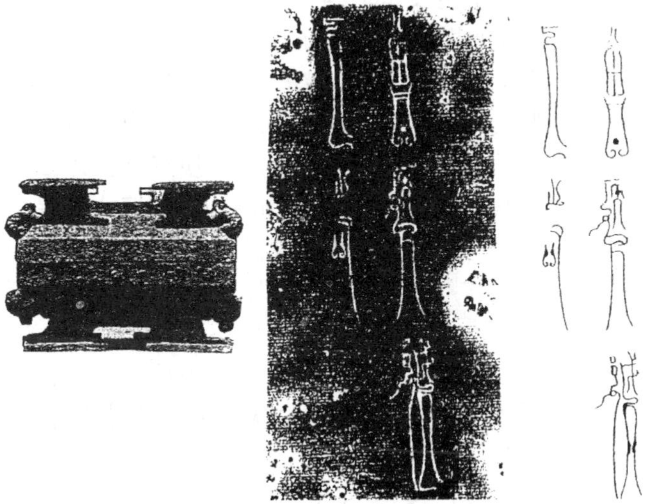

图二　曾侯簠

三、蔡大司马燮盘

盘，圆形，通高9厘米，口径40厘米，腹深6.5厘米，三足蹄形，足高1.5厘米。口沿外折，颈与腹之间有箍一圈，颈部饰细浅的蟠虺纹。唇与箍之间有二环形鼻，各衔以绳纹铜环。另有两个小环形鼻在颈、腹间的箍上；腹素面。盘内刻铭文六行三十字，字体瘦长："隹正月初吉丁亥，蔡大司马燮乍媵孟姬铸盥盘，其眉寿无期，子孙永保用之。"（图三）

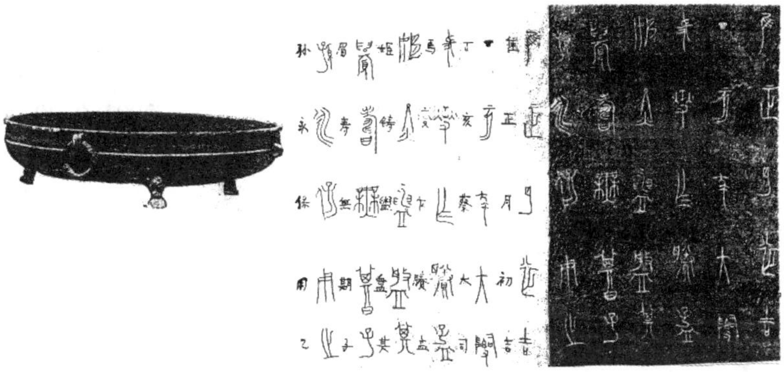

图三　蔡大司马燮盘

这是蔡国大司马燮为嫁其庶长女孟姬陪送的盥盘。大司马的司作嗣，春秋时期的铜器铭文里，大司徒、大司空，司均作嗣。铸字写成下从火，上从倒立的坩埚形，这是金文里笔划简化得最多的字体，字上简掉双手，下简去皿字，仅有倒置的坩埚和流出的熔液火字。

大司马燮是蔡庄侯甲午的儿子，文侯申的兄弟，在《春秋》《左传》《公羊传》和《谷梁传》里都有公子燮的记载。《春秋·襄公八年》："郑人侵蔡，获蔡公子燮。"《左传·襄公八年》："庚寅（四月二十二日），郑子国、子耳侵蔡，获蔡司马公子燮。"《疏》：郑国僖公死后，郑无蔡怨，郑国的公子子国、子耳"欲求亲于晋，故伐而入之"。《谷梁传》："郑入侵蔡，获蔡公子湿（又作隰，又音燮）。人，微者也。浸，浅事也。而获公子，公子病矣。"《疏》：徐邈云"公子病不任为将帅，故获之"。大司马燮因病未进行战斗而被获。五月初七日，季孙宿和晋侯、郑伯、齐人、宋人、卫人、邾人在邢丘会见，郑伯在这次会上奉献侵蔡的俘虏，公子燮本来就是"亲晋分子"，被晋国释放了。

《春秋·襄公二十年》："蔡杀其大夫公子燮。"《左传》："蔡公子燮欲以蔡之晋（背楚），蔡人杀之。"初，蔡文侯欲事晋，曰先君与于践土之盟，晋不可弃，且兄弟也。畏楚不能行而卒（宣公十七年文侯卒）。楚人使蔡无常（征发无准），公子燮求从先君以利蔡，不能而死。书曰"蔡杀其大夫公子燮"，言不与民同欲也（罪其违众）。其实，蔡近于楚而远于晋，楚又日益强暴，蔡国之士大夫苟安于事楚，故公子燮欲变更而失败。

蔡公子燮任大司马被郑人所获是在鲁襄公八年，蔡景侯二十七年（公元前564年）、公子燮任蔡人大夫被杀是在鲁襄公二十年，蔡景侯三十九年（公元前552年）。这件蔡大司马燮嫁女儿孟姬（庶长曰孟）的盥盘，应该是燮被俘前所铸，即公元前564年前铸。这是一件很有历史意义的文物。

2001.9.20 写

（与刘海洋合作，原载《古文字研究》2002年24辑）

近年所见铭文兵器

近年结识了几位业余文物收藏爱好者，在他们收藏品中，见到几件近年收进的铭文兵器，很有历史研究价值，征得收藏家的允许，介绍给大家，以供学者研究。

一、越王州勾剑

剑通长 41 厘米，其中剑身长 30.7 厘米、宽 4.5 厘米、剑格宽 1.9、圆形茎长 8.6 厘米。中有曲线纹凸箍两道，扁圆形首，直径 3.5 厘米，首饰同心圆，刃部略残。剑格一面铸“州勾越王州勾”，另一面两侧各铸“自作用剑”，共 14 字，单线阳文，其中鸟篆 10 字，字的空间镶嵌绿松石，大多脱落，仅存一细碎小块。(图一)

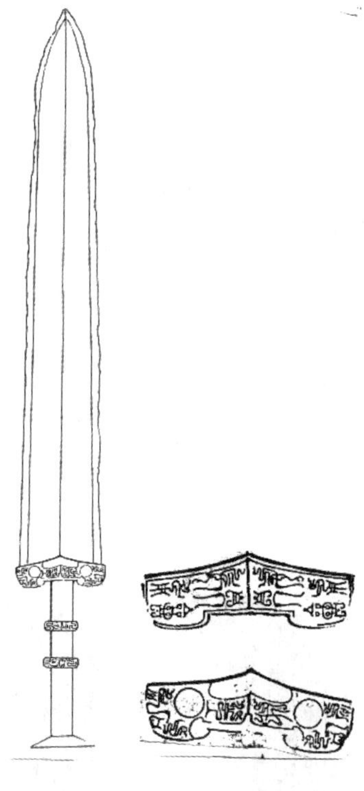

图一　越王州勾剑

越王州勾，即史书上的朱勾，勾践之曾孙，不寿之子。朱勾在位 37 年（前448—前412），因其在位时间较长，遗留的兵器以剑为多，见于著录的已有十件。其中有明确出土地点的有湖北江陵藤店秭归香溪镇、荆门子陵岗各出土一件；湖南益阳赫山庙、长沙小吴门外各出一件。不明出土地点的有五件，其中有两件，一在美国纽约，一在法国巴黎。国内收藏有州勾剑的博物馆有荆州博物馆、荆门博物馆、秭归屈原纪念馆、湖南省博物馆、故宫博物院、上海博物馆、浙江省博物馆各一件。这次出现的越王州勾剑是已知的第十一件，弥足珍贵。

二、吴王夫差剑

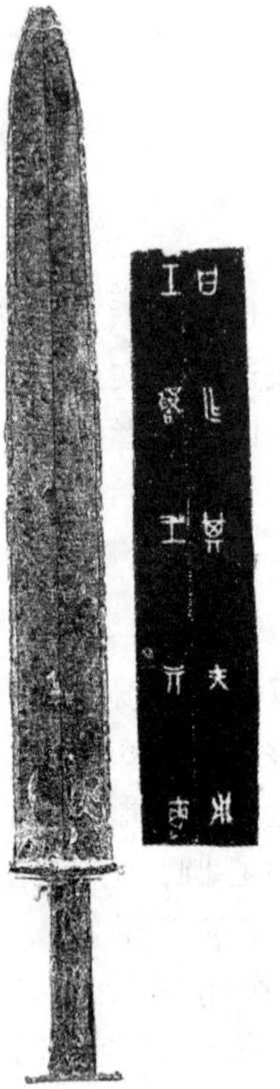

图二　吴王夫差剑

吴王夫差剑，柳叶形剑身，隆脊，窄格，茎呈喇叭形，中空，圆首。通长50.5厘米，其中身长40.5厘米、宽4.6厘米、茎长9.5厘米、首径4.5厘米。锷微残，腊部铸铭文二行10字，直行左读：“工敔王元差，自乍其夫用。”（图二）

吴王夫差在位22年（前495—前473）。吴王夫差剑已著录的8件，多为铸铭，铭文内容相同，字体件件有别，例如国名，大多作攻敔，只有这件和山东平度出土的一件攻作工，敔字下从口，也和其他剑作敔不同。夫与元字错位与其他剑相同，差字减写作[illegible]又与别的夫差剑的差字不同，自字错范成曰字，在已著录的夫差剑中，铭文皆直行右读，这把剑确是直行左读，这种现象只有同时期的吴王夫差剑（上海博物馆和中国历史博物馆各藏一件），铭文也是直行左读，与此剑铭文相同。

此剑基本完整，铭文清晰，可与洛阳东周王城出土的一件相媲美。

三、蔡公子戈

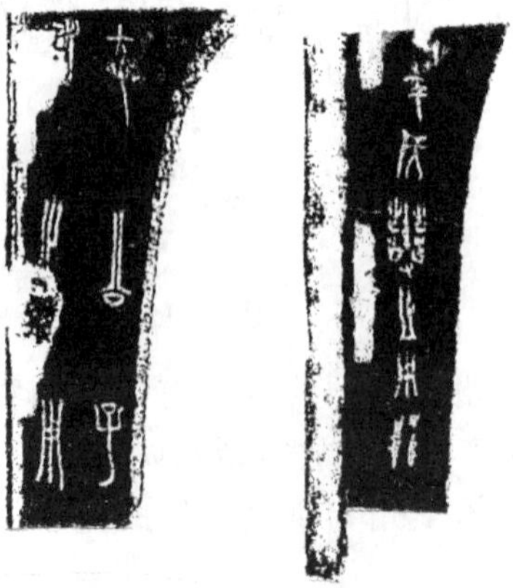

图三　蔡公子戈

蔡公子戈，援长15.5厘米、胡长10.2厘米、内残长3.5厘米，胡刻铭文二行6字，“蔡公子□之用”，人名在中间穿旁，锈蚀只剩右边的笔划。内部残断处也留有残笔划，内穿外可能也有铭文，惜均不可而知了。以蔡公子名份铸造的兵器，见于著录的有蔡公子果戈和蔡公子永剑。果、永两字与这件残笔划的字均不类，此戈当是另一位蔡公子所用的戈。（图三）

四、蔡侯绅之用戟

蔡侯绅戟援长 16. 8 厘米，中起脊，胡长 10. 5 厘米，阑侧三穿。内长 7. 5 厘米，一穿尾部有花纹。胡部铸铭文六字，“蔡侯绅之用戟”。戟字左从戈右从半，因是模范铸造，笔划棱角不甚清晰。蔡侯绅长兵器，1942 年寿县曾出土一件“蔡侯绅之行戈”，除“行戈”与“用戟”不同外，其余四字基本相似。1955 年寿县蔡侯墓出土三件“蔡侯绅之用戈”和 1980 年霍山出土“错金蔡侯绅之用戈”，蔡字均作鸟虫书。这些戈、戟同为春秋晚期蔡侯绅所铸造，但因时间有先后，使用功能不同，字体结构有差异。过去只见过蔡侯绅的戈。这件“蔡侯绅之用戟”还是第一次见到。(图四)

图四　蔡侯绅戈

（2003 年与刘海洋合作，原载《楚文化研究文集》第五集）

过眼云烟

——记新见五件晋系铭文兵器

我从事文博工作几十年，退休后适逢全民收藏热的大潮，一些发烧友看中我们从事文博工作这一行的知识和经验，不时拿一些刚到手的东西找我们鉴赏。这些玩友为我打开了一扇窗口，使我看到了另一片天地。从他人众多繁杂的收藏品中，的确看到了不少稀世珍品，就我来说这些只不过是过眼云烟，但从国家的利益来说，这都是不易多得的历史资源，我有责任不让它们躺在私人的保险柜里睡觉。因此，我暗下决心，在我有生之年，乐交这些收藏界的朋友，将他们有历史价值的收藏品，详细作下笔录，我把研究的心得资料，在征得收藏家的支持和许可后，逐渐向学术界介绍。现在先把有关晋系铭文兵器分别介绍于后。

一、魏国兵器

1. 涻阳戈

狭援内刃式，通长22.5厘米，其中援长13.6厘米，援身起脊；内长8.1厘米，一穿、内上、下和末端有刃；栏宽0.8厘米，长10.5厘米，三穿。胡长9.5厘米，狭处1厘米。

铭文“涻阳”二字铸在内部。（图一）

图一　涻阳戈

吴振武先生在《新见古兵地名考释两则》一文中，曾介绍1998年在澳门珍秦斋主人处见到其收藏的一件铜戈，铭为“涻阳冶瘖铸也”。地名浯字与此戈写法从水从言（银声）完全相同，时代为春秋晚期战国早期的魏戈。关于浯字，裘锡圭先生曾在《战国货币考（十二篇）》里做过详细的考证，他认为过去钱币学者考释战国货币中的“晋昜”布钱和刀钱是错误的。应该把这种货币释为“浯阳”，即史书圁阳。阳故址在今陕西省神木县东，早期属魏，此戈为魏国兵器无疑。

2. 廿七年涑鄍戈

狭援内刃式，通长 21.2 厘米，其中援长 12.7 厘米，援中脊隆起，前端尖锐上翘；内长 7.7 厘米，宽 3 厘米，内上、下、末端有刃，一穿；栏宽 0.8 厘米，长 9.6 厘米，三穿。胡长 8.5 厘米。

内部铭文刻字极细，一面刻：“廿七年涑鄍啬大担，冶匀啬人雩冶餀”，背面刻韡字。（图二）

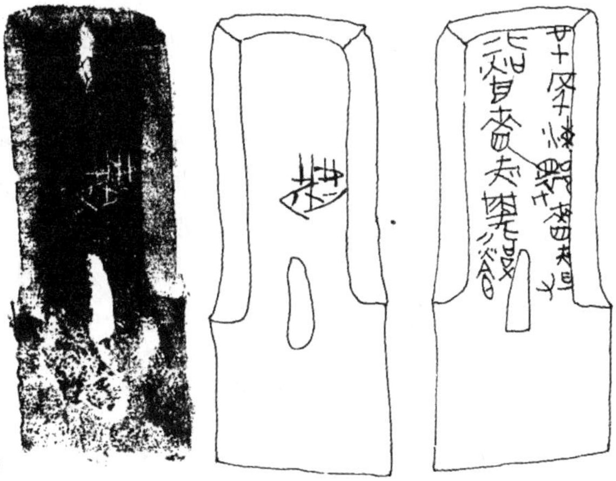

图二　廿七年鄍戈

同地名的兵器，传世有“涑鄍发弢戈冶□”。《说文》：涑，澣也，从人水束声。涑水源出今山西绛县，西经闻喜县南，又西南经夏县、安邑、猗氏、临晋、永济，入五姓湖，又西南入黄河。这里是黄河从北向南折向东流的拐弯处，战国时属魏。此戈是战国晚期式样，战国晚期在位超过 27 年以上的魏王。

只有安厘王，他在位 33 年，此戈的 27 年是前 249 年，戈铭鄍字，《说文》：“瞏，自警视也，从日袁声。”燕器读县与寰同。《谷梁·隐元》：“寰内诸侯”。《释文》：“寰古县字”。戈文“涑鄍”读涑县，故城应在涑水流域。

戈文第八字，人名，从手从旦应释为担字。第十三字，人名，从雨，于声。此戈最后二字，暂隶定为韡，人名，确否望明家指教。

县啬大：在高敏著作《云梦秦简初探》一书《论“秦律”中的“啬夫”一官》中说：“在秦简中，各种不同的啬大，其前大都冠有一个相应的限制词，如表示官位高低的叫‘大啬夫’，表示不同行政机构的啬大叫‘县啬夫’‘乡啬夫’‘亭啬夫’，表示所主管某一经济或业务部门不同的啬夫，叫‘田啬夫’‘苑啬夫’‘库啬夫’‘皂啬夫’‘厩啬夫’‘仓啬夫’‘司空啬夫’等等。”“县啬夫是县令的助手，地位几乎与丞、令相当，但并不等于县令。”

冶匀啬夫：匀是钧的简写，《史记·邹阳传》：“独化于陶钧之上。”《索隐》：“钧，范也，作器下转者名钧。”冶是冶铸第一线的生产工人，冶匀啬夫是负责管理冶炼配料和陶铸的官员。我们见到“冶匀啬夫”的刻铭器物是中山国王器铜扁壶、铜匜，铜鸟柱盆上，铭文是“冶匀啬夫殷重”“冶匀啬夫孙蒠等。”

董珊同志曾在《中山国题铭考释拾遗（三则）》一文里介绍过一件中国历史博物馆藏“啬夫戈”，内的正面文字看不清，另一面刻“冶匀啬夫尨、冶夆”铭文与“涑县啬夫戈”，字形、结构、语句风格都相同，同属魏国兵器。我们不能因为首先看到中山国铜，器有“冶匀啬夫”的职官机构名称，就认为这是中山国所特有，而把后发现刻有“冶匀啬夫”铭文的铜器，统视为中山国器。目前我们还没搞清啬夫制度是秦国影响了中山国和魏国，还是魏国与中山国影响了秦国。

二、韩国兵器

1. 二年梁令长（张）戟束（刺）

戟束矛形，横断面略呈菱形，中空，脊部与刃部起棱，骰作扁圆形，一穿，銎部稍残，现长 14 厘米，束身最宽 3 厘米。

铭文为针刺，纤如毫发，迎着光亮，笔画清晰可见。铭文：“二年梁令长（张）鈇，司寇（合文）事昔，左库工帀郜垩，冶钧造翌束。”（图三）

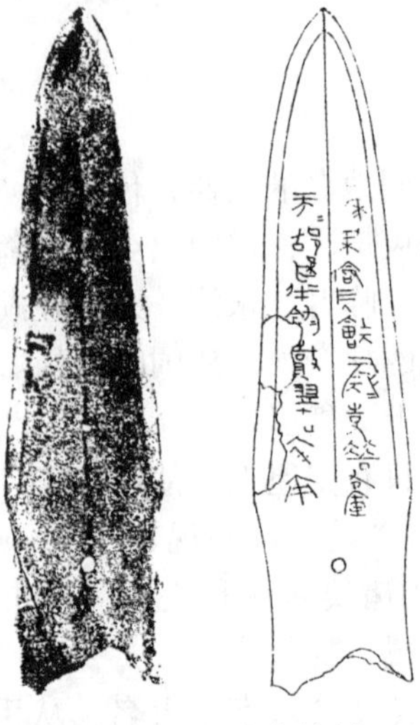

图三　二年梁令戟刺

梁：地名，《左传·哀公四年》：“楚袭梁及霍。”梁邑在今河南临汝县西南。战国属韩国，此矛为戟上的直刺兵器，矛刻“冶钧造”是韩国兵器特有写法，鈇写成夫从会，与中山王扁壶啬夫的夫字写法相同。司寇事昔，事，姓氏，晋、楚、燕均有此姓，右库工部从邑古声部可为姓，也可作地名，此处应为姓柔从土、采声，冶钧造的“造”不能做人名解，应是动词，冶钧的人名可能漏刻了。造下一字上从羽，下有二横，余不清，按文义应是从羽从矛的䂆字。刺坐束，与韩国“二年郑令矛”的束的写法相同，是刺兵所附之矛锋。

2. 雝氏戈

狭援内刃式，通长 22.7 厘米，其中援长 13.8 厘米，援身有中脊；内长 8.9 厘米，宽 2.8 厘米，一穿，内上、下及末端有刃似刀，狭栏三穿，胡长 9.9 厘米，在胡的中部，刻“雝氏”二字，字体秀丽。（图四）

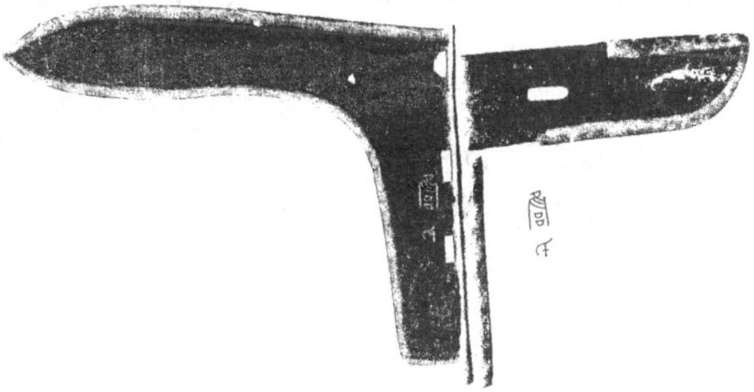

图四　雍氏戈

雝从隹，吕声，是雍的初文，今通作雍。雍氏即史书上的雍梁，本是春秋时郑邑。《左传·襄公十八年》：“楚为子冯公子格率锐师侵雍梁。”杜《注》：“河南阳翟县东北有雍氏城。”故城址在今河南省禹州市东北古城村。雍氏戈的戈式属战国中期，在韩国境内，应为韩兵器。

3. 十年宅阳令马登戟

狭援胡双刺式。戟通长 22.7 厘米，其中援长 13.5，援身宽处 2.7 厘米；内长 8.5、宽 2.3 厘米，一穿，内上、下及末端有刃似刀，在内穿处残断，胡长 10.2 厘米，在刃部有双刺如齿突起。（图五）

铭文刻在内部的：“十年宅阳令马登，右库工师（合文）疟名施□□戟。”刻在胡部的：“廿六年宅阳右库。”

宅阳，战国属韩，故城一名北宅，在今郑州荥阳东南 17 里。《史记·韩世家》：“韩懿侯五年与魏惠王会宅阳。”即此地。戟的式样属战国晚期，此戟铸成于十年，“物勒工名”在内上刻了县令和工师的铭文，到了二十六年右库在核校兵器时又在胡部加刻了铭文，这种现象很少在兵器上发现过。战国晚期韩国国君在位二十六年以上的只有桓惠王，他在位三十三

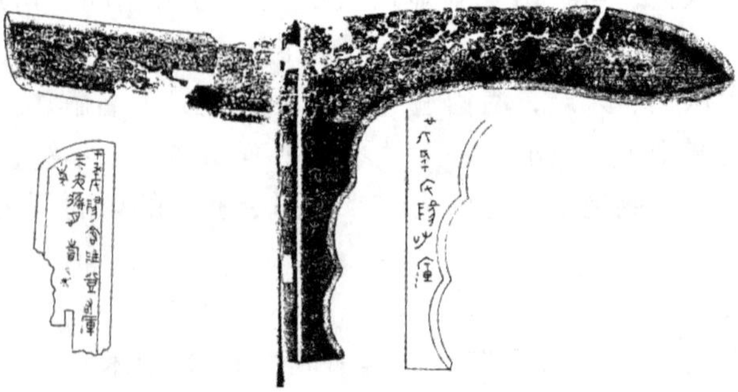

图五　七年宅阳令马登戈

年，此戟铸成于韩桓惠王十年即前 262 年，核校时为韩桓惠王二十六年，即前 246 年。

传世有一件“七年宅阳令马登戈”，与此件宅阳令马登同名，只是登字省了食字旁，“工师夜疟”也相同，此疟字从井不从口。旃的名与包山简 32“居尻名族”的名字写法相同。旃，从酉，㫃声，《玉篇》：“旃，掩光。”下有数字不清。戟字，从戈㫃声，戟之省文，这是韩国兵器戟字的写法。

以上 5 件兵器文字的考证，得到吉林大学吴振武和安徽大学何琳仪两位教授的帮助，谨在此一并致谢。

2015 年 10 月写

（原载《古文字研究》2008 年 27 辑）

新见三件齐国铭文兵器

前已有《过眼云烟——记新见五件晋系铭文兵器》一文发表，现再将近年见到的齐国铭文兵器继写续篇，以献于学术界。

齐国兵器

1. “陈侯因脊造陵左”戟

戟为狭援内刃式，援狭长。戟通长 25.5 厘米，其中援长 15.5 厘米，无中脊；内长 10 厘米，一穿，三面皆有刃，似刀。胡长 10 厘米，三穿，狭处宽 1.5 厘米。栏宽 0.9 厘米、长 11.4 厘米。铭文在内部，用印戳在范上打印成模后铸成，文曰“陈侯因脊造陵左”7 字。(图一)

图一　陈侯因脊造陵左戟

“陈侯”应读为田侯，即田剡代姜姓齐国后的田齐。“脊”应读因齐。《史记·田敬中完世家》：田齐“桓公卒，子齐威王因齐立”，脊读齐。《易·旅》：“得其资斧。”《释文》：“资作齐”是其佐证。齐威王因齐在位于公元前 356—320 年，此戟是战国中期兵器。

“陵左”，传世有一件“陵右造戟”。何琳仪先生在《战国古文字典》说：“陵为地名，疑与今山东陵县有关。”“左”或“右”应是左府、右府的简称。铭文可以理解为：以齐威王因齐的名义在陵地左府造的兵器。

2. “左府之造戟”双援戟

上戈为狭援宽胡戈，通长 29.5 厘米，其中援长 20.9 厘米，狭处为 2.4 厘米，锋锐利，援有中脊。

内长8厘米、宽2.6厘米，长方形，尾锐角，一穿。胡长8.5厘米、宽2.5~1.5厘米，三穿。栏宽1厘米，下残。铭文铸在后援中脊下和胡部，文曰“左府之造戟”。(图二)

下戈，通长19.8厘米，其中援长18.5厘米，援身有中脊，锋尖锐；内长1.3厘米。胡长8厘米，三穿。栏宽0.6厘米、长9.2厘米。铭文铸在后援中脊下部与胡部，文与上戈同。

“左”字作左手下加口，与楚简右字相同。“府”字与晋系文字“中府簋”“安邑下官钟”，从目府声：楚国文字如“大府铜牛”“郢大府量”从贝府声。此府字，从厂、贝，付声，字的结构与晋、楚文字异。

之字末笔未出头，写成“止”形。“造”字，从攴告声，“疑捁之异文”读为造。戟字从金、丰声，造之省文。齐国兵器，戟字多作从金戟声的繁体，如“齐城右造车戟”“陵右造戟”等。由于此戟铭文中的“府”“造”“戟”的字形均具有齐国文字风格，此戟应为战国晚期齐国兵器。我们从双援戟被齐国使用，可以看出齐国受楚国先进兵器的影响。

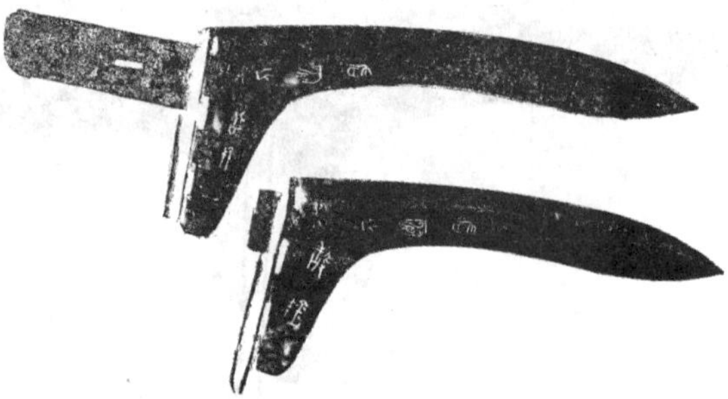

图二　左府之造戟

3. 右胥之戈

戈为狭援长胡式，前锋作弧形尖削，援狭与胡相等。戈通长19.5厘米，其中援长12厘米、宽2.7厘米，无中脊；内长7.3厘米、宽2.7厘米，长方形，尾下角有缺口，一穿，楔形。内前部正背有一锐角长方形凸起。胡长8.9厘米，有三穿。栏长9.8厘米、宽0.6厘米。铭文在胡部是用印戳在范上打成模后铸成，戳印边痕明显。文曰：“右胥之戈”。(图三)

“胥”从厂、疋声，读为胥，官名。“周置，掌市场管理，惩其违令者。”《周礼地官》：“胥，各掌其所，治之政……袭其不正者。”《周官·天官·冢宰》：“胥十有二，徒百有二十人。”贾公彦《疏》：“胥，有才智、为什长，徒，给使役，故一胥十徒也。序有左右，如传世有曹右胥造

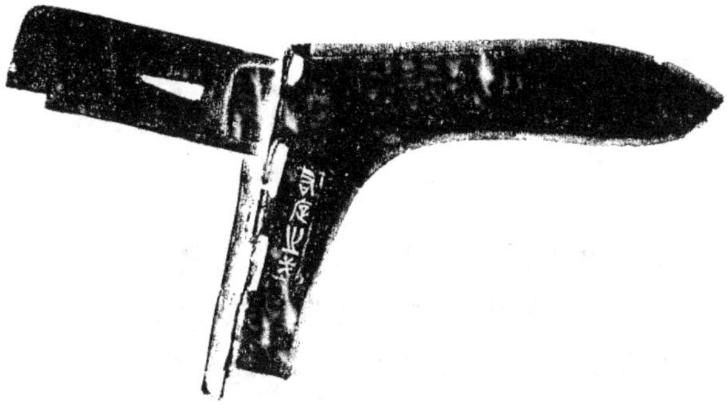

图三　右胥之戈

戈”“郳左胥戟”“郰右胥戟”等，都是齐国地方市场管理人员使用的兵器。此戈也应是战国早期齐国兵器，可惜没有留下铸造地名。

（原载《中国历史文物》2007 年第 5 期）

首见燕王哙铭文兵器

燕王哙戟为狭援单胡刺式，通长 26 厘米，其中援长 16.5 厘米，宽 3 厘米，有中脊；内长 8.5 厘米、宽 3 厘米；栏宽 1 厘米，援、胡之间有单刺，胡 3 穿；内有 2 穿，小穿在尾上部，内尾下部有刃。铭文刻在内部，共七字：“郾侯哙作中萃锯”。（见图）

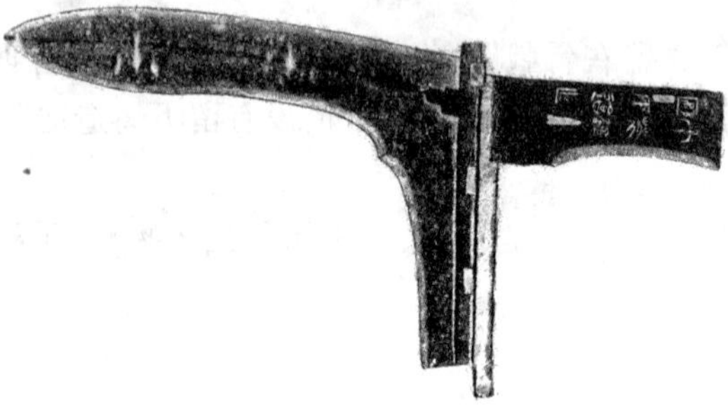

燕王哙铭文兵器

燕字作郾，从邑郾声，燕国名逳，初释为逼，经吴振武先生更释为浍。河北平山县中山王器的大鼎和方壶上有“燕君侩”，方壶上还有“齿长於会同”；圆壶有“其会如林”，会作逳，侩、逳、哙可通用。燕王哙在位为前 320—前 312 年。

巾萃，犹巾车，《周礼·春官》注“巾，犹衣也”，萃“掌戎路之萃”（注：“萃，犹副也”）。孙怡让《正义》“戎仆掌王倅车之政”，注“倅，副也。”萃，倅字通。

锯字刻文左右换位。锯即文献中的瞿字，戟属。石永士先生在《郾王铜兵器研究》一文中，称戣、鉘、锯是根据官职等级的高低和职掌权限的不同而使用的。行议以上的官职使用的戈称戣，行议以下称戈为鉘，燕王的侍卫徒御称戈为锯。本此，这件以燕王哙的名义督造的戟，应是燕王哙的随身护卫在巾车上使用的兵器。

根据陈平先生《燕史纪事编年会按》一书，我们知道燕王哙是一位贪图虚誉，好贤行仁而不知任臣的昏乱之君。前 320 年，燕易王去世，哙继承王位，掌燕国大权刚三年，燕相子之欲夺取燕国政权，他贿赂苏代黄金百镒，并串通鹿毛寿蛊惑王哙将王位让给子之。很快，子之夺了燕国的大权，南面行王事。王哙老不听政，国家大事皆决于子之。哙让国三年，燕国大乱，将军市被与燕太子平谋，要党聚众，市被围打公宫。攻子之不克，市被及百姓又掉头反攻太子平，市被战死，太子平反被子之杀害，燕王哙也在混乱中死去，无一夫去救。这年是燕王哙继位后的第六年。燕国内乱数月，死亡数万人。此时处于近邻的齐国和中山国早就觊觎着燕国，两国趁燕国内乱打着平息燕乱的幌子，在燕国士卒不战、城门不闭的情况下，浩浩荡荡抢占了燕国，杀了伪王子之，并醢其身。齐国与中山之师，在燕国大肆掠夺，并赖在燕国不撤兵，时间达三年之久。在这三年内，燕国无君亦无燕国政权，史书上把这三年被占领的时间，仍记在燕王哙身上。由于占领军不走，引起楚、韩、赵、魏等国的不满，他们遂组成联军伐齐而存燕，最终迫使齐和中山退出燕国。在王哙六年死后，赵武灵王已召燕公子职于韩，立为燕王。直到王哙九年，齐和中山占领军退出燕国，赵王才使乐池保送公子职入燕，是为燕昭王。

燕王哙痴心想做尧舜，在位仅三年就把王位让给了子之，使子之当燕王，自己甘做臣子。这种“臣主易位”，“上逆于天，下不顺于人焉”的勾当，使燕国发生了内乱，也使王哙付出了惨痛的代价。史书的年表在王哙名下记有九年，实则子之占去了三年，齐与中山联军占领燕国又去三年，王哙仅在继位后掌权三年，所以燕王哙的兵器迟到今日才被发现。这件兵器只称侯，未称王，可能是燕王哙继位不久铸造的兵器，这对研究燕史无疑是一件珍贵的兵器。

过去见于著录的燕国兵器非常多，计有燕王职，燕王喜、燕王腏、燕王戎人、燕王詈等王的兵器，苦未见过燕王哙的兵器。尽管1977年中山王铜器、大鼎与方壶上已多次出现燕君哙的名字，仍有学者从音韵、字形结构上，坚持把燕王詈解读为燕王哙。这件燕王哙自铭的兵器的出现，释詈为哙的问题，应该可以解决了。

2009年11月28日

（中国古文字研究会第十八次年会论文）

安徽阜阳所见楚铭文兵器综述

近年在有关学术刊物上见到几篇介绍阜阳收藏家的楚国铭文兵器，因为都是过去未曾见过的，很有一定学术研究价值，为便于楚史研究学者查找，现将这些新资料作一综述，供大家参考。

一、武王攻户作为用戈

戈为春秋早期短援阔内式，铭文铸在内的后部，横排三行八字，“武王攻户乍为用戈”。(图一)

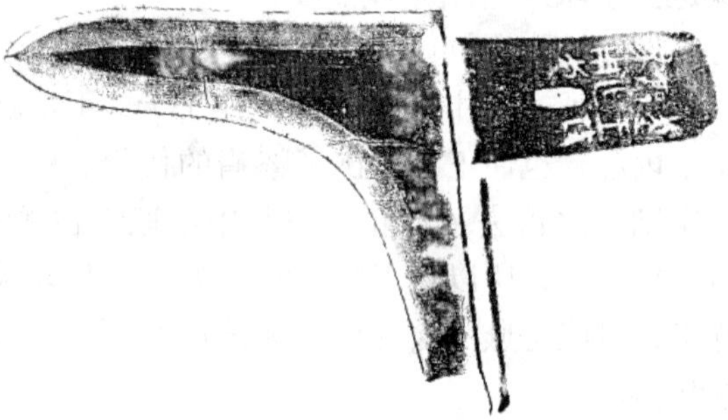

图一　武王攻户作为用戈

户即扈字。据何光岳先生《夏源流史》:“东夷族鸟夷的一支少皋氏的后裔九扈，为九农正，分布于河南原武县西北的扈亭。到唐虞之际，夏族东迁，姒姓的一支占有扈地，仍因旧号叫有扈氏，有扈氏又西迁至陕西户县，因反对夏禹、夏启，被其灭亡。”“陕西户县的扈，则因夏启大败扈于甘后，扈国西逃至户县。据《帝王世纪》载，扈至秦改为鄠（户）。”

“武王”，戈为武王所作，这个武王为谁？笔者以为非楚武王熊通莫属。在西周、春秋时代，周天子称王，诸侯国君只能按周天子分封的爵位来称名号，死后加谥号，没有人敢私自称王的，但历史上也有例外，根据《史记·楚世家》记载：楚国熊渠在周夷王时，趁周王室式微，扬言“我蛮夷也，不与中国之号谥”，“乃立其长子康为句亶王，中子红为鄂王，少子执疵为越章王，皆在江上楚蛮之地”，“及周厉王时暴虐，熊渠畏厉王伐楚，去其王号”。楚的统治者原来自称为敖（豪），到蚡冒敖十七年去世，其弟熊通弑蚡冒子而代立，是为楚武王（前740—前690）。

熊通三十五年伐随国，向随侯扬言：“我有敝甲，欲以观中国之政，请周王室尊吾号。”随人去周天子那里，请天子尊楚为王，王室不听，还报楚。三十七年，熊通得知王室不允，怒曰：“吾先鬻熊，文王之师也，早终，成王举我先公，乃以子男令居楚：蛮夷皆率服，王不加位，我自尊耳!”乃自立为武王。古代王侯，死后才有谥号，唯有楚武王生前自立名号，死后也成了他的谥号。熊通自立为武王有十六年之久。

熊通在位五十一年，他的一生到处征伐，扩张领土。在我国历史上首创县级制，他把新占领的地区不再分封给功臣，而创建县级制度，加强管理，又把楚都迁于郢，为了向北方扩张，先侵伐申、吕、许三国，想突破中原门户，未果，后又想征服汉东诸国，数次伐随，历经十多年的艰苦奋战，征服了汉东诸国，为后世楚王征服淮河、汝河流域诸国，北进中原打下了坚实的基础。

武王攻扈戈的出现，为我们提供了新的信息，当武王侵伐申、吕等国时，继续向北方、中原地区扩张而受阻，很有可能沿汉江支流的丹江、金钱江向上游征伐，曾到达陕西东南部的户家塬一带（即楚的发源地区）扩张过。楚王“攻扈”史书上缺载。后来楚国征服了汉东诸国又向东北方开拓，加之秦国已在西方崛起，春秋中、后期楚国统治者也逐渐淡泊了打回楚人发祥地荆山、楚水（陕西大荔县与商县）的兴趣。

“武王为用戈”是用贵金属制作的兵器。楚武王生前用自立的名号制作兵器，是目前仅见的一例，可视为瑰宝。

1983 年湖南省博物馆周世荣先生曾在《古文字研究》第十辑，介绍过湖南出土的一件“武王之童督”的戟形戈，没加议论，2007 年和 2008 年《中国文物报》连续发表了三篇研究文章，并介绍了除湖南怀化出土这样的戈，常德汉寿也出土一件同样铭文的戈，益阳赫山庙也出土两件“武王□造”戈。论者都认为时代是战国晚期的秦武王铸造的兵器，主张此说的人忽视了秦武王是谥号，不可能活着时用谥号制作兵器，“某王之□”是楚人用语，例如“邵王之諻”鼎；“莊王之楚”戈，“龚王之卯”戈等，都以楚王死后的谥号来做器，其用意是彰显其子孙的出身高贵。战国晚期，在强秦的攻击下，楚国的军力已衰弱到只有招架之力了，危难之际不得不解放一部分童仆奴隶，组成类似二战时期的日本“神风”敢死队的军队，并以楚国武功极盛时期的君主武王的名义来感召、激励将士，以抵御强秦。且前“督”字的含义还没完全破解。但我相信这四件刻有武王铭文的兵器，既然出土于楚地楚人战士的墓地，应是楚器，说它不是楚国兵器是难以说服人的。

二、“臧王之楚用戟”双援戟

戟为双援戟，上、下各一件，上戈为狭援狭胡式，下戈无内。“臧王”，臧字从口戕声。楚帛书臧读壮。臧王即楚庄王。“之楚”之义曾请教吴振武先生，先生来信告之：“在《三代吉金文存》里收有‘邵王之諻之施以荐鼎’，张政烺先生读为媓（训母），若照此说推论，戟铭‘臧王之楚’的楚，可读为胥或（婿），楚、婿均以疋得声。”吴先生的意见可备一说。此戟戈援狭长平直，与曾侯越三式戟相同，戟用庄王谥号，戟的年代可定为春秋晚期或战国早期。(图二)

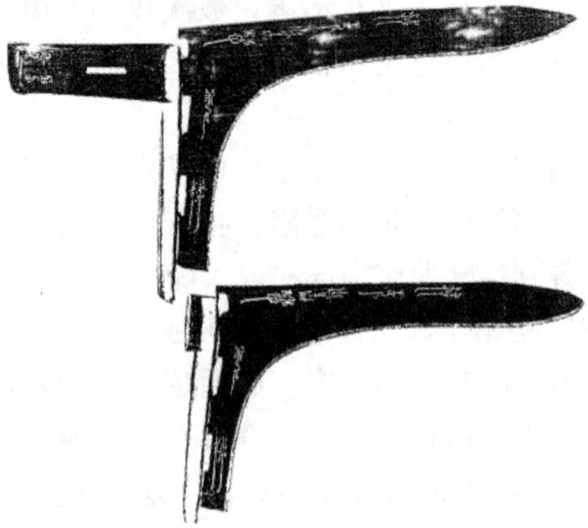

图二　“臧王之楚用戟”双援戟

三、“龚王之卯之造戟”

龚王之卯之造戟，戈为狭援长胡式。戟，属春秋晚期兵器。在援的上部和胡部铸有铭文七字：“龚王之卯之造戟”，后两字为合文，右旁有合文符号，陈秉新先生初释为“造戟”。第一字“龚”何琳仪先生认为是“龙”字，并举江陵雨台山楚墓出土的“龙公戈”和包山竹简174号“龙城莫器（敖）”为例，“龙”应是地名。《水经·获水注》：“获水又东历龙城，不知谁所创筑也。”龙在今萧县东，春秋战国属楚境，此戟的“陇”也应该是这个地方。何先生还认为“王之卯”是铸器的人名。

为了慎重，按何先生的意见，重新审视了此戟第一字，此字龙左不从邑，也不从兄，而是从共，上不封口，像两手上捧之形。我认为两手虽在龙字左边，不在龙下，还是以释龚字为妥。龚读恭，《元和姓纂》：“共王后有共、龚二氏。”龚亦通恭和共。春秋时代，只有楚王审死后谥号为恭，楚共王在位31年（前590—前560），一生中最出名事迹是《左传·鲁成公十六年》记载的楚、晋鄢陵之战，楚王审亲临战场，被晋国的吕锜射中一目，楚军大败。十四年后，审终因目疾去世。《国语·楚语上》记载：恭王有疾，召大夫曰："不谷不德，失先君之业，覆楚国之师，不谷之罪也，若得保其首领以殁，唯是春秋所以从先君者，请为'灵'若'厉'。大夫许诺。王卒及葬，子囊议谥，曰："夫事君者先其善不从其过，赫赫楚国，而君临之，抚征南海，训及诸夏，其宠大矣，有是宠也，而知其过，可不谓'恭'乎，若先君善，则请为'恭'。"大夫从之。（图三）

图三　龚王之卯之造戟

四、王子臣之用戈

同铭戈三件，铭文在上援和胡部，铭曰"王子臣之用"，书体屈曲回绕，有别于鸟篆，是为虫书。（图四）

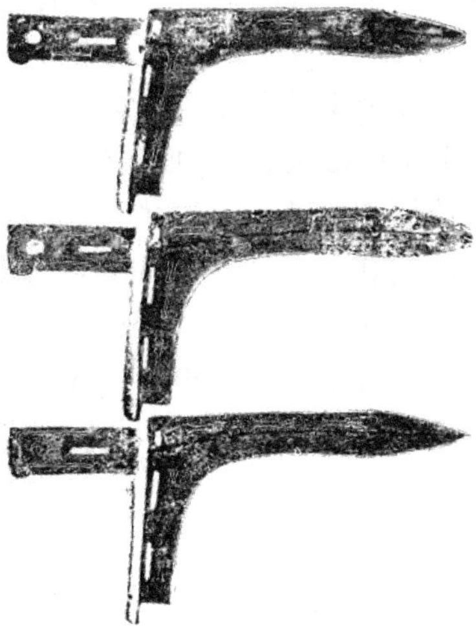

图四　王子臣之用戟（三援戟）

三件戈的铭文均用红铜错过，大部分因锈蚀脱落，只有丙戈上的“王”“臣”两字和内部花纹残留了一些红铜丝。

戈的主人是时王的太子，叫“臣”。这个叫臣的人是谁？经查阅楚史，有记载叫某臣的共有五位：楚成王（前671—前626）时有令尹成得臣（子玉），令尹蔿吕臣（叔伯），王子商臣；楚庄王和共王（前613—前560）时有公子谷臣，申公巫臣。先看成得臣，他是成王时的武将，当过令尹，掌握大权，但他“刚而无礼”在楚、晋城濮大战时，由于傲慢轻敌，致使楚师溃败，他率残部归来时，在连谷自杀。

蔿吕臣与成得臣同时，为争当令尹，两人不和，子玉自杀后，蔿吕臣当上了令尹，但他无争霸大志，只是“奉己而已，不在民矣”，庸碌一生而终。

公子谷臣，在庄王时（前597）的楚晋邲地之战中，被晋军俘获。楚共王二年（前588），楚晋订立弭兵之盟，双方交换俘虏时，公子谷臣连同连尹襄老的尸体被送回。谷臣回国后，有何作为，史书失载。

申公巫臣，是楚国公族屈氏的子孙，委任在申地被称为申公，庄王十六年（前598）楚为陈国大夫夏征舒杀其国君陈灵公，出兵伐陈，俘获妖女夏姬，巫臣见了夏姬，一见倾心，产生了占有她的欲望，同时庄王和大夫子反也想占为己有，巫臣使用花言巧语，阻止他们纳夏姬，让庄王把夏姬赏给了一个老头襄老，在楚晋邲地之战中，襄老战死。巫臣想尽办法把夏姬带到郑国，结为夫妻。子反没争到夏姬与子重合谋报复，杀了巫臣的族人，瓜分了他们的财产。巫臣得知变故后，发誓要叫子反、子重疲于奔命而死。于是从晋国出使吴国。说服吴国与晋联合进攻楚国，达到消灭楚国的目的。数十年的吴楚之战也没实现巫臣灭楚的心愿。

成得臣，蔿吕臣，虽贵为令尹掌握国家实权，公子谷臣参加过邲地战斗。临阵当了俘虏，申公巫臣叛逃到吴国，成了楚奸。他们身份高贵非同一般，但他们只是楚公族的一分子，而非时王的太子，真正是该戈物主的只有成王之子商臣一人。史载商臣“蜂目而豺声，忍人也”。楚成王年轻时就想立商臣为太子，子上认为“不可立”，成王不听，于是商臣被立为太子，并对子上怀恨在心。成王四十五年（前627）当令尹子上从泜水撤军归来时，商臣乘机诬告子上泜水“退舍”是受晋赂而避晋师，成王信以为真杀了子上，消了商臣的心头之恨。

成王四十六年（前626）欲改立王子职为太子（商臣庶弟）而废黜太子商臣：商臣与其师潘崇密谋搞到情报后，便策划发动宫廷政变。《左传·文公元年》：“冬十月，以（太子）宫甲围成王，王请食熊蹯而死，弗听，丁未。王缢。商臣即位。”“初谥其父熊恽为灵王，王不闭目，改谥为成王，恽才合目。”

商臣以潘崇政变有功，任其为太师，负责宫中的警卫工作，还把自己当太子时住的宫室和财产一并赏给了潘崇。

商臣在位十二年，死后谥为楚穆王（前625—前614）。

三件“王子臣”戈，应是商臣为太子时铸造的兵器。

鸟虫书是春秋时期，在楚、吴、越及近楚的蔡、宋流行的美术字体，多施于王侯或王子、王孙铸造的器物上，主要施用于兵器上，或错金或错铜，并以身份的高低来施错。鸟书以鸟形为纹饰，多突出鸟首与鸟爪；虫书则宛转盘屈，弯曲回绕。近日又见一铜俎，得一拓片，铭文为“王子臣乍𩰫彝用享”，很可能与这三戈同为一墓出土。但文字笔划又与戈文不同。俎铭笔划拖得很长，宛转盘屈，在拖长的笔划中加入水珠样的装饰，这也许就是古人所说的蝌蚪虫文吧！（图四附图）

图四　附图 王子臣乍𩰫彝用享

过去研究鸟虫书的文章，以吴“王子午”戈的时代最早（前526），1978年河南淅川下寺发现楚王子午鼎（前558—前552），把鸟虫书出现的年代向前推了几十年，如果王子臣的器物果真是楚穆王商臣为太子时器物，时间当在公元前650—前626年，即楚成王时已经出现了这三种书体的鸟虫书了。

五、邵之瘠夫之行戈

铭文深铸在援身和胡部，三行，鸟篆，文曰：“邵之瘠夫之行戈”七字（图五）。此戈“卲”字从刃不从刀，与包山简203的“卲”王的卲从刃相同，应读昭。“瘠夫”的瘠所从的朿，甲骨文像矛类兵器置于架上之形，刺之初文。瘠字，《说文》：“膌，瘦也，从肉，脊声，古文从疒。”膌、瘠同为一字。此戈的卲读为昭，是姓氏。《古今姓氏书辨证》：“楚昭王熊轸有复楚之大功，子孙蕃衍，以谥为氏，与旧族屈、景，皆为楚之大族。”此戈为春秋晚期昭氏族人名叫瘠夫的出行用戈。

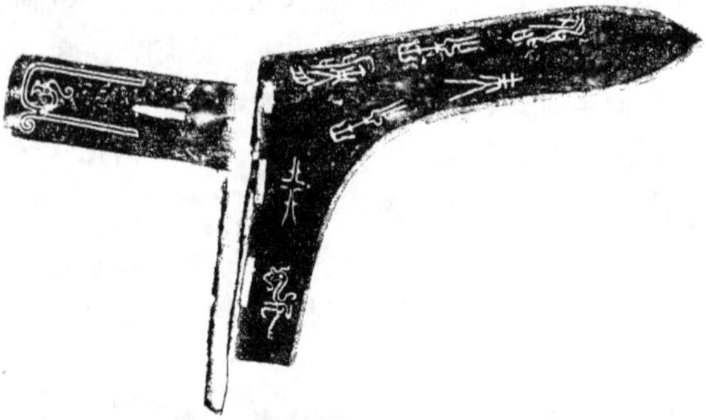

图五　卲之瘠夫之行戈

六、南君阳易之车戈

铭文铸于援身与胡部，三行篆书，文曰：“南君阳易之车戈”七字，型制与瘠夫戈相同。（图六）

图六　南君阳易之车戈

“南君”，按《说文》：“南，草水至南方有枝任也。”南君当为楚国封君的封号，其地不详，楚器盦璋戈“卲扬文武”，读扬。盦璋镈“返自西阳”、天星观简3703“邸阳君”的阳均读阳。戈铭应读阳易。

另据曹锦炎先生在《楚文化研究论集》第五集发表的《阳庶剑小考》

一文中介绍："湖北省文物考古研究所在江陵九店东周墓地的发掘中，于乙组墓（战国楚墓）中出土一件青铜戈，在援部及胡部铸有铭文 8 字，隶定为：'南君阳邑子之中戈'。"此戈与这件戈型制与铭文全同，只因湖北九店戈拓片不清晰，曹先生将易字误释为"邑子"，车字误释为"中"字。湖北这件戈的释文，可从此戈校正。

从以上介绍的楚国兵器里，我们发现"臧王之楚""邵之瘠夫""南君阳易""龚王之卯"，兵器中的楚、邵、阳、卯均是楚国王族里的氏族。据《姓苑》："熊绎封楚，其后以国为氏。"所谓"臧王之楚"就是楚庄王后裔的楚氏；"邵之瘠夫"就是昭王后裔的昭氏，戈为瘠夫所有；"南君阳易"，阳也是楚国姓氏。《世本》云"穆王生王子扬，扬生尹，尹生令尹匄，匄字子瑕，生阳令终，阳完。阳令终为宫厩尹，阳与扬古通用。王子扬即子阳，其后以字为氏"；"共王之卯"，《路史》谓"卯为楚公族"，卯也是共王的后裔。在这些楚国王族被分封在外的后裔兵器上，戈、戟内部都刻有龙纹、风纹或变形龙纹，如"共王之卯"戈刻龙纹，"庄王之楚"戟刻变形龙纹，昭与阳氏戈刻风纹等。同一时代受楚国影响的邻国，如蔡、吴、曾国，戈内部位也发现有类似的图案，这些图案仅限于王本人或王族的后裔，很可能这些不同的图案都是属于不同的王族的氏族的族徽。

七、阬公邵倮阬造王□

此戈为狭援长内式戈，在援和胡的部位铸九字，存九字："阬公邵倮为阬造王□"（图七），"邵"和"为"字最初由刘彬徽先生释出，昭、屈、景是楚国三大族，邵倮是昭姓族人。"为"甲骨文从爪、从象，会人手牵象役使其劳作之意，此戈为字，左边的手作"也"，右边的象首作"女"，身体作"二"。六，商周时为"录"国，春秋时期，楚穆王四年（前 622）"楚灭六"（今安徽六安市），六国成为楚县。此戈"六公邵倮"

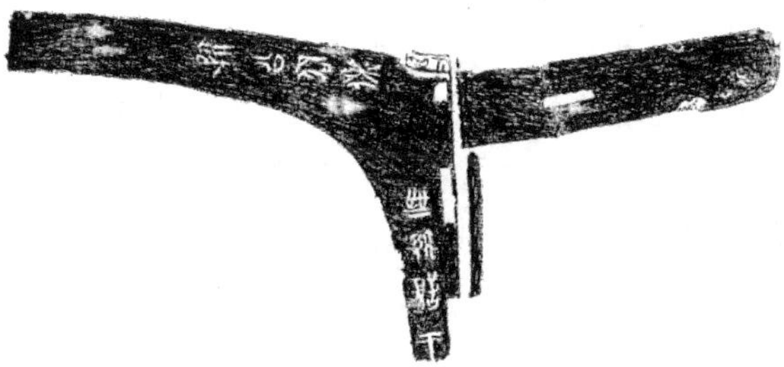

图七　阬公邵倮阬造王□

图八　恒思公智上为恒思圣王造戟

是春秋晚期六县大夫郘僳以“六县”名义为王造的兵器，不过有的先生把“王字释为“铸”字，解释成“为六造铸”。不妥，“王”字下笔正赶在断处，从剖面看下笔很明显，从戈胡的长度看，断去的胡部肯定还有一个“戈”字或“戟”字。因此，戈铭应读为“六公郘僳为六造王戈”为善。不管这两种解释哪个切题，但这种兵器的铭文格式，好像还没见到先例。

八、恒思公智上为恒思圣王造戟

铭文铸于下援和胡部，文曰：“亘思公智上为亘思圣王造戟。”（图八）亘，恒的初文，从月从二，会月在天地间永恒之意，金文作亘，春秋战国文字加卜为饰，包山楚简占卜简有亘贞，或加心作恒，包山简 129 有“恒思少司马登□”。何琳仪先生在《战国古文字典》135 页：“包山简亘思，读恒思，疑期思，期见纽之部，亘，匣纽蒸部。匣、见为喉牙通转，之、蒸为阴、阳对转。”此戈的出土，证明何先生的意见是正确的。

期思，西周蒋国，为周公之子伯龄封地。楚成王二十四年（前 645）灭蒋国。为期思县。《春秋·文公十年》“楚穆王田于孟诸，以期思公复遂为右司马”，期思之名始见于典籍。今河南省淮滨县东南有期思乡，为楚期思故地。《战国策·秦三》：“应侯（范雎）谓（秦）昭王章：‘亦闻恒思有神丛（祠）与？恒思有少年，请与丛博。’曰：‘吾胜丛（祠主），丛藉（借）我神三日；不胜丛，丛困我’。乃左手为丛投，右手自为投，胜丛，久藉其神（祠），三日，丛往求之，遂弗归，五日而丛枯，七日而丛亡。今国者，王之丛，势者，王之神。藉人以此，得无危乎？”南宋鲍彪注恒思曰：“地缺。”包山楚简与这件戟的出土证明恒思就是期思。

“圣王”：圣从又工，工为繁化部件，又亦声，圣为右之异文如晋玺。“圣志”读有志，“圣尹”读右尹，“圣领”读右领。又，象右手之形，《说文》：“又，手也”。由此引申而有助义，进而有辅助、报答等义，故佑、祐等字均由此派生。圣王即佑王，辅助、保护或帮助楚王。

这件戟为战国晚期兵器，是当时恒思县公叫智上的为他们恒思县保护楚王而造的戟，这与已发现的“六公郘倮为六造王戟”是同一时代、同一性质的兵器，都是地方县官，以地方名义为楚王室造的兵器。

九、虎娄公佗之用戈

铭文刻在胡上，二行六字，文曰：“虎娄公佗之用。”（图九）“虎，作虎形，有首、有爪、有尾，虎字无疑。虎读雩，例如越国方足布‘虎’，读‘鲜虞’，杕氏壶作‘鲜于’，雩从于声，与虎音近可通。”《墨子·旗帜》：“竞士为雩旗”：《北堂书钞·武功部八》引雩作虎。楚人称虎为於菟（读乌图）。《左传·襄公二十六年》：“楚子、秦子侵吴，及雩娄。”雩与无音通，雩娄即无娄，无为发语音。娄从女，会两手曳牛角之意。《公羊·昭公廿五年》：“夫牛马维娄”，注“系马曰维，系牛曰娄”，《说文》“娄，空也”。戈娄加邑旁与《玺汇》0237 字写法与此字相同，仍读为娄。

图九　虎娄公佗之用戈

此戈为春秋晚期楚国兵器，雩娄城遗址在今河南省固始县陈淋子镇古城村，附近有史河。何光岳先生在《南蛮源流史》一书 16 章《娄人的来源和迁徙》有论，娄子国在西周末年由娄亭、娄林西迁而来的一部分娄人所建。春秋时为楚所灭。为楚县，孙叔敖在这里筑雩娄陂。《淮南于·人间训》：“孙叔敖决期思之水而灌雩娄之野，就在恒思、虎娄两县境内，今天两县县公的兵器及近邻六公兵器的面世，实为楚史研究者的幸事。”

【注】文中“楚国有铭兵器综述”采自以下文章：

1. 韩朝，刘海洋：《新见楚国铭文兵器》，《南方文物》2004 年第 4 期

2. 韩自强：《新见六件齐楚铭文兵器》，《中国历史文物》2007 年第 5 期

3. 韩自强：《楚国有铭兵器的重要发现》，纪念中国古文学研究会成立三十间年国际学术研讨会（2008 年 10 月长春会议）论文集

（与刘海洋合作，2009 年淮南市第 11 届楚文化年会论文）

关于嵇山西汉古墓被破坏情况的报告

阜阳地区革委会：

今年三月二十三日上午，涡阳县石弓公社郭黄楼大队的社员在嵇山上开采石料，用炸药在山顶炸开了一个石洞。当时，在场的石工于西民、刘从俭、楚建材等人先后下到洞内，发现是一个古墓，并有大量珍贵文物。他们把大件的铜器、鎏金铜器、镶玉铜器、银器、陶器等，用上衣包裹后拿了回家。接着，在山上干活的其他石工和村上的社员，闻讯后也纷纷下到洞内，用铁锨、扒锄等把洞内的土来回翻动，整个墓葬的珠玉、金饰等器物被搜取一空。当天下午，该大队的干部从公社开会回来，得知此事后，认为“挖古墓与党的政策法令无关”，没加过问。

第二天，消息传到公社。公社领导非常重视，亲自察看了现场，责令大队举办当事人学习班，动员把拿走的文物交上来，并把情况上报地、县革委会政工组。大队根据公社的指示，办了最先下洞的四人的学习班。通过学习，他们交出部分文物，计有鎏金卮一件、鎏命熏炉一件，镶玉鎏金杯（玉被砸破分掉）一件、鎏金铜耳杯座一件、铜壶一件、铜钫两件、铜鼎一件、铜盉一件、铜灯两件、铜勺一件、银镀金梳背一件、人形玉饰一件、陶器五件以及四个铜镜的残片若干。(图一、图二)

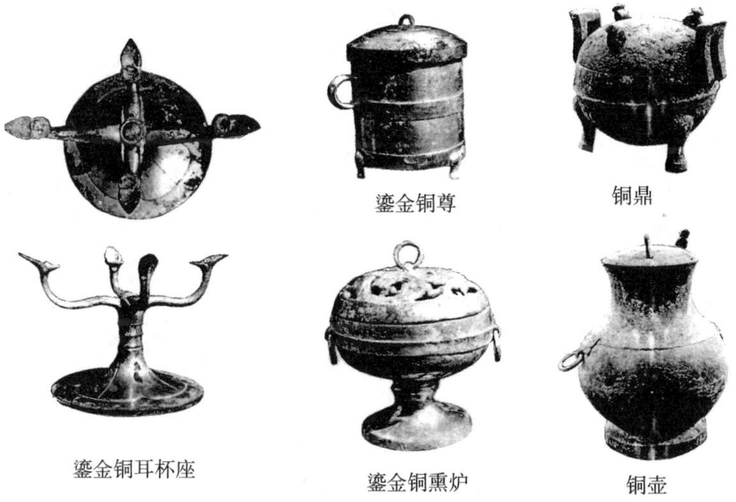

图一　涡阳嵇山西汉古墓出土文物

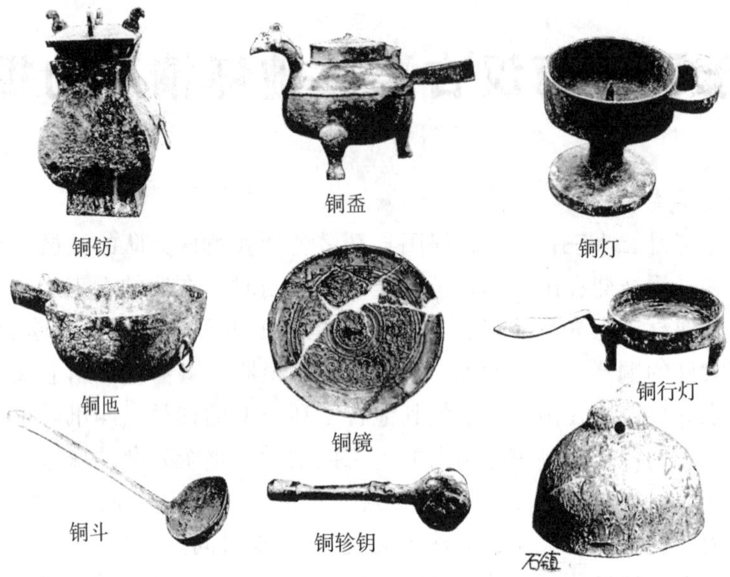

图二　涡阳嵇山西汉古墓出土文物

三月二十七日，地区政工组派我局有关同志到现场调查。据初步了解，该墓是从嵇山顶向下凿成2米×3米的竖井，深6.5米，向东掏凿3.3米长，1.8米宽，1.8米高的墓室。墓门用四块大石封闭，竖井填以泥土和石条，夯筑得很结实。据最先下洞的石工说，墓内摆满了东西，东部是漆器（全被踩碎），北部是铜器，南部是陶器，中部是四指厚的红漆皮和泥土。像这样工程艰巨、构造形式独特，并且保存完整的古墓葬，是很罕见的，在我省还是第一次发现。从随葬器物鼎、合、壶的摆设和云纹地四叶龙虎纹镜考证，认为该墓埋葬于西汉中期，距今已二千多年。我们在搞清墓室结构等基本情况后，向广大社员宣传了党的文物保护政策和法令，配合当地党组织再次举办了当事人学习班，但仅从群众手里征集到两件陶器、一件铜匜。

这是一座未曾被破坏过的古墓。根据以往的考古经验，该墓的文物除腐烂者外，应是完整的，埋葬的器物也应当是成对的。如此次出的陶器中的鼎、合、壶、罐和铜器中的钫、灯都是两件。但现已收回的鎏金卮、鎏金镶玉杯、铜壶、铜鼎却只有一只；身上佩带的饰物，应该有一串玉璧、珠、环等，头上还应该有贵重饰物，而现在只有一件人形玉佩，其他一件也没有。这说明还有相当一部分珍贵文物没有收缴上来。据群众反映，洞被炸开后，进去的人很多，有些人确实拿走了一些金、玉、小铜器等珍贵文物。但开始大队只办了先下洞的四人学习班，现在收上来的文物基本上都是他们交的，其他很少有人交回。据反映，有人已将文物转移到濉溪等地；如不立即采取有效措施，这批文物必将继续损坏和散失，造成更大的损失。

嵇山西汉古墓被破坏，是一起严重的事件。事件的发生，暴露了文物工作存在的问题，说明我们平时对中央文物保护政策和法令宣传不够，贯彻不力。同时，也反映出我们有些同志对文物保护工作认识不够，整体观念不强。因此，在这座古墓被发现后，开始既没有采取措施保护好现场，事后又没认真发动群众追回散失文物，造成了不应有的损失，教训是深刻的。

历史文物是人类历史上阶级斗争、生产斗争和科学文化的遗物，是奴隶们创造历史的真实凭证，是我们研究阶级斗争、儒法斗争历史的重要资料。中央和国务院有关文件指出：出土文物是祖国珍贵的文化遗产，是人民的财富，任何地方、任何单位、任何个人都不能据为己有。严禁私自挖掘古墓，买卖或变相倒卖出土文物，坚决打击文物走私和投机倒把活动。为此，建议涡阳县和石弓公社党委、革委会进一步采取措施，做好工作，把散失的文物全部追回来。各级革委会要进一步加强对文物保护工作的领导，在学习无产阶级专政理论中，联系这一事件，对广大干群进行一次文物保护的教育，杜绝类似事件的再次发生。

以上报告如无不妥，请批转各县、社革委会。

阜阳地区革委会文化局

一九七五年六月二十三日

龟币“郢爰”初探

“先民有作，龟贝为货”①，在我国古代货币发展史上，龟壳与贝壳都曾作过一般等价物，在交换过程中起过媒介作用。直到金属铸币阶段，楚国仍在行使铜质的贝币，唯独古文献记载的龟币，至今好像渺无踪迹可寻，究其原因，不外是：1. 龟壳或仿制的金属龟币未曾做过货币，或古文献记载有错误；2. 古代行使过龟币，迄今尚未被发现；3. 龟币早已发现，未被我们认识。现就这些问题试作如下探讨：

一、对我国先秦货币制度变革的认识

马克思的货币理论告诉我们，货币本身原是一种商品，是在交换过程中形成的一般等价物的特殊商品。最初的货币形态，附着于两种物品上，一种是最重要的外来的交换品，一种是本社会内部生产的一般人们所需要的，并且可以保存，可以转让的物品②。货币的发展规律一般是从物品货币经金属称量货币，发展为金属铸币。《尚书·盘庚》“具乃贝玉”；《说文》“古者，货贝而宝龟”；《遽伯環簋》“遽伯環作宝簋，用贝十朋又四朋”；《文姬匜》“丙寅子锡龟贝，用作文姬巳宝彝”。这些古文献记载和金文例证，充分说明龟贝珠玉这些来自中原以外的交换品在上古时代都曾被当作一般等价物，在交换中起过货币作用。

商末、周初是我国进入金属称量货币时期，实物货币如贝壳等，此时已逐渐退回到它原来的商品地位，铜成了一般等价物，但作为一般等价物的商品，应具有一定形态，可是在我国至今还没有发现像古埃及那种作为称量货币使用的生铜条块，但在金文里却有“易（锡）贝。卅寽”和取遗若干寽的铭文。寽是公认的青铜计量单位，“遗”字郭沫若同志解释为“或作做賁，大抵乃货贝字，苦不能得其读”③。贝贯以装饰而流通，不用“朋”来计算数量。而用“寽”或“匀”来计算重量，分明是指仿制的铜贝。1952 年安徽寿县西肥河疏竣工程中出土一枚重达 190 克，制作逼真的

① 郭璞：《文贝赞》。
② 马克思：《资本论》第一卷第二章，华夏出版社 2006 年 4 月版。
③ 郭沫若：《两周金文辞大系考释》，上海书店出版社 2002 年版。

铜贝，和洛阳下瑶村出土的铜镈，山西出土的铲币①，为我们认识称量货币阶段的货币形态，提供了重要的实物例证。

春秋时期，我国进入了铸币阶段，有文字的刀布开始出现②。到了战国时期，随着封建制度的确立，社会生产力的提高，商品交换频繁，货币流通范围扩大，金属铸币大量增加，种类繁多，形制各异，“有地方性和政治性，讲着不同的语言。穿着不同的民族服装”③。但大别之，这一时期的货币形态，还是从最初附着的最重要的外来交换品和内部生产的可以让渡的使用品这两大类商品发展而来。此时，南方的楚国行使的仍是龟贝货币，北方各国却完全抛弃了外来品——龟贝的货币资格，代之以模仿本社会生产的并曾当作一般等价物的常用劳动工县的形态来铸造货币。齐燕的刀币，三晋的布币，秦国的圜金，显而易见，都是从古代劳动工具刀、镈(《说文》“一曰田器”,《集韵》“臿也”即今锹)、纺轮演变而来。货币形态的演变趋势一般是从模仿得相似到不相似，例如布币，是由铜镈仿制而来，早期的空首布宛如铜铲，然后随时间的推移，递变为平首布，方足布，尖足布，到晚期演变成完全看不出铲形的圆肩圆足三孔布。南方楚贝的演变也如此，由贝壳形演变成著文的“鬼脸钱”。

二、战国时期有金属龟币存在

西汉司马迁在《史记·平准书》中记载“农工商交易之路通，而龟贝金钱刀布之币兴焉”，又说“虞夏之币，金为三品，或黄、或赤、或白；或钱、或布、或刀、或龟贝”。司马迁在这里提到的货币形态和货币制度，决不是指物品货币阶段的货币，因为他提到了货币的质量是金、银、铜贵金属；也不可能指金属称量货币阶段的货币，因为他紧接着又指出了货币的形态是钱、布、刀和龟贝。他说的虞夏时代只是泛指的古代，实则说的是战国时期，因为他在这段文后面，又接着说：“及至秦□□而珠玉龟贝银锡之属为器饰、宝藏、不为币。”秦统一以后龟贝才不作为货币流通，秦统一以前的战国，自然有龟币存在，而且这种龟币在铸币时期应和铜贝一样不是自然物。

---

① 见《考古学报》1955年第9册97页和吴连城《山西省检查到珍贵文物——西周铲币》，《文物》1965年第5期。

② 朱活：《谈山东济南出土的一批古代货币》，《文物》1965年第1期，山西侯马工作站《一九五九年侯马牛村古城东周遗址发掘简报》，《文物》1960年第8、9期。

③ 马克思：《政治经济学批判》，人民出版社2009年版，74页。

三、龟贝制是楚国通行的货币制度

南方的楚国是我国古代龟贝的产地和转运地，行使龟贝货币制度有其历史根源和物质基础。《诗·鲁颂·泮水》，“憬彼淮夷，来献其琛，元龟齿象。大赂南金”，上古时代中原地区通行的龟贝货币，都是从南方输入的重要自然品。但是到了金属铸币时期的战国，北方各国虽然淘汰了龟贝货币形态；南方的楚国却依旧沿袭着传统的习惯，继续行使龟贝货币制度，只是货币质量起了变化罢了。根据历年出土的实物，楚国货币有铜贝和金质“郢爰”以及“殊布当忻”“四布当忻”两种铜质布币。两种布币仅在皖北和苏北很少一些地方出土过，学者们认为这是楚国后期受三晋国家币制的影响产生的，不是楚国原有的传统货币[①]。最常见的一种是被后人误称为“蚁鼻钱”或“鬼脸钱”而其本身自铭“一贝”或“贝”的铜贝，楚故地多有出土，见于著录的还有“忻”“金”“行”“君”“各六朱”“匋”等文的铜贝，可见其流通的广泛和行使的长久，至今皖北人还称这种铜贝为“扒壳”（即贝壳）。楚铜贝仿自海贝，已成定论。可是这种体积很小，西瓜子样的铜贝，用作大宗或贵重商品交易的媒介，显然是担负不了货币职能的，很难设想楚怀王的叔父启，这位占有商船一百五十艘，货车五十辆，担货工一千人的大商人，会用这种铜贝来作交易的媒介，所以楚国必定还有贵金属铸币存在。《易经》“锡以十朋之龟”，龟比贝大，价值自然比贝高。《说文》：“古者货贝而宝龟。”《前汉书·食货志》：“金刀龟贝所以分财利，通有无者也。”古代文献总是拿龟和贝联在一起，相提并论。我们现在既然明确了楚国用铜模仿海贝铸造比价低的铜贝，用黄金仿照龟壳模样铸造比价高的龟币不是很自然的事吗？楚国既有贝币存在，龟和贝又是相辅而行的，楚国行使龟贝货币制度，当无问题。

四、楚国的龟币——郢爰

楚国是我国古代的产金地，《管子·轻重甲》；“楚有汝汉之黄金。”《战国策·楚策》：“黄金珠玑犀象出于楚。”楚国使用黄金作一般等价物，有着优越的自然条件。战国时期，随着封建制度的建立，“家累千金”“富埒王侯”的富商大贾出现，商品形态的劳动产品种类和进入交换过程的商品数量和种类的大大增加，以及商品交换的地方限制的被打破，一种比重大，体积小，可以任意分割或合并，又不损坏其使用价值的黄金从商品中

① 郑家相：《中国古代货币发展史》，三联书店 1958 年版，133 页。

分离出来，变成了货币。黄金既成了货币，国家或商人为了保证其成色和重量的信用，就要铸成特定形状，固定重量，打上印记。战国时期的黄金货币，见于著录的有“郢爰”“陈爰”“专爰”“颖”“覃金”“匋”以及安徽阜南三塔与“郢爰”一齐出土的金饼和陕西兴平、临潼出土的秦金饼等①，关于像柿饼一样的金饼，古代人把它称作金钣的。《周礼·秋官职金》：“祭五帝供金钣。”《庄子·徐元鬼》：“金钣六弢”；《尔雅·释器》：“饼金谓之钣”，如今有人把錾有印文的先秦金币认作“金钣”，并大作“饼金与金饼”的文章，是谬误的。金钣是战国时期与楚国处于同一时代和同一发展水平的北方国家的黄金铸币形态，楚国晚期的“陈爰”金币有呈饼形者，和“殊布当折”铜布一样，是受北方国家的铸币影响所致。关于“专爰”“颖”“匋”“覃金”等都是楚国发行的金币，但均系被切割的碎块，现已无法认识其原来的形状了。近年，安徽阜南、六安出土五块完整的“郢爰”②，陕西咸阳出土八块完整的“陈爰”③，为我们研究楚国晚期黄金货币的形制，提供了极为珍贵的依据。完整的“郢爰”，外形彼此虽稍有差别，但都呈长方形，背面凸起，印文面凹进，四角向外突出，每两角之间呈弧形。完整的“陈爰”有三件呈饼形：一件因浇铸时出现冷阻现象，留有缺口，但形状与“郢爰”基本相似，另外四件因四角没有明显外突，凹成筒瓦形状，但仍系从“郢爰”的基本形状递变而来。内凹背凸，印文用铜印模一印一印錾在凹面里。若把完整的“郢爰”或“陈爰”背面向上翻过来，很像乌龟壳模样。金币在錾印时，平面比凹面要省工得多，楚人把“郢爰”“陈爰”大多铸成凹面形，显然是出自模仿乌龟壳。或说：“既仿自龟壳，就应把印文錾在背面的凸处。”但凸处不易錾印，也不利于切割，原因是很清楚的，“古者货贝而宝龟”。

龟贝货币制度是先秦货币制度中的一种，无人怀疑，龟和贝是相辅并行的，楚人即拿青铜仿海贝的模样铸成了特定形式的小额货币——贝币，为什么就不可以拿黄金去仿龟壳的模样铸成特定形式的高额货币——龟币呢？瓜子样的“鬼脸钱”尚能被公认为铜贝，圆肩圆足三孔布尚可称为铲币，乌龟壳样的“郢爰”为什么就不能还其本来的龟币面目了呢？

---

① 朱捷元，黑光：《陕西省兴平县念流寨和临潼县武家屯出土古代金饼》，《文物》1964 年第 7 期。

② 阜阳地区展览馆：《安徽阜阳地区出土的楚国金币》，《考古》1973 年第 3 期和《无产阶级文化大革命期间出土的文物展览简介》，《文物》1972 年第 1 期。

③ 咸阳市博物馆：《咸阳市近年发现的一批秦汉遗物》，《考古》1973 年第 3 期。

五、“爰”即鼋字解

自从北宋沈括将“郢爰”误释为“刘主”之后，一直延误到近代，清末才由方濬益父子订正为“郢爰”，但又误爰为“锾”，把爰当作重量单位①，后来又有人释爰为“寽”。郭沫若同志在《金文丛考》和《两周金文辞大系考释》中已剖析得十分明白，“古文寽、爰判然二字，汉人误读而混淆”，“尚书古本锾字必作寽，其晚出者或作锊，今文家出于口授，故以率字写其音，古文家则误读寽若锊为锾也”。阜南、六安以及咸阳出土的完整郢爰、陈爰，最重的是 280 克，轻的 230 克，平均在 250 克左右，与湖南出土的楚国法码一斤的重量很接近②，楚国法码是以铢、两、斤为计量单位，没有用“六两为锾”的锾来计算重量，因此“爰”不是计量单位，不能视为“寽”或“锊”，也不能当“锾”来理解。

既然“爰”不是重量单位，郢爰的“爰”字应作何解？近年有人试用西汉初期出土的陶质冥币“郢称”的“称”字来否定“爰”字的读法，此说与货币发展规律和“郢爰”金币的形制是相悖谬的。现在我们依据古代文献中有关龟贝为货币的记载，推断出楚国行使的是龟贝货币制度，证诸地下出土的完整“郢爰”“陈爰”以斤计重又呈龟壳形，故认为“郢爰”“陈爰”的“爰”字应是龟类动物鼋的假借字。《尔雅翼》：“鼋、鳖之大者，阔或至一、二丈。天地之初，介潭生先龙，先龙生元鼋，元鼋生灵龟，灵龟生庶龟，凡介者生于庶龟，然则鼋，介虫之元也。”古人视鼋为龟鳖介虫之长，龟鼋同属一类。屈原《河伯》“乘白鼋兮遂文鱼”，他把鼋和龙等同起来视为神物。《左传·宣公四年》有一段故事：楚人献鼋于郑灵公，子公因不得食，怒染指于鼎，尝之而去，后来竟因此杀了郑灵公，因鼋而殒身，成为千古奇谈。从以上例子足以说明古人对鼋之为物的神化和爱好。楚人以鼋代龟，又假作“爰”字是可能的。《广韵》“袁或作爰”，《通志氏族略》“袁，亦作辕，又作爰”，爰、袁、辕古同音，铜器铭识宋人释“子孙”者，郭沫若同志释为“天鼋”，即轩辕。故知“郢爰”的“爰”是“鼋”字的通假字，郢爰、陈爰即是“郢鼋”“陈鼋”，谓楚国郢都和陈邑发行之龟币也。

郢爰的“爰”意既明，又使我们进一步认识到楚国货币存在着一个共同点，就是凡楚币皆有自名：“殊布当忻”自名为“布”，铜贝自名为

---

① 方濬益：《缀遗斋彝器考释》，商务印书馆 1935 年石印本。
② 高至喜：《湖南楚墓中出土的天平与法码》，《考古》1972 年第 4 期。

“贝”或“一贝”；“郢爰”“陈爰”等龟币则自称为爰（鼋），这一点是当时北方国家的货币所少有的现象。郢爰形态虽然仿自龟壳，但毕竟它是贵金属黄金铸成，在使用时往往被分割为不定形的小块，这致使郢爰龟币的面貌隐晦了两千余年。郢爰虽出现在金属铸币的繁荣时期，但和后世的银锭、元宝、金砖等贵金属货币一样，严格地说它们都属称量货币的范畴。

寿县西淝河出土的铜贝

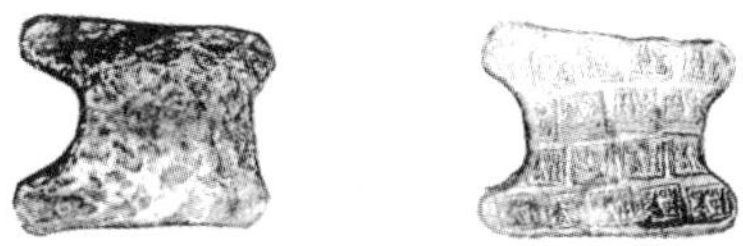

阜南三塔朱大湾出土的郢爰

寿县朱家集李三孤堆出土鎏金铜钣

阜南朱大湾出土金版

一九七九年二月

［附记］

《龟币“郢爰”初探》一文是我在1979年写的，立论是1970年阜南县三塔出土了一批楚国金币，其中有三块完整的金版，是过去从未发现的。金版的形状酷似乌龟壳，给我留下深刻的印象，让我想到古书上“龟贝为货”的记载。楚地有铜贝“蚁鼻钱”的大批出土，楚国行使“龟贝货币”制度，是有可能的。为了证实这个想法，查证了一些有关资料和古今学者论述。“初探”一文，我沿用了清末方濬益的“郢爰”旧说，并在此观点上，我又将爰、袁、辕古同音，误认为爰是“鼋”的通假字，并错误认为爰是“鼋”的通假字，得出“郢爰”即“郢鼋”是楚国发行的龟币。

四十年的时间匆匆过去了。随着国家的经济发展，翻天覆地的大建设，地下大批前所未见的历史文物纷纷出土，尤以楚国的竹简和铭文铜器的出土，改变了人们对楚文化的旧观念。古文字学家何琳仪对古文字，尤以战国文字有深厚的造诣。他对学术界释楚金币“郢爰” “陈爰”的“爰”改释为“称”即楚国的称量货币是认同的，再如对过去被误释的“颍”金、“专爰”“庐金”都作了定谳的说法：所谓“颍”字金，曾有人改释为“少贞”读为“小鼎”，解释为用小炉练出的纯金。何先生考证“少鼎”的“少”为“沙”的初文，与“琐”音近可通，“琐”为楚地，在今安徽霍邱境，“贞”或“鼎”读为“钉”，《说文》：“钉、饼黄金。”《尔雅·释器》“铁金谓之钣。”何先生又将“专爰”改释为“鄟称”。《说文》：“鄟、汝南上蔡亭。”“卢金”改释为“盐金”。又将楚大布，旧释为“殊布当忻”，改释为“模比堂忻”，“无、大也，比、币也，堂当也，忻斤也。”

我们从湖北包山竹简内得知，楚人用贵金属需经称量，是为“称量货币”。包山简 114 号：“州莫嚣疥，州司马庚为州贷越异之黄金七益以籴种。”111 号简：“正阳莫嚣达，正阳陶公已，少攻尹恣，为正阳贷越异之黄金十益一益四两以籴种。”黄金以益、两为计量单位。包山简 43 和 44 简：“十月辛巳三日不归板于登人，以致命于郢。”“十月辛巳之日，不归登人之金。”《周礼·秋官·职金》“旅于上帝，则供其金版”，郑玄注：“饼金谓之版。”阜南三塔出土金币有版金与饼金共出，1979 年寿县东津花园村出土一大批楚国金币，“盐金”“郢称”，与金饼同出，显然饼金与版金不属同一系统或国别的货币形态。版金是仿龟板形态制作的货币，正符合“古者货贝而宝龟”的古训。汉代又出现了马蹄金、麟趾金，皆以吉祥物作为贵金属的货币形态；唐宋元时的束腰银铤，明清时期的元宝，为什么做出束腰或两头翘的形状，追根求源皆来自战国楚金币龟版郢称。

2015 年 9 月补记

马王堆汉墓出土帛画与屈原《招魂》

湖南长沙马王堆一号汉墓出土的彩绘帛画，以它丰富的内容、完美的构图、鲜丽的色彩、奇特的风格、高超的技艺而博得国内外人士的赞赏和珍视。关于帛画的内容，许多同志已著文进行了阐述，发表了不少精辟的见解，但仍有一些地方没有取得一致的意见。笔者认为，若能用屈原的《招魂》来作系统的、全面的对照与考证，帛画上所存在的问题，是能够由《招魂》的启发而得到解决。

据《长沙马王堆一号汉墓》报告：这幅帛画发现时是覆盖在内棺上的。画幅呈短袖长衣形。全长 205 厘米，上部裹一竹竿，上系丝带，可以悬挂。中部和下部四角，各缀一黑色丝穗。在同墓随葬的“遣策”中有“非衣”竹简两条，上面记载的尺寸和这幅帛画的长度相符。墓葬里陪葬这件“非衣”，是寄托死者灵魂的标志，是一种为死者招魂的招具。作用与后世的招魂幡相同。

古代人认为生人除了形体之外，还有魂魄存在。《左转·昭公》：“人生始化曰魄……阳曰魂。”孔《疏》：“附形之灵为魄，附气之神为魂。”认为人的死亡是魂魄离开了形体所致。因此，对刚死的人要“尽爱之道”，举行招魂仪式。这种仪式在《礼记·丧大记》里称作“复”。复时是拿着死者的衣服，“升自东荣，中屋履危（登上屋脊），北面三号”。《礼记·檀弓·注》：“一号于上，冀魂自天而来；一号于下，冀魂自地而来；一号于中，冀魂自天地四方而来。”以期把“悠扬入于太空”而“不可别已”的游魂，从天地四方招引回来，复归于形体，使死者复活。“复”用死者衣服作招具。而轪侯夫人墓出土的帛画，形状正像“短袖长衣”，遣策上又称它作“非衣”。因此，这件“非衣”帛画和“复”的招魂仪式有着密切的关系。

人死之后要归葬于地下。埋葬时，自然要把死者的游魂随同死者的尸体招引到墓穴里去。在古代，统治阶级殡葬送死的礼仪是非常隆重的。放在棺柩前面的就是招魂幡，幡随地域和时代的区别，有其不同的形状和名称，或者称作铭、铭旌、明旌、魂帛等。《礼记·檀弓》：“铭，明旌也。以死者不可别已，故以其旗识之。”郑玄《注》：“明旌”为“神明之旌”。明旌既然是代表死者神明（灵魂）的标志，故铭（或幡）上总是要写上死者的姓名和生死年月，埋葬时“加于柩上”或“埋于墓侧”。帛画有所不同的是把死者肖像画在“非衣”上面，但其用意是一样的，都是用它来把死者的游魂连同尸体招引到墓穴里去。“像设君室”，再把代表灵魂的“非衣”覆盖在内棺上，死者的灵魂就会和尸体合在一起，在“故居”里定居下来，过着永远清净、宽闲、安乐的“静闲安些”的地下生活了。

“汉初列侯的棺椁制度，和先秦文献中的公侯之制相同。”(俞伟超:《关于马王堆汉墓的棺椁制度》，《文物》1972 年第 9 期)。西汉帛画即是丧葬礼仪中进行招魂之术的招具，帛画的内容大体上可以拿产生于楚地，离帛画绘制的时代未远，又是在丧葬时演唱的歌词——《楚辞·招魂》和《大招》来解释。在这两篇先秦流传下来的招魂歌词里，开头就说：“魂兮归来！去君之恒干，何为四方些。”极言“天地四方，多贼奸些”，死者四周尽是魑魅魍魉的可怕世界，叫游魂不要乱跑，要“无东无西，无南无北”，赶紧归来，免受外界的伤害。《楚辞》里所说的上天下地，东西南北四方，在这幅帛画里都被巧妙地表现了出来。帛画的上部绘的是四方和天阙，下部绘的是幽都，中部绘的是墓主，中部下段绘的是人间招魂祈福的场面。(图一)

长沙马王堆一号汉墓出土的帛画(约1/10)

图一　马王堆汉墓出土帛画与屈原《招魂》(插图)

我们先看《楚辞》对北方的描述：

魂兮归来！北方不可以止些。增冰峨峨，飞雪千里。归来兮不可以久些。(《招魂》)

魂乎无北，北有寒山，逴（烛）龙艳止。代水不可涉，深不可测只，天白颢颢，寒凝凝只。魂乎无往，盈北极只。(《大招》)

北方是千里冰封，万里雪飘的世界。那里冰雪终年不化，把天冻得发白。在寒山上住着一位长年蜷伏不动的烛龙神，形状怪诞，本领高强。《山海经·大荒北经》和《海外北经》都有关于他的描述：“有神人面，蛇身而赤，直目正乘。”“视为昼，瞑为夜，吹为冬，呼为夏。不饮、不食、不息、息为风。身长千里。”“是烛九阴，是谓烛龙。”

帛画上部中间的人面蛇身而赤的怪物，正是北方之神烛龙的形象。他身穿铁青色长袍，袖手肃穆，表情威严，给人以寒气逼人的感觉。他那盘屈的蛇身，蛰伏不动，微微鼓起的嘴唇在吹气作法（吹为冬），表现的正是北方的严冬景象。

烛龙两旁陪衬着五只仙鹤。鹤是生活在寒冷北方的鸟类。古代无名画工用它们伫立时由于天寒而引颈哀鸣的形状，来表现北方白颢颢的天空、寒凝凝的大地与呼号的朔风，是独具匠心的。现代人用企鹅来表现南极的冰天雪地，不是同帛画一样具有异曲同工之妙吗！

为什么要把烛龙放在帛画的上部中间的部位呢？因为烛龙是北方的“神”。我国地处北半球，住室多是向阳开门，习惯于以北为上，以南为下。故代表北方的神和北方生长的鸟，自然被放在最上方。同时，烛龙神还有独照九重泉壤阴暗的本领，把它放在最上的部位，大概还有借助他的神威，给幽冥的地下烛照一点光明的意思吧！

我们再看《楚辞》对东方的描述。

魂兮归来！东方不可以托些。长人千仞，唯魂是索些。十日代出，流金铄石些：彼皆习之。魂往必释些。归来兮不可以托些。（《招魂》）

东有大海，溺水攸攸只；螭龙并流，上下悠悠只。雾雨淫淫，白皓胶只，魂乎无东，汤谷寂寥只。（《大招》）

汤谷上有扶桑，十日所浴，在黑水北，居水中，有大木，九日居下枝，一日居上枝。（《山海经·海外东经》）

帛画上部的右方画着九个太阳。一个太阳升在扶桑树上，内有踆乌一只，其余的太阳沉浮在扶桑树的枝杈里。这正是《招魂》里描述的“十日代出，流金铄石”的写照。扶桑树中还有一条昂首摆尾、张牙舞爪的龙穿绕在飘动的海藻间，遨游在大海里。这是《大招》：“螭龙并流，上下悠悠”（螭龙随流上下并行游戏）的描述情景。帛画右上方由于色彩渲染得有浓有淡，给人以雨雾蒸腾的感觉，很自然地使我们联想起“雾雨淫淫”，汤谷浴日在东方。

《楚辞》对西方又是怎样描述的呢？

魂兮归来！西方之害，流沙千里些。旋入雷渊，麋散而不可止些。幸而得脱，其外旷宇些，赤蚁若象，玄蜂若壶些。五谷不生，丛菅是食些。其土烂人，求水无所得些。彷徉无所倚，广大无所极些。归来兮恐自遗贼些。(《招魂》)

魂乎无西！西方流沙，漭洋洋只。豕首纵目，被发鬤只。长爪踞牙，诶笑狂只。魂乎无西！多害伤只。(《大招》)

前秦王嘉《拾遗记》:“洹流如沙尘，足践则陷，其深难测，大风吹沙如雾，中多神龙鱼鳖，皆能飞翔。”西方危害灵魂的事物太多了。抓住什么来描绘西方景象呢？聪明的画工在帛画上部的左方画上一弯新月，月上有蟾蜍、玉兔；月下是一条有翼的飞龙，张牙舞爪，摇摆着火焰似的尾巴，展翅飞腾在火云之上，龙的翅膀里坐着攀月欲登的跣足嫦娥。

在我国古代神话里，太阳和月亮是帝俊和妻子羲和、常羲的儿女。日和月代表的是东方和西方，并不是“天”。《礼记·祭义》:“祭日于东，祭月于西”,“日出于东，月生于西。”《史记·历书》:“日归于西，起明于东。月归于东，起明于西。”月亮在上下弦期间升得早，夜幕降临后，月亮已运行到西方。所以，古代人就以为月亮是从西方升起的。帛画拿弯月来象征西方，是和这种传统观念相一致的。

广漠的西方世界，最突出的灾害是千里流沙。在画面上表现“漭洋洋”的无涯风沙，比表观“寒凝凝”的漫天冰雪更不容易。《吕氏春秋》:“旱云烟火，雨云水波。”古代画工用飞翔的火龙腾跃在烟火旱云之上来表现西方“温暑而热，焦烂人肉”的特定场面，是十分成功的。你看！月悬太空之中，龙腾火云之上，给我们的不正是“求水无所得，彷徉无所倚，广大无所极”的西方荒漠景象吗！

《楚辞》对南方的描写是血淋淋的，分外可怕。

魂兮归来！南方不可以止些。雕题黑齿，得人肉以祀，以其骨为醢些。蝮蛇蓁蓁，封狐千里些。雄虺九首，往来倏忽，吞人以益其心些。归来兮不可以久淫些。(《招魂》)

魂乎无南！南有炎火千里，蝮蛇蜒只，山林险隘，虎豹蜿只。鰅鳙短狐，王虺骞只。魂乎无南，蜮伤射只。(《大招》)

南方危害灵魂的怪物太多了。有“得人肉以祀，以其骨为醢（肉酱）”的“雕题黑齿”（似指南方墨齿文身的野蛮部族)，有“往来倏忽，吞人以益其心”的九首雄虺，还有射伤害人的“鰅鳙”鬼蜮。在这幅帛画里都没有表现出来。(马王堆三号墓帛画，在南方部位绘有赤身人骑在鱼背上的形象，似为雕题，鰅鳙)。画工在北方烛龙神下的南方部位，画着两只展翅南翔的鸟：在啄食木铎柄上的一簇稻穗，这正是“冬节食南稻，春日复北翔”（曹操：《却东西门行》）的鸿雁。另有两个似人的怪物，骑在马头鹿身、腾空奔驰的动物身上，用绳索牵引一只大木铎，往左右拉动，受振荡的木铎似在发出声响。这像人的怪物，当是《山海经》里的狒狒：“其状如人，面长唇黑，身有毛，反踵，见人则笑。”马头鹿身的动物，可能是《山海经》里的鹿蜀：“杻阳之山有兽焉，其音如谣，名曰鹿蜀。”郭朴《山海经图赞》：“鹿蜀之兽，马质虎文，骧首吟鸣，矫足腾群。”画面上两匹马头、鹿身、偶蹄的鹿蜀，正作“矫足腾群”昂首疾驰之状，其快速之势，犹如迅雷不及掩耳。狒狒，鹿蜀，一个记载在《海内南经》，一个记载在《南山经》，它们都是传说中生长在南方的动物，狒狒骑鹿蜀牵动木铎的寓意是：古代铃铎之属的乐器，发出的声音铃铃（隆隆）然（《说文》：铃铃“霆雷之余声也”），南方多雷雨，帛画用奔驰的鹿蜀和狒狒振荡木铎发出隆隆的雷声来象征南方。这和后世手持斧凿和镜子的雷公电母的形象，当有一定的渊源关系。

帛画在四方之下的部位，画着天阙。阙里箕踞着两位褒衣爵弁，拱手相谈的把关“帝阍”。阙上爬着两只凶猛的豹子，作闻声回顾，张口而吼之状，似在等待“天下欲上之人而杀之”（王逸：《招魂注》），这正是《招魂》“魂兮归来！君无上天些。虎豹九关，啄害下人些”的情景。或说“帝阍”是墓主的当班守门人，或说是招魂的“复”者，皆不确。如果是这两种凡人，他们的形体在画面处理上不当超过墓主人的形象。

《招魂》对幽都是这样描述的：“魂兮归来！君无下此幽都些。土伯九约，其角觺觺些；敦脄血拇，逐人駓駓些。参目虎首，其身若牛些。此皆甘人，归来兮恐自遗灾些。”

《山海经·海内经》：“北海之内有山，名曰幽都之山。其上有玄鸟、玄蛇、玄虎、玄狐蓬尾。有大玄之山，有玄丘之民。”郭朴《注》：“言丘上人物尽黑。”

幽都是北海中的一座山，人和物都是黑的。后土是这个幽冥黑暗世界的统治者。他的侯伯是凶煞的土伯，把守着幽都。土伯有牛一样庞大而九屈的身躯，三目虎头，长着坚利的角，血污的手。在帛画下部，那位用头和手顶托象征大地之案的土伯，虽然不像《招魂》所描述得那样可怕，但他那粗鼻大嘴，目长额侧，挺着鼓圆的肚皮，弯着肌肉隆起的身躯，其蠢笨如牛的形象，却跃然帛上。土伯脚踏鲲鱼（“北冥有鱼，其名为鲲。”《庄子·逍遥游》。崔撰云：“鲲当为鲸。”），跨着巨蛇，充分显示出他在幽都的威风！土伯的护卫除了蟒蛇、鲲鱼之外，还有鸱鸮、乌龟和带角的怪物。这些夜行的和水生的动物，画工为了画面色调的一致，没有将它们涂成黑色。但这些动物本身的习性就足够表明它们是幽都的主人了。何况在蟒蛇和乌龟的颈项上还分别系着一条黑色的飘带作为幽都的标记呢！

顾炎武在《日知录》里说过这样的话："地狱之说，本于招魂，长人、土伯则夜叉、罗刹之伦也，烂土雷渊则刀山、剑树之地也。"诚然，《招魂》和《大招》把天上地下和四方描写得极为险恶与恐怖，但在这幅作为招具的帛画里，却没有把那些"唯魂是索"的长人，"吞人益心"的雄虺，以及"长爪踞牙""敦脄血拇""悬人以娭""逐人駓駓"的恐怖情景尽情地描绘出来，这是因为帛画是以墓主人的画像为主题。唐兰同志认为；"非衣是死者生前预制的。"（《关于帛画》，《文物》1972 年第 9 期）三号墓帛画内容与此幅基本相同，可知画工绘制帛画有固定程式。可以想见，丧主是不会容许恐怖的事物出现在死者画像上的。但是，为忠实于传统神话故事如《招魂》的精神，又要顺从丧主的好恶，只有用典型的、象征性的事物（如用水火雷风代表东西南北等），按《招魂》的结构把四方画在帛画上部的宽阔处，把天阙画在帛画横幅与竖幅的交接处，把幽都画在最下部，同时又给人以庄重神秘而又不令人产生毛骨悚然的恐怖感觉。画工们在选择题材以及构思布局上，不知下了多少功夫，费了多少精力才完成了这样丰富多彩的帛画。

帛画中部以显著的部位绘制了轪侯夫人的肖像。用像来寄托死者的灵魂，《招魂》："魂兮归来！反故居些。□□象设君室，静闲安些。高堂邃宇，槛层轩些。"帛画在这一部分绘了一座华盖式的精美建筑。屋上有两只朱雀栖息，屋下悬挂一只鸡嘴尖耳、圆眼虎视、展翅飞翔的五彩鸟，这鸟当是传说里的重明鸟。王嘉《拾遗记》："尧在位七十年，有祗支之国献重明之鸟，一名双睛，状如鸡，鸣似凤。□□能搏逐猛兽虎狼，使妖灾群恶不能为害。贻以琼膏，或一岁数来，或数岁不至。国人莫不扫洒门户，以望重明之集。其未至之时，国人或刻木或铸金为此鸟之状，置于门户之间，则魑魅丑类，自然退伏。"古代门户之间置重明鸟辟邪，当和后世贴门神的用意相似。在这里，重明鸟起着镇墓神的作用，所以把它画得特别大。

在神通广大的重明鸟庇护下，一位身着锦绣曲裾长袍，柱仗侧立崇台之上的雍容华贵的老妇人，前有家丞跪奉，后有群婢簇拥，周有交龙环护，阶下有驯豹防卫，其为墓主灵魂安排的地下安稳生活，真是万无一失，尽善尽美。这里没有像《招魂》那样铺张扬厉地刻画墓主宫室陈设的华丽珍怪，宴饮游观的奢侈豪华，声色歌舞的"逞志究欲"。那是因为轪侯夫人墓里数以千计的精美随葬品已足够招引灵魂来享受了，何须画工多费笔墨！但是，我们拿墓葬的实物对照着《招魂》来认识，四棺重椁不就是“高堂邃宇”“层台累榭”吗！菱花贴毛锦的内棺，不就是“砥室翠翘絓曲琼”“翡帷翠帐饰高堂”吗！二十八具歌舞乐俑和竽瑟，不就是“吴歈蔡讴奏大吕”“竽瑟狂会搷鸣鼓”吗！精美绝伦的漆器食具和酒具，盛的不就是“瑶浆蜜酌实羽觞”“挫糟冻饮酎清凉”吗！还有众多的飞禽走兽，干果菜肴，反映的不正是“肥牛之腱臑若芳”“濡鳖炮羔有柘浆”“鹄酸臇凫煎鸿鸧”吗！真是事死如生，暴殄天物。

在墓主的画像下，安排了一个为死者招魂祈福的场面。在双龙贯穿的谷璧下，悬挂着五彩的帷帐，帷帐下缀着巨大的玉璜，这是《招魂》“蒻阿拂壁，罗帱张些。纂组绮缟，结琦璜些”的陈设。在土伯托举的食案上，罗列着三鼎二壶。远处设置供案，上陈鼎罐和重叠的耳杯等供器，供案下有锦袱覆盖的篝笼来承托。篝笼下带四足，旁有横杆可作抬把。“篝，竹笼，以栖魂者。”（蒋骥：《山带阁注楚辞》）篝笼前有六人拱手分立，前有一人在设祭，他们正在祈祷着游魂的归来。《招魂》：“魂兮归来！入修门些，工祝招君，背行先些。秦篝齐缕，郑绵络些，招具该备，永啸呼些。”正是这段画面的最好说明。在五彩的惟帐上栖着两只人面鸟身的怪物，当是句芒神。《墨子·明鬼》：“昔者秦穆公当昼日中处乎庙，有神入门而左，鸟身素服玄纯，面状正方□□神曰：‘无惧，帝享汝明德，使予赐汝寿十年有九。’……穆公再拜稽首曰：‘敢问神名?’曰：‘予为句芒’。”《淮南子·天文篇》：“东方木也，其帝太昊，其佐句芒，执规而治春。”句芒是吉祥的春神，象征着生命。帛画在这里安排了招魂祈福的场面，是希望游魂爱春而归来。你看，幽都的使者鸱龟衔着灵芝已经爬上了大地为死者祈福来了，上帝也派来了春之神句芒，为死者带来了生命的信息。《招魂》尾声的最末两句“目极千里兮伤春心，魂兮归来兮哀江南”，郭老今译“一望无涯千万里，春日迟迟荡人心，灵魂归来呀，江南爱煞人”（郭沫若《屈原赋今译》）与画意不谋而合。

从以上的分析，我们没有发现这幅帛画有任何羽化登仙、引魂升天的含义。西汉马王堆帛画是招魂的招具，它的本意是“象设君室”，引导游魂归到墓穴，让死者的灵魂和肉体在阴间过着春风和煦、清静安乐的生活，这一点和《楚辞·招魂》的宗旨正相吻合。因此，把这幅帛画看作是屈原《招魂》的一幅神采飘逸的诗意画，是符合历史真实的。帛画的发现，使我们进一步认识到伟大诗人屈原的诗篇对当代和后代文学艺术影响的深度和广度。

阿英同志在谈到屈原诗篇在美术上的反映时，曾指出："这些画幅，使我们更清晰地看到，我们祖先辉煌的艺术创造天才。他们创造了'琦玮僪僑'的'图画天地山川'，驰骋了他们丰富的想象。而这些画幅又反过来使屈原创造了伟大的富有人民性的诗篇。这些诗篇更强有力地记录了我们先民的精神世界，并丰富了后来的美术及其他艺术作品的创造。"（《文艺报》，1953 年第 10 期）西汉帛画虽然不是专为《招魂》所作的插图，但欣赏这幅杰作，通过画面上生动具体的形象，的确能帮助我们进一步理解《招魂》的丰富内容和深刻的主题。反过来，《招魂》可以启发我们去理解西汉帛画的复杂的内容。许多我们不能立刻理解的画面，通过屈原诗句的提示，可以得到比较令人满意的解释。这幅帛画是我们研究文学史、美术史、民俗史、丧葬史的珍贵文物，给我们理解《招魂》提供了生动而具体的图像。《招魂》和西汉帛画同样真实地纪录了我们先人的生活习俗、思想面貌；同样以新奇的想象，丰富的铺叙，绚丽的色彩，匀称的结构，浪漫的风格而激动着读者的心弦，它们同样都是中国悠久的文化史上的明珠。西汉帛画与伟大诗人屈原的诗篇永存。

一九七三年二月初稿，一九七九年九月修改

（原载《江淮论坛》1979 年 1 期）

我对古代犀皮漆器的新认识

1964 年，安徽省文物考古研究所在马鞍山市发掘了三国时代孙吴左大司马右军师朱然的墓葬。据发掘简报介绍[①]，出土的漆器共有十几个品种，六十多件，胎质分木胎、篾胎、皮胎等，装饰工艺有描漆、戗金、锥刻、犀皮漆器，个别器物还采用了雕刻或彩绘相结合的方法。这座三国墓的确可以称为古代漆器的宝库，其中两件黄口耳杯，表面光滑，花纹回转如漩涡，有行云流水之致，被专家们认为是我国现知最早的用皮胎制作的犀皮漆器实物。王世襄先生《对犀皮漆器的再认识》[②]中盛赞这一“惊人的发现”，并对犀皮漆器的工艺及历史作了全面的论述。

犀皮究竟是什么样的漆器？它最早出现在何时？它的工艺如何？其工艺因时代早晚有没有差异？这些问题是关系到我国传统漆工艺中有关犀皮工艺的产生和发展的重要问题。唐、宋、明人对此都作过探讨，但众说纷纭，莫衷一是。有人否认犀皮漆器是用犀牛之角做的；有人肯定是割马鞍皮，累数重漆，五色相叠而成的；有人说是看见“马镫摩擦有凹处，粲然成文”，因而以“髹器仿为之”的；更为奇特的说是犀牛皮坚有文，其肚脐四旁文如饕餮相对，色极光润，“后之髹器，效而为之”的；不过，前人的探讨有一点是一致的，犀皮（又称西皮，犀毗）是一种表面光滑、花纹层次很多，有的如行云流水，有的如圆花、松鳞等斑纹的漆器。

笔者曾在安徽省文物考古研究所亲眼看到过朱然墓出土的两件犀皮黄口耳，观察中无意发现一只耳杯的外侧有片状物翘起，与云母片相似，不像是因脱落而卷曲的漆皮，这使我想起 1977 年发掘的西汉汝阴侯夏侯灶墓，出土的一把剑鞘上装饰的角质片，也有表面光滑，呈现出行云流水状的花纹。回到阜阳，仔细观察这些角质片，果然与犀皮黄口耳杯的质地和花纹都十分接近。我带了两片角片饰标本到北京。在文物局文物保护科学技术研究所又见到准备脱水的朱然墓出土的另一件犀皮圆盒底，直径为 17 厘米，厚度为 0.1 厘米，两面皆有明显的如行云流水状的花纹。在残破处也有分解剥离的片状物层层翘起，与我带京的角片饰的厚度、花纹和层层剥离的片状物完全相似。我将汝阴侯墓出土的角片饰标本送古脊椎动物与古人类研究所检验，李传夔副所长用显微镜检查，没有发现标本有毛孔的痕迹，因此不属皮类。这使我确认早期的犀皮漆器，不是“割马鞍皮，累数重漆”，用皮子作胎制成的漆器。早期的犀皮漆器确实是用角质作胎，再髹上薄漆，使角片上的自然花纹显现出来的一种漆工艺。唐人赵璘在《因语录》里说：“髹漆谓之西皮者，世人误以为犀角之犀，非也。”如今，二千一百多年和一千七百多年前用犀角制作的犀皮漆器实物出现在我们面前，现在可以说唐代赵璘年用支流来非其源流，所以他没有找到正确的答案。

犀角是犀牛前额的发质物，颜色黄褐或黑褐，“其中有一缕浅色斑纹贯通上下的名通犀。”古代人非常看重这种浅斑所形成的自然花纹。在宋人笔记里，对当时崇尚的通犀带的花纹作了生动的描述，犀角带铸呈现的花纹不仅是“行云流水”“圆花松鳞”，而且还有“翔龙”“龙擎一盖”“寿星扶杖”“鹿衔花”[③]等稀有的奇异花纹。明人曹昭在《格古要论》里把犀角根据花纹分成贵贱等级：“纹如鱼子相似谓之粟纹，此谓之山犀。镟粟纹完花儿者好，其色黑如漆，黄如粟，上下相透，云头雨脚分明者为佳。有通天花纹犀，备百物之形者最贵。有重透纹者，黑中有黄花，黄中有黑花。有正透纹者，黑中有黄花，古云通犀，此二等亦贵，有倒透者黄中有黑花，此等次之。有花如椒豆斑者，色深者又次之，有斑散而色淡者又次之。”可见犀角的自然花纹是非常丰富的，的确是制作工艺品的珍贵材料。

夏侯灶和朱然墓出土的早期犀皮漆器，其里外呈现出的层次重叠的花纹，如果用犀角来进行平均或侧切是得不到行云流水花纹的，这种花纹和今天的三合板上呈现的花纹非常相似，为我们进一步了解犀皮制作工艺有个比附的例子。我们知道三合板是拿圆木在机器上用锋利的刀具旋切延展成大张木片，然后重叠黏合而成。树干因年轮组织的纹理不整或有伤疤，枝干处，致使展开的木片呈现出千变万化的花纹。动物的犄角是逐渐长大的，牛或犀牛的角也留有年龄组织的纹理。《考工记·弓人》：“老牛之角纱而昔。”《疏》：“纱谓理粗错然不润泽也。”如果采用制作三合板的方法，用有纹理的角，从纵向旋切延展开来，被旋切下来的角片纹理必然不规整，可能会出现“行云流水”“圆花松鳞”，甚或是“龙擎一盖”“寿星扶杖”的特异花纹。如果髹上一层薄漆，一定会在阳光下产生“时复改易，五色相叠，光彩绚目”的效果来。现在我们能够看到的最大的犀皮漆器圆盒底、直径为17厘米，如果不是采用旋切的方法，想得到这样大的角片是办不到的。

夏侯灶和朱然墓出土的早期犀皮漆器的厚度都在0.1厘米左右，这样的厚度，如用醋来浸泡可以使角质柔软，然后用模压成型，做成简单器形的耳杯、圆盒，表面髹上亮漆，装上金扣，就是一件价值连城的犀皮漆器了。使犀角能够变软，《格古要论》里也有记载："有粟纹不圆者，必是原透花儿不居中，用汤煮软攒打端正。"既然可以攒打端正，自然也可以模压成型。

早期犀皮漆器，都是出在社会地位极高的人的墓葬里，这种用珍贵的犀角和复杂工艺制作的犀皮漆器，其斑斓的纹理，光怪陆离，令人神迷，其珍罕名贵的程度不言而喻。物以稀为贵，何况是用奇兽犀角制作的工艺品呢？后人总会想出办法，拿代用品来仿制的。晚唐的赵璘已经弄不清犀皮漆器是用犀角为胎做成的了，这从侧面反映出至迟在唐初已经有人发明用不同的色漆"令其文层见叠出"，来仿造犀皮漆器了。无独有偶，唐代出现的绞胎瓷器，如神龙二年懿德太子墓出土的骑士俑，开元二年杨谏臣墓出土的绞胎钵[④]等。其特意追求的木理纹、羽毛纹、凤尾纹、朵梅纹、浮云流水纹等以及色彩与犀皮漆器如出一辙。可见绞泥和绞化妆土瓷器工艺的出现，是在用色漆仿制早期犀皮漆器成熟以后，在它的启发和影响下产生出来的一种新颖的制瓷工艺。

以"髹器仿为之"的犀皮漆器，到了南宋时已成为日用家具（犀皮动使），很显然，这些所谓的犀皮动使，绝非早期以犀角为胎、价值巨万的犀皮漆器，而是"先在漆器胎骨上用稠漆堆起高低不平的地子，在地子上刷不同色漆若干道，最后磨平，露出颜色不同的漆层和纹样不同"的仿犀皮漆器。唐代以后，犀角工艺大部分转移到能够显示官阶和社会地位的带銙上，漆器工艺里再也见不到"以犀角作胎骨"的早期犀皮漆器了。

从上面的分析里，可以得出如下的看法：

一、被称为犀皮漆器的制作工艺，产生的时间很早，目前能够见到的早期实物，首推西汉文帝十五年（公元前166年）下葬的汝阴侯夏侯灶墓出土的漆剑鞘饰（图一）和1996年巢县发掘放王岗西汉吕柯墓出的角质龙形饰（图二）。1991年天长市三角圩汉墓出土的犀角梳、篦，成型器物是三国时期朱然墓出土的黄口耳杯和圆盒（图三）。

二、犀皮漆器应分为真犀皮和仿制犀皮漆器两种截然不同的类别。

三、三国和三国以前的犀皮漆器，是用犀牛角旋切片成形为胎，髹漆后使自然纹理显现出光泽的真犀皮漆器。

四、唐代以后，犀皮漆器是用堆漆令其不平然后磨平，使其显现出不同色彩的漆层花纹，而制成的仿犀皮漆器。

五、我们的祖先在两千多年以前就创造出旋切角质的工艺，令其呈现出斑斓的纹彩，使人叹为观止！这种久已失传的工艺，由于实物的再现，今天，我们是能够让其起死回生的。

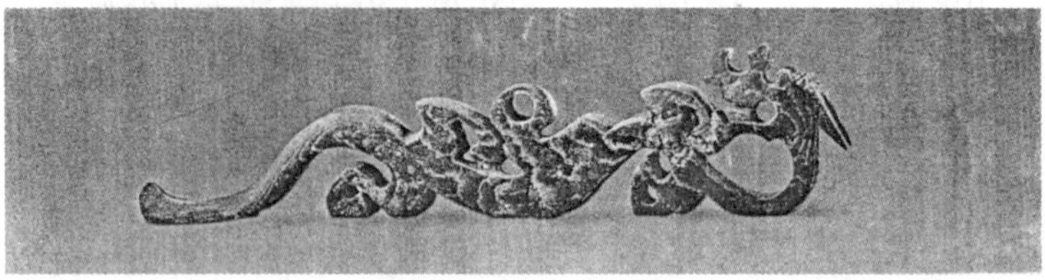

图一

图二 1996巢湖放王岗一号墓出土角质龙形饰

图三 1986年马鞍山市三国朱然墓出土黄口犀皮耳杯

注释：

①《安徽马鞍山东吴朱然墓发掘简报》，《文物》1986 年 3 期。

② 王世襄：《对犀皮漆器的再认识》，《文物》1986 年 3 期。

③ 孙机：《我国古代的革带》，《文物与考古论集》，316 页。

④ 杨静荣：《谈陶瓷装饰工艺——绞胎》，《故宫博物院院刊》1986 年 4 期。

1986 年 11 月初稿

新莽膏泽筒和服食药壶

《中国文物报》1990 年 3 月 1 日第 4 版发表了一篇《王莽时期的小铜合》文章，介绍 1984 年在扬州平山新莽墓出土的一件圆筒形铜盒，作者认为它是装香料用的。1990 年 3 月 29 日孙机先生又在《中国文物报》上发表《从泥筒谈起》文章，提出这种圆筒形铜盒“并非妆奁中之物”的看法，认定它是古代用来盛封泥的泥筒，那是以简牍为中心的文具之一种。无独有偶，1978 年 8 月，安徽省阜阳地区博物馆在阜阳县前陈庄农民手中收购一件刚出土的，与扬州平山新莽墓出土的圆筒形铜盒相同的铜筒。通高 9.6 厘米；直径 3.6 厘米，壁厚 0.15 厘米，容量为 77 毫升，筒上有盖，子母口，盖上有钮，宽 0.9 厘米，钮上有孔，孔已破，筒身近口 0.8 厘米处也有一钮，盖与筒口刻有三角纹，上下合对为菱形，可使两钮侧面形成一线。根据陕西华阴东汉刘琦墓出土的类似完整铜筒，阜阳出土的这件铜筒连接盖钮与器身钮的铜链，还有做调和或取物用的杵形棒。可惜出土时均已丢失。

阜阳出土的这件铜筒，除底部平素外，器物外壁纹饰是铸成素身以后，再使用利刃錾刻成花纹的盖上刻的是两兽相追逐；器身上下刻菱纹和锯齿纹；中部刻山峦两座，山上和山下有四兽作奔驰和行走状；山体刻斜条纹，兽身刻细毛纹，錾刻得十分精美生动。

被孙机先生称为泥筒的这种圆筒形铜器，在孙机先生人作《汉代物质文化资料图说》一书中，列举的出土资料有洛阳烧沟、山西太原和朔县、河北望都等地出土的器物，经查《文物》1962 年 4、5 合期发表的《太原太堡出土的筒形器》，“圆口，外折领，唇内突，平底，上下等宽，颈下饰铺首，底下于壁间附二个兽首足，余素面，通高 19.7 厘米，口径 9 厘米，壁厚 0.5 厘米”，此器与传世的和平元年自名为“铜鋞”的酒器同属一类，不能把太堡出土的筒形器称为盛封泥的泥筒，更不能把与它体积相差悬殊的小铜筒归属为一类。其他几个地方出土的圆形铜筒，有的虽没有花纹，但大小容积都相似，其用途也应该相同。据《考古》1988 年第 5 期《山西省朔县赵十八庄一号汉墓》文章介绍，该墓出土的“封泥筒内装暗红色封泥，山土时尚有柔软可塑”；望都二号汉墓出土的“鎏金圆筒和器内残存杏红色棒状物九段”，这两处出土的铜筒内均残留遗物，可惜都没有采用检验方法，弄清遗留下来的暗红色泥和杏红色棒状物是什么成分，致使这种铜筒的用途，长期未能搞清，并被误认为是用来盛封泥的泥筒。

阜阳出土的这件铜筒内，底部也残留有0.5厘米厚的遗物，1979年4月我们取出后请安徽省药品检验所的同志进行了检验，检验结果，遗物是蜜蜂蜡。估计铜筒内原来装的是蜂蜜，由于埋存地下近两千年之久，蜂蜜糖分经分解已消失，仅留下一点没有炼净而又不易分解的蜂蜡。

古代人用錾刻得如此精美的小铜筒盛装蜂蜜作什么用？我认为是为了化妆和保健。据今人研究："蜂蜜具有抗细菌和霉菌的作用，稀释40%蜂蜜溶液能有效地抑制各种革兰氏阳性和阴性细菌生长。蜂蜜对外科创伤、烧伤、褥疮性溃疡有很好的效用。尤其在冬季，为了保护手脚和面部不被冻伤或皲裂，至今农村冬季还用蜂蜜来防皴。由此想到山西朔县赵十八庄一号汉墓出土铜筒内遗留的暗红色泥状物和望都出土的鎏金圆筒和遗存的杏红色棒状物都应该是化妆品，古人为了随时能够化妆，只能把盛装化妆品的铜筒制作成精美、小巧甚至鎏金的小盒，才能随身携带使用，并作为装饰品悬挂在腰带上以夸耀身份或财富。

容积只有70～80毫升的铜筒虽仿制于铜鋞，但不能盛酒又不能盛封泥。这种铜筒应叫什么名字好？

汉代《急就篇》里有"芬熏脂粉膏泽筒"句，颜师古注："膏泽者，杂聚众芳以膏煎之，乃用涂发使润泽也。筒者，本用竹筒，其后转用金玉杂物，写竹状而为之，皆所以盛膏泽者也。"这里讲得很明白，盛膏泽的筒是"写竹状而为之"的，铜筒正如同一截竹筒，现在铜的，鎏金的都已出土，唯有玉的尚未发现。裘锡圭先生在1987年第9期《文物》上发表《鋞与鋞程》一文中推断望都出土的"鎏金圆筒盒，似乎不是盛酒而是盛化妆品"。《王莽时期的小铜盒》一文介绍扬州出土的铜盒认为是装香料的结论。由于阜阳铜盒遗存物经过安徽省药检所的科学检验，他们所做的推断和结论都是正确的，所以这种用来盛百花酿就的蜂蜜或是"杂聚众芳依膏煎之的膏泽"或"脂粉"，涂发也好，擦脸也好，功用都是用来盛化妆品的盒子，按《急就篇》利颜师古的注解，称这种"写竹状而为之"的铜筒为膏泽筒比称他为泥筒更契合历史实际吧！

孙机先生在《汉代物质文化资料图说》一书中，还谈到一种汉代人称为柙的扁壶，考古发现的椑，质地有漆的、铜的、陶的、瓷的，有的在随葬遣策上称柙，柙为椑字之假借，这种器物体积较大，能容数升的椑都是盛酒的器物。但有些事物不能一概而论，往往会冒出一些特殊现象，例如1977年8月阜阳市郊七鱼河出土一件小扁壶就不是盛酒而是盛服食药物用的。扁壶通高10.4厘米；容积160毫升，有圆形的盖，直径4厘米，子母口，壶的口径3.9厘米，颈径3.7厘米，腹部宽9.7厘米，侧厚3.5厘米，圈足，上宽6.4厘米，下宽6.8厘米，足侧上宽3.3厘米，下宽3.8厘米。圈足内部满涂朱砂，器盖上有钮，肩部左右两边也各有一圆钮，原来应有链条将器盖与器身相连，并可随身携带，惜出土时链条已丢失，器盖与器身錾刻花纹，盖上刻两兽，环绕盖钮相背而行，其中有一兽，带有翅膀；壶颈刻锯齿纹，两面各刻一带翼的走兽，如飞龙或飞马状，兽前各刻有一回首，一相向的鹰鸟站立在树冠上：腹部刻弧线纹、锯齿纹和菱纹，中间满刻半圆形树冠：口沿及圈足刻锯齿纹；侧面刻锯齿利菱纹。錾刻手法和风格与膏泽筒如出一人之手，均是新莽时的珍贵文物。（图一）

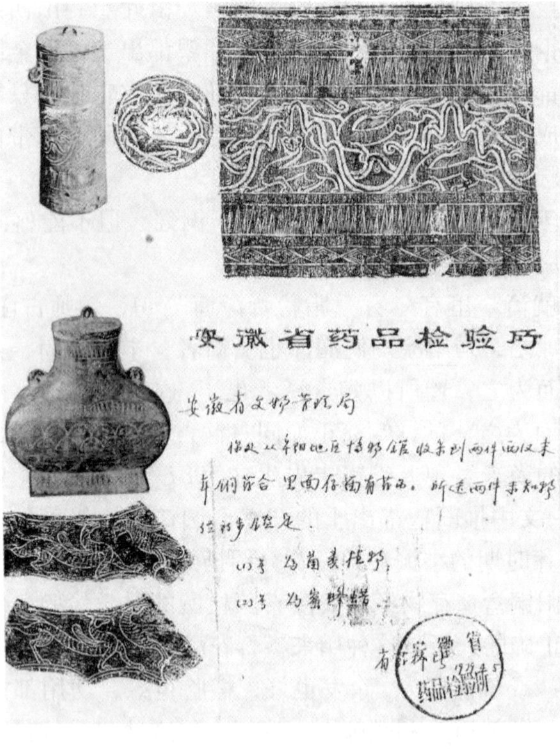

图一　新莽膏泽筒和服食药壶　安徽省药检所鉴定书

铜扁壶出土后，因盖子拧不开，发现人将侧面打破了两个洞，壶内发出一股异样的药味，倒出棕色粉末，绝大部分被抛弃，铜壶被收购时余下的一点粉末，与膏泽筒内的遗物同时送安徽省药品检验所检验，他们确定铜壶内装的是菌类植物。据殷涤非先生生前的研究，认为可能是灵芝、茯苓、猪苓、马勃之类，古人认为长期服食这些菌类药物是可以长生不老的保健药品，只是当时限于设备条件，未能做进一步测定其合剂成分，殊为惋惜。

阜阳七鱼河出土的这件盛服食药物的铜扁壶，外形虽仿自盛酒的椑形器，但他不是用来盛酒而是用来盛保健药物的器物，因此我们不能简单称它为椑，应该给他正名为服食药壶或药椑，至此，我们对椑类器物又增加一层新的认识。

阜阳膏泽筒与服食药壶都出于新莽时期的墓中，器物制作得都非常精美，当时的社会正处在动荡不安之中，人们求长生、求保健的欲望更为旺盛。两千年后的我们能够触摸到这些雕刻精致、制作华丽的保健和化妆品盒以及盒内的遗物，其求生求美的心态，跃然盒上，古人与今人是相通的，不是吗？

一九九五年二月二十日定稿

（与韩朝合作，全国第四次科技考古学术讨论会论文）

曹操宗族墓字砖释文正误

1970年和1977年，亳州市博物馆在该县城南相继清理了多座曹操宗族墓葬，考古人员在元宝坑一号墓和董园一号墓发现字砖380多块，其中有阳文印字砖和朱砂写字砖66块，其余都是在砖坯尚未干燥时，用树枝或细木棒随手刻划的阴文字砖，字砖内容丰富，书体多样，有篆书和隶书，和由隶书演变的章草、行书、真、楷等字砖。除一部分记录年月及制砖情况和数量外，有一部分有关曹操宗族及地方官吏的职官、姓名和他们对死者表示哀悼、赞颂的刻词。还有三分之一数量是监工和制砖工人的随意刻词，从这些“涂鸦”中反映了他们的悲愤、怨恨、诅咒与抗争的心声。

字砖出土后，亳州博物馆原馆长李灿同志作了初步整理工作，先在《文物》1978年8期上发表了《亳县曹氏宗族墓葬》一文，同年又在《文物资料丛刊》上发表了《安徽亳县发现一批汉代文字砖和石刻》的文章，对元宝坑和董园墓字砖，全部作了释文，予以公布；1978年社科院历史所田昌五先生也在《文物》第8期上发表《读曹操宗族砖刻辞》的文章，对字砖内容作了初步研究；1980年安徽省文物研究所研究员殷涤非同志在《文物》第7期上发表《对曹操宗族墓砖铭的一点看法》提出他个人对一些字砖的释文和解读不当的看法；1982年阜阳师院教授沈侗瘘先生又在《考古与文物》第3期上发表了《曹操宗族墓部分字砖释文质疑》，文中质疑了李文提出的“倭人”字砖和殷文提出的“丁永豪搦曹侯女儿”的错误看法。1981年李灿、田昌五两先生又在《文物》12期上发表《谈〈对曹操宗族墓砖铭的一点看法〉有感》和《略述曹氏元墓74号字砖》，对殷先生提出反驳意见；殷先生也在这期刊物上发表了《曹氏元墓74号砖铭补正》；1982年中国社科院考古研究所赵超研究员也在《考古与文物》第1期上发表了《论曹操宗族墓砖铭的性质及有关问题》，文中对诸家释文解读提出了自己的看法。讨论正处在激烈中，由于《文物》1981年12期编辑部加了一条按语：“对曹操宗族墓及砖铭问题……因限于篇幅……有关探讨文章，本刊不拟继续发表。”至此，有关曹操宗族墓字砖的争论，偃旗息鼓，再也没有人注意了。

回顾20世纪80年代对曹操宗族墓字砖引起的争论，起因均在各位先生的认字上。字砖本是在拍打的绳纹砖上，趁泥土尚未干燥时随意用树枝刻划的。笔划交汇的地方往往壅上泥块又加上砖面绳纹的扰乱，笔划不易分辨，给释读工作增加了困难，加之释读者对汉隶字体演变不熟悉，难免有胡乱猜解之嫌，因此写出的文章不但不能让人信服，而且也无形中降低了这批东汉末年留下的文字资料的学术价值，让人惋惜。

笔者近年编辑《阜阳、亳州出土文物文字篇》，这批曹操宗族墓字砖被列为首选，为了使字砖文字增加清晰度，我们按照拓片进行了双钩临摹，临摹时尽量参考诸位先生们的意见和《古隶字源》《碑别字》等有关书籍，使过去引起争论的字和被忽略的字，做了校正也取得了一些新的认识，现在把这一工作的心得写出来提供给同仁，望指正。

元宝坑字砖

1. 丁掾次豪致独，曹侯艾孝　元　19

作此大辟者丁次豪故核元　59

七月二日张次骟所作辟元　79

“次”字，李、田、殷、沈四家均释为“永”字，错。次字从二、从欠、与汉《熹平石经·尚书》次字相同，不该释为永字。汉代以次为名的人很多，在《汉印文字证》里，就收有“左次儒”“郭次宾”“赵次公”等印。还有元 79 号字砖“张次骄”以次为名，可能与排行有关。

“艾”字，李、田、殷，三家都释为“女”字。字砖虽断裂，但艾字笔划清晰，字作艾，不作女；与汉《曹全碑》的艾字写法相同。把艾释为女，以为是曹侯的女儿，并拿来立论，致使一字之差，谬之千里。又把从犬的独字解释为用鱼鳖杈“杈刺曹侯女孝”，更令人费解。其实，这块字砖是诅咒监工头丁次豪和嘲笑墓主人曹侯的。丁掾是曹侯生前翼辅其旁的属官，建墓时的监工头，为曹侯作壁又亲自核收砖的数量和工程进度，由于监工严厉，引起做砖工人的诅咒，骂他是独夫民贼，断子绝孙。“致独”，致是极致。独，《说文》：“犬相得而斗也，从犬蜀声，羊为群，犬为独。”《周礼·大司寇·注》：“无子孙曰独，与人异又自专，不与民同欲，皆可曰独”。

“艾”字，古多借为乂字，或从刀作刈。《资治通鉴卅四·哀帝建平四年》：“黄门郎杨雄上书谏曰：艾朝鲜之旃，拔两越之旗。”师古《注》：“艾读曰刈，刈，绝也。”字砖骂曹侯刈孝，骂曹腾是太监头子，生不了后代，“不孝有三，无后为大”，所以曹侯是个大不孝的人。“致独”“刈孝”都是咒骂统治者的恶毒言语，从字砖里我们可以看到当时的劳动人民对统治者的怨恨。

故核，殷释故校，字作核不作校，释“校”错。故，《说文》：“使为之也。”核，“究其实也”。元 79 字砖是说丁次豪对辟（坯）已经查讫。

2. 有佞人以时盟不　元　74

佞人，李、田释为“倭人”，殷先释为“壁人”，后改释为“佞人”，沈释为“佞人”。字砖佞，作佞，不是从人从委的倭字，因为委字上部是禾，有叶有穗有杆，禾字断不可省去禾杆。其实字砖佞字二横下的左右撇，是隶书女字上半因横笔所致的断笔，绝非禾字的叶片。沈、殷释为佞人确切。《抱朴子外篇·行品》：“虽言巧而行违，实履濁而假清者，佞人也”。字砖 74 指的当是这种人。

3. 王复、汝使我作此大壁、径冤我，人不知也，但持汝属，仓天乃埊，当搏　元　32

“我”字，李、田、沈释为“瓗”，指制玉工人错。殷释为我，正确；“持”字，李、田释为“搏”；“搏”字，李、田释为“亩”；殷释为“车若”。

“我”字，汉隶的写法很多，如汉《衡方碑》《张迁碑》所写的我字可以任意增加笔划，字砖左边从两土，右从双戈，当释为我字。

“持”字，字砖从手从寺，与《梁相孔耽神祠碑》“持”字相同，不能释为“搏”字。“俓”字即径字，此指王复径情任意直截了当地冤枉好人，“但持汝属”即持人质、要挟对方，汝属指迫害他的那类人，“死”字加土虽可解释为埊，在这里释为死字比较妥当。

“搏”字，殷释为“车若”，田释为“亩”，字砖，上从甫，下从寸旁加二点，甫下两只手应是搏字，古代捕字作搏，今捕行搏废；《说文》：“搏、索持也，从手甫声。”又磔《周礼·掌戮》：“掌斩杀贼谍而搏之”。磔，车裂也，《荀子·宥坐》：“伍子胥不磔姑苏东门外乎。”如将搏字当磔解，与殷释“当车若”意思不谋而合。

4. 岁不得陼，人谓壁作乐，作壁正独苦。欲来欲行壁，反是怨皇天。壁长契。元　30

这是东汉末年制砖工人的一首五言诗，十分珍贵。“岁不得睹”，殷释“得”为“须”字，错，释陼为“陼”正确。陼（渚）是水中的小洲，在此假为睹字。《说文》：“睹，见也，从目、者声。”“岁不得睹”，谓一年内没有见到家人。这是该诗的篇题。

“欲”字、李、田、殷、沈均释为“卻”字，这同释丁次豪为丁永豪例相同，没有把右边的“欠”字读懂，字砖欲与汉碑写法相同，字是从谷从欠的欲字，不是从谷从卩的“卻”字。欲是想要，希望的意思。

“反”字，殷释为“反”，李释为“歹”，这与释“长安左丞反治”元27一样，李释为“歹治”、田释“及治”，没有把隶书的反与歹分清楚，歹字中的一点是不会拉成一撇的。

“怨”字，李释为“怒”，沈释为“怨”，字砖“怨”字右上从已，左上从变形夕不从女，汉隶或从歹、从夕，释怨不误。

这是一位自称“壁长”的工头，一年多没有见到家人，在砖上随手写下了这首哀怨的五言诗，“岁不得睹”。诗中写道：有人说干壁作这一行的人很快乐，哪里知道我们的孤独与苦闷，为了家人的生活，来做苦力，实在受不了啦又想回去，进退两难啊！我只能怨老天爷你不长眼！这是一首真正的劳动人民发自肺腑的诗，可惜没有留下姓名。

5. 曹直　元　18

“直”字，李释“画”，不确。字砖直，与汉《乙瑛碑》，李翕《西狭颂碑》：直字同，应释为“直”，字砖仅有二字，与曹操之子曹植是否为同一个人，不得而知。如字砖写的就是植，就太珍贵了。

6. 沽酒各半咎　元　36

黄杼一枚咎　董　27

“咎”字，李释为“各”。字砖作咎，与《隶辩》咎同，应为咎字。《说文》：“咎，灾也，从人从各，各者，相违也。”《段注》：“天火曰灾，引伸之，凡失意自天而至曰灾。”又咎，病也，罪过也，殃也。

“杼”字，李释为“枒（椰）”，字砖从木从手很清楚，应为杼字。《说文》杼，械也，从木手。手亦声，段《注》：“械，当作梏。字从木手，则为手械无疑也。”《广雅》：“杼谓之梏，杼、杻古今字。”韦昭曰“两手共一木曰拲，两手各一木曰梏”。

7. 佴郎　元　45

“佴”字，李、田释为“倪郎”，字砖作佴，从人耳，应释为佴，音耐，姓也。

8. 壁不知谷何　元　52

“谷何”，李无释。字砖谷何，谷字与元30“欲来欲行”左边的“谷”同，应释为五穀的谷字。

9. 口郡太守谯曹冯　元　20

“冯”字，田、殷、李释为“鸾”，并疑为“永昌郡（今云南省保山县）太守曹鸾”。字砖从马，不从鸟，是冯字无疑。

10. 沛相孟郁字敬达　元　25

“孟”字，李释“盉”，田、殷释“孟”。字砖作孟与汉《石门颂》孟字同。汉永康元年《孟郁修尧庙碑》的沛相孟郁与此砖沛相孟郁当为一人。

11. 谯令中山卢奴尉敦亨勳　元　26

“勳”字，李、田释为“敷”字，此字与元17山阳太守曹勳的勳字写法相同，也应释为勳字。

12. 夏侯君　元　28

“君”字，李、田释为“右”，殷释为“君”，字作君，应是君字非右字。

13. 牛头也曹首　元　21

“首”字，李、殷释为“君”，字作首，非君字。

14. 吾本自平原自姓为张　元　29

“姓”字，李释为“始”；自字，田释为“身”，字砖作“自”；姓字与《孟郁修尧庙碑》姓字相同，应为姓字无疑。

15. 叙叹之，高世威：德之棠：为汉所炽元　40

田在《读曹操宗族墓砖刻辞》文章内，把此砖读为“叙叹之高世感德之棠棠为汉所炽”。后在《读（看法）有感》一文中改为今释。殷读作“叙叹高世，威德之棠棠，为汉所帜”。把威字重复号忽略了，又把炽释为帜，假作识，致使句读错误。

16. 掩辛间，五内若伤，何所感起　元　39

“辛”字，田将辛假为“心”，不确。辛、悲痛也。《说文》：“秋时万物成而熟，金刚味辛，辛痛即泣出”。“掩辛间”指掩面垂涕哭泣，五脏都感到伤痛。

17. 具月其月半　元　77

“具”字，李释为“真”，半字未识。字砖作具，与汉《朝敕碑》具同，应释为具，半字，多加四点，仍应释为半字。

18. 长乐为保温润　元　40

长乐，草书，李释“辰象”，沈释“长乐”正确。

19. 赞费亭侯曹忠字世高　元　36

“赞”字，李释为“賛”，殷释为“供”，沈释为“赞”，李、沈均正确。魏《穆亮墓志》作賛，《齐郡王妃常氏墓志》作賛，与字砖字形类似，应释为赞。

20. 会稽曹君天年不幸丧躯　元　46

“天年”，殷释为“元年”，错。天年为人的自然的年寿，《史记·范睢蔡泽列传》中“终其天年，而不夭伤”可为反证。

21. ……太守沛国……旦坚　元　23

“旦”字，李释·“巨”，殷释“旦”。字作旦，释旦确。

22. 稽留土……在君……元　8

“在”字，李、田、释“左”，错。字作“在”与魏《刘洛真造象》在的写法同，应释为在。

23. 毛雹作大好康当　元　37

毛雹可作也，元49雹字，李、田释为“雸”，殷释为“雹”，雹字可备一说。

董园字砖

1. 一日持书平安。世何等言兮，大兄临无可食　元　33

“言兮”，李、田释为“三口千”，大兄释为“君”；殷释此字砖为“自砖出之安，卅何等看，子大宅口无可食”。字砖“世”字，与汉《李翊夫人碑》世字同，应为世字。“言”，字砖，与《汉印文字证》里庄尊信仰的言字所从月言写法同，应为言字。兮作丫与汉《郙客颂》兮字同，兄字与齐《张龙伯造象记》兄的写法近似，应释为兄字；释“君”释“大宅口”均错。

2. 吾家殊忘之，今有少所大漯，自知久而还　董　30

“殊忘之”，李、田释为“夫忌之”，殷释“夫忘之”，沈释“殊忘之”。字砖作殊，左边“歹”旁抬高且清晰，被诸家忽视，右边“朱”字中间一笔被泥糊住没到底，第二横笔又不连贯，被看成“失”字或“夫”字，并被错解成妇女也被征召来劳作。沈释为“殊忘”正确，殊，绝也。

“少所”，李、田释为“少西”，殷释“少为”、沈释为“少所”，即所到之地的住所。沈释正确。

大漯，李、田释为“漯”，殷释为“缧”，沈和赵超先生释为“濕”。《集韵》“亦作漯”。漯《说文》作濕或省作漯，后以湿为乾溼之湿，今简化作湿。赵认为字砖“叙述天气潮湿、道路泥泞，不得还家”。但天阴如何作砖坯并在砖上划字？其实汉代吏治太急，口语叫束湿。《前汉·酷吏传》“急如束湿”，《注》“言其急之甚也，湿物则易束”。“大湿”可能就是指“束湿”。字砖是说“到少所，工程紧迫，短时间难得还家”。

“久勿还，沈释“身勿远”，殷释“久而勿还”，字砖还字与伪周《边惠墓志》“还”同，应释为还，沈、殷把还字上部的“四”搬了家，当作“勿”字，因此释文出错。

3. 嫌道漯邪、张今绪翕当若然　董　31

“漯邪”，李、田释“漯耶”、殷释“漯（缧）躯”，邪字，与齐《法勤禅师塔铭》邪同，此字应为邪，不是“耶”，更不是“躯”字。

“若然”，李释为“茗然”。“若”字又与齐《比丘惠瑍造象》若类似。与茗或名相差甚远，应释为“若然”。

“嫌道溧邪”，嫌有怨恨，憎恶之义，道，“人所行故谓之道”，邪，“反正为邪”，凡物不从其道之则邪也，湿，《扬子方言》：湿，谓之忧也，宋卫谓之慎或曙，陈楚或曰湿、或曰济，自关而西秦晋之间，凡志而不得，欲而不获，高而有坠，得而中亡谓之湿或谓之惄。

“翕”字，《说文》：“起也”。翕翕有失意不满貌。此字砖是怨恨世道邪恶，使有志者不得；有欲者不获，张今绪合当如此作苦工！

4. 翟掾景兴侍者勤苦暑热，岂知沽息。稨平享　董　35

“翟掾”，李、田、殷皆释为“置掾”，字砖从羽不从四，应释为，“翟掾景兴”与元19“丁掾次豪”称谓相同，前为姓，次为职，后为名。掾《汉官音义》：“正曰掾、副曰属”。例如董5-4“属昨自语”。这些掾、属都是为曹侯造壁的监工小吏。赵超先生说：“据汉代称谓来看，不见有姓名加上取名又加称谓的体例，仅见有姓名连称的例证，砖铭掾字只能是人名而非职名。”这个结论似可商榷。

“沽息”，沽《广韵》：“音顾，义同。”息《说文》：“喘也。”《增韵》：“一呼一吸为一息。”字砖“侍者勤苦暑热，岂知沽息”，是说“我这个左右听使唤的人，天气再酷热，劳作再勤苦，也顾不得喘气休息”。当然“沽息”也可作“姑息”解，《礼·檀弓》：“小人之爱人也，以姑息。”《注》：“息，犹安也，言苟且取安也。”

稨格，李释为“稿秙”，殷释为“稒”并解作“榈格”，“指禾草棚檐下的乱草堆”。其实头一个字应释为稨，音边，篱笆上的豆类，涸，禾属，似黍而小，两种都是粗而糙的食物，平亯即平享，这句是说翟景兴和大伙吃着同样粗糙的食物。

5. 东部督王炽字元异　董　5

别加从事王左叩头死　董　5-2

属昨自语，言私心不白，别有区哀，何相将，当有苦　董　5-4

留相焰我劳，将损名　董　5-3

5号字砖四面划有文字。5-1文字可以单独成立，5-2、5-3、5-4文字可以连贯。别驾从事是州部佐吏，是属吏之长，总管幕府的主要属官。“别驾从事从刺史行部，别乘传车，故谓之别驾”，因处于副手地位，秩虽百石，职权却重。

叩头死或叩头死罪敢言之，这是汉代下级向上级行文的习惯用语。

“属昨自语”，王左是谯郡太守的部属，故自称为属。王左以行文公式抒发自己的苦闷情绪和对同僚的不满。昨自语，昨天自己跟自己说。

“言私心不白别有区哀”。李释少一“言”字。“私心不白”，私人的心事无法对人表白，“别有区哀”我心中隐藏着哀伤。

“何相将，当有苦”，苦字李释为“廿”，细看拓片，字从草头，下有一横，当是苦字未写完（因字已到砖的边缘）。《集韵》“忧也”。“何相将”，通艰。为何艰难哀伤和忧愁都跟随我搅和在一起，“当有苦”给我带来痛苦。

“留相焰我劳，将损名”，留字不清，随李释为“留”，留相可能是王左同僚，“焰我”，李解为“陷我”，殷释“炤我”。其实焰亦作炎，《前汉·五行志》：“人之所忌，其气炎以取之。”《蔡邕·释诲》：“炤烟炎之毁熸”。同僚气焰嚣张，使王左落了个修墓的劳苦差事。“将损名”李释“损死”，殷释“损腐”字砖作名很清晰。拿气焰压我的人，将来也不会得到好名声。

6. 咄戍（哦）王左甚不董 8 唯念王左及朱　董　7

王左死奴复死苛　董　60

咄戍（哦），李释为“戈”，错。咄，呵也，哦（shu）《玉篇》“吹口貌”。《广韵》：“口呜咄哦！”惊怪声。

“王左甚不”，不通否，《集韵》：“否通作不，恶也”。《正韵》：“否，秽也。”这是制砖工人骂王左是恶人，是污秽的小人。

“唯念王左及朱”，朱是殊字的假借。《说文》：“殊，死也。”我只想叫王左早点死！

“王左死，奴复死苛”！奴通侬，即指第一人称“我”。王左死，我跟着你死！这种咒骂统治者的口气跟上古时夏桀无道，老百姓骂他：“时日曷丧，予及汝皆亡！”一脉相承。苛，音呵，怒急发出的呵责声。

作为别驾从事的王左受同僚一肚子气来为曹侯墓地当监工，为了发泄转移其不满情绪，必然对做工的人倍加严厉狠毒，而他得到的只能是比同僚丁次豪得到的更多的咒骂。

7. 二两弭　　董　37

当今备两　　扫四方　董　11

二砖的“两”字，李释为“繭”字。字砖作两，与汉《郙阁颂》的两和《汉晋西陲木简汇编》“奉前桔梗八两”的两字写法完全相同，应释为两字。“弭，惰”李释为“躬惰”。字砖弭，左边从耳不从身，应释为弭。《广韵》：“弭，息也。”《玉篇》：“止也，安也。”《集韵》：“音育，心动也。”“二两”不知作何解，“弭惰”，制止冲动，安下心来。

8. 酸醶五斗配酖　董　28

“斗”字，李释为“升”，字作斗，应是斗字，升横笔出头为升。酸醶，酢也，即今日的醋。酖贪于酒。

9. 尧饮枚千钟　董　24

“枚”字字体与“尧饮千钟”不一，好像是另一人先写的。千钟百觚，尧舜之饮也，《孔丛子·儒服》：“平原君与子高饮，强子高酒曰：‘昔有遗谚：尧舜千钟，孔子百觚，子路嗑嗑，尚饮十榼’。”。孔融与曹操书：“尧不千钟无以建天下”。可见这句谚语流传之广。

10. 枝木攴　董　55

李释为歹，字作攴，攴即扑字，小击也，与卜字通。枚卜，是一种不告所卜何事的泛卜。

11. 沐疾　董　50

“沐”字，李释为“沭”，沐姓，汉有陈郡太守沐宠。

12. 缪婴公侍　董　61

“侍”字，李释为“侯”，字作“侍”，应释为侍。

13. 当起送无有想　董　26

“想”字，李释为“朽”，字作想，应释为想。

14. 日夙旦休干负　董　25

“旦”字，李释为“且”，字作旦，应为旦字，夙旦，指天明、早晨，后一字，应释为负字，但句子的意义搞不明白。

还有董园32和34号字砖，字都在20字以内，很重要，但拓片不清，无法校正了。

（与韩朝合作，原载安徽省《文物研究》2005年14辑）

记新见淮南王刘安浚遒虎符

浚遒虎符新见于阜阳市某收藏家之手，未见前人著录，试作考证如下：

此符仅存左半，通长 9 厘米，高 3 厘米，厚处 1.2 厘米，重 78 克，铜质，形如伏虎，尾上曲。铭文错金，自虎中脊向左下横排四行，书 40 字，文曰：

甲兵之符，右才王，左才浚道，凡兴士被甲，用兵五十人以上，必会王符，乃敢行之，燔燧事，虽毋会符，行殹。(图一)

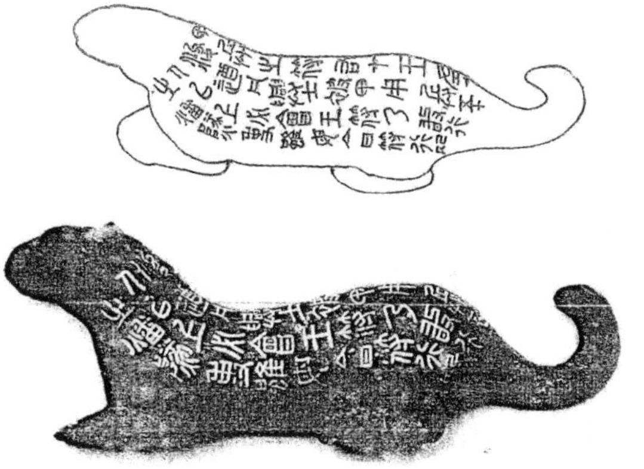

图一　汉浚遒虎符

汉高帝四年（前 203）元月封英布为淮南王，十一年（前 196）英布反，受诛。十月，立少子刘长为淮南王。淮南国辖县十五，浚遒县是其一县，为汉初高祖所置，故址在今安徽省肥东县东 20 里的龙城。因此浚遒虎符上限年代不能逾汉初，下限不能越过武帝元狩元年，淮南国除为九江郡时。此符当为淮南王刘长或刘安的谋反遗物。

一、两代淮南王的谋反情结

《史记·淮南衡山列传》载，两代淮南王都有失母失父之痛，以及怨恨朝廷的反叛情结。刘长出生后失母，常附吕后。孝惠、吕后当政时，以故得幸无患害，而常心怨辟阳侯审食其，弗敢发。刘长 4 岁被立为淮南王。

到了孝文帝初即位，长自以为高皇帝少子，骄蹇不奉法，在京城私自椎杀了辟阳侯。刘长，力能扛鼎，但少年气盛，没有权谋，虽也招降纳叛，阴聚徒党谋反，但时间很短，阴谋败露，身死异地，最终落了个“暴慢无亲”的厉王谥号。

第二代淮南王刘安，生于汉文帝前元元年（前179），8岁时被封为阜陵侯，前元16年，刘安16岁，由阜陵侯改立为淮南王。武帝元狩元年（前122年）谋反事露，自刎身亡。刘安在他57年的生涯中，有三个情结始终未能解开：

1. 刘“父刘长的发配饿死”，“时时怨望之，欲叛逆未有因”。景帝前元三年（前154）吴楚七国反叛，刘安曾准备发兵响应。因淮南相亲汉，“汉使、曲城侯，将兵救淮南，淮南国以故得完”。

2. 武帝元朔五年（前124），淮南王太子迁因迫害郎中雷被，武帝下诏廷尉及河南郡，共治此案，王及王后又欲发兵反，后因武帝宽悯，赦免了王罪，仅下诏削了封地二县，刘安不思悔悟，反自伤道：“吾行仁义，见削，甚耻之。”“其为反谋益甚。”

3. 时常探听长安动静，“长安来人妄言皇上无男，汉不治，即喜，言汉廷治，有男，王怒，以为妄言。”几乎成了神经官能症患者。又尝与伍被，左吴等谋士曰：“上无太子，宫车即晏驾……诸侯并争，吾可以无备乎？且吾高祖孙，亲行仁义，陛下（武帝）遇我厚，吾能忍之，万世之后，吾宁能北面事竖子乎！”俗说长门孙子末门爷，爷辈怎能北面侍奉孙子辈的皇帝呢？

三个解不开的情结，驱使自称“亲行仁义”的刘安不能“遵蕃臣职，以承辅天子，而专挟邪僻之计，谋为叛逆”。

二、谁是“浚遒虎符”的铸造者

汉文帝前元三年（前181），刘长18岁，入朝椎杀了辟阳侯，为其母报了仇。文帝前元六年，刘长21岁，因谋反暴露，被发配蜀郡严道邛邮（今四川荥经县），半途因绝食饿死于岐州雍县（今陕西风翔县西南）槛内。刘长生前在其封国内，虽敢于“废先帝法，不听天子诏，居处无度，为黄屋盖乘舆，出入拟于天子，擅为法令。不用汉法”，俨然为一独立王国，但是刘长令男子但70人与棘蒲侯柴武太子奇谋，以辇车40乘反谷口，令人使闽越，匈奴。都在文帝前元六年，谋反的地点不在淮南国境内，时间又很短，朝廷发觉得又及时，况且刘长拉的队伍不雄厚，仓促之间，还没有必要铸造调兵遣将的兵符。

二代淮南王刘安在位 42 年，漫长的岁月，给了他足够的谋反准备时间。他可以在封地内广结宾客，收留逃亡人员，蓄积兵器，伺机行动。刘安好读书，不喜弋猎、狗马、驰骋，却养士数千人，高才者八人，如伍被、左吴等，号曰八公。刘安让他们著书立说，广造舆论，"欲以行阴德，拊循百姓，流誉天下"。最奇的是刘安利用有口辩之才的女儿刘陵做间谍，派到长安，广交皇上左右大员，以观朝廷的举止动静。更可笑的是太子迁娶了王皇太后外孙修成君的女儿为妃，刘安怕谋反的阴谋被儿媳知道泄露出去，竟和太子迁密谋，令迁"诈伪不爱，三月不与妃子同席"，让她守活寡，折磨得妃子住回娘家。

刘安最后还是败在儿孙们的手上。安有长子不害，王不喜欢他，王后也不把他当儿子看待，太子迁也不把这位长兄看在眼里。可是不害有子建，高才而负气，怨恨太子迁不把自己的父亲视为兄长，又怨恨淮南王只有两个儿子，迁做了太子，自己的父亲连个侯位也没得到，因此暗中与各方结交，告发太子迁，好让父亲取代太子位。太子迁知道这一情况后，屡次把刘建关起来毒打，建清楚太子以前谋刺中尉殷宏的事，就让跟自己私交很好的寿春庄芷，在武帝元朔六年（前 123 年），上书于天子曰："今淮南王孙建，才能高，淮南王后荼，太子迁常疾害建，建父不害无罪，擅数捕系，欲杀之，今建在，可证问，具知淮南阴事。"武帝见书，将此事下廷尉，廷尉下河南郡审理，此时辟阳侯之孙审卿与丞相公孙弘相友善，对当年淮南厉王椎杀自己的祖父怀恨于心，于是在公孙弘面前加意撺掇，弘因此怀疑淮南王有叛逆的计谋，便深加穷治此案。河南郡审讯建，建供词牵涉淮南王太子及其党羽，刘安为此非常忧愁，意欲发动叛乱，让谋士伍被献计。伍被说："当今诸侯没有异心，百姓没有怨气，朔方之地，田地广大，水草肥美，从别处迁去的人不多，不足以充满其地，臣愚计是假造一通丞相和御史的奏请之书，建议凡郡国的豪杰任侠及半髡以上之罪者，赦免其罪，家产达五十万以上的都强迫其家属迁徙到那里，并且多派军队，去催促他们赶快集合起程，再假造右司空，都司空，上林中都官的诏狱书，将诸侯的太子及用事之臣加以收捕，如此民怨沸腾，诸侯恐惧，然后使辩士游说他们，或者可以侥幸有十分之一的机会。""于是淮南王乃令官奴入王宫、造皇帝印玺、丞相、御史，大将军，军吏中二千石，都官令、丞的印章及近旁都郡的太守、都尉印章，还有汉使节的法冠，打算照伍被的计策行事。"

"廷尉奏闻天子"，"王孙建供辞牵连到淮南王太子迁"。"武帝乃遣廷尉监逮捕太子……太子刎颈自杀未遂。伍被却自动向吏告发自己与淮南王谋反之事”。“官吏于是逮捕了太子和王后，包围王宫，悉数逮捕留在淮南参与谋反的宾客，并搜索到谋反的证据，报告了皇上。……赵王彭祖，列侯臣让等43人遵诏议决。淮南王安甚大逆无道，谋反明白，当伏诛”。胶西王臣端议曰：“淮南王安废法行邪，怀诈伪心，以乱天下，荧惑百姓，背叛宗庙，妄作妖言，《春秋》曰：‘臣无将，将而诛。’安罪重于将，谋反形已定。臣端所见其书节、印图及他逆无道的证据，确凿明白，其大逆无道当伏其法。”“武帝乃使宗正刘弃带了符节去治王之罪，弃还未到淮南，刘安便畏罪自刎而死。淮南国除，为九江郡。”

淮南王刘安谋反，铸造了皇帝玺印以及中央的御史、大将军、军吏、都官令、丞印，还有旁近郡太守、都尉印。淮南国属县浚遒虎符的发现，当是胶西王刘端查抄刘安叛逆“书节印图”证据时，未被发现的实物之一。

三、“秦新郪虎符”质疑

20世纪20年代，罗振玉先生得新郪虎符影本，并临摹寄国学大师王国维先生，先生作《秦新郪虎符跋》，收录于《观堂集林》卷18，跋文不长，抄录于后：“新郪虎符文四行，错金书云：甲兵之符，右在王，左在新郪，凡兴士被甲，用兵五十人以上，必会王符乃敢行之，燔燧事，虽无会符，行殹。（图二）其文甲，兵，在字的写法与秦阳陵符同，凡字与散氏盘同，敢字与诅楚文同，余字皆同小篆，余谓此秦符也。”

图二　汉新郪虎符

新郪本魏地，魏策苏秦说魏王：“大王之国，南有许鄢、昆阳、邵陵、舞阳，新郪。”至安厘王时尚为魏有，《史记·魏世家》：“安厘王十一年，秦拔我郪丘。”应劭以为即新郪，然郪丘，秦本纪作邢丘，六国表作廪丘，秦本记言，是年攻魏取邢丘、怀，邢丘与怀二地相接，自当以邢丘为长，其后公子无忌说魏王云，秦叶阳、昆阳与舞阳邻，是彼时叶阳，昆阳属秦，舞阳属魏，新郪在舞阳之东，其中间又隔以楚之陈邑，时楚正都陈，秦不能越魏楚地而东取新郪明矣，至昭王五十四年，楚徙钜阳，始皇五年徙寿春，新郪入秦当在此前后，然则此符当为秦并天下二三十年间物也。”

王国维先生在跋文里对魏国失去新郪的时间所作推论是精确的。但是解决新郪虎符制造年代的关键是新郪城邑的建置年代，建置年代解决了，新郪虎符的年代自然就明确了。

现对郪丘和新郪提出个人的看法：

郪丘，最早见于《左传·文公十六年》：“公子遂及齐侯盟于郪丘。”这个郪丘是春秋齐地，在今山东东阿县境，与我们讨论的郪丘无关。

郪丘又见于《史记·魏世家》：魏安釐王十一年，“秦拔我郪丘”。这是司马迁用魏人记录的史实直录在《史记》里的。师古注《汉书·高帝纪》“攻三日拔之”，曰“拔者，破城邑而取之，言若拔树木，并得其根本也”。“秦拔郪丘”很可能彻底毁灭了这座城。后来有人认为这条记载与《战国策》里的新郪有矛盾，所以徐广在《集解》里说“郪丘一作廪丘（今山东郓城县），又作邢丘（今河南温县东北）”。《水经注·颍水·细水》说：“细水，东迳新阳县故城北，又东南迳宋公县（即新郪）故城北，县，郪丘者也，秦伐魏取郪丘，谓是邑也”，其实郪丘在新郪故城的细水下游，不在一处。

《诗经·周南·葛覃》“维叶萋萋”，萋与郪音同，义同。《玉篇》：“萋，草盛貌。”郪丘原指长满野草的土丘，在今太和县北60华里的倪丘镇，茨河（古名细水）故道岸东有一高大的土丘，即古之郪丘，经考古调查，这里是原始社会至商周的遗址。至今镇政府还建在土丘上，院内有“锄楼望月”古建筑，以纪念西汉武帝时御史大夫倪宽少年时在此耕读的事迹，传说倪宽死后归葬此地，后世郪丘改称倪丘集，俗呼谷堆集，郪丘之名随之不彰。

新郪：《汉书·地理志》说，“汝南郡，新郪县，应劭曰：‘秦伐魏取郪丘，汉兴为新郪’，东汉章帝封殷代后人于此，更名为宋。”故址在今太和县赵庙镇城坑子村，位于茨河南岸，东距下游的郪丘（今倪丘）遗址仅10华里。显然，西汉高帝时在郪丘故址附近十华里处重新建置了一座新城，取名为新郪县，隶属于淮阳郡管理。

但新郪一名为什么会出现在《战国策·魏一》里呢？《苏子为赵合纵说魏王章》“大王之地南有鸿沟、陈、汝南、有许、鄢、昆阳、邵陵、舞阳、新郪”，在《史记·苏秦列传》里引用这一段时，在召陵舞阳之后又多了新都。《索隐》《地理志》：“召陵，新郪属汝南，按新郪即郪丘，章帝以封殷后于宋。新都属南阳，按《战国策》直云新郪无新都二字。”按照这个说法，是否可以设想《战国策》里出现新郪，是因为错简把“新都、郪丘”各夺了后面的一个字，合成了新郪地名，到了西汉初年郪丘旁边又建置了新郪县，更让人分不清先后，认为魏国已出现了新郪。缪文远先生在所著《战国策考辨》一书中，对“苏子为赵合纵说魏王章”，说“此策乃策士依托之拟作。非信史也”，诚可信也，还是应劭说的“汉兴为新郪”是正确的。

今天我们见到的浚遒虎符，与新郪虎符形制、大小、文字风格与字数，除地名不同外，其余都是一模一样的，是为同时代的兵符无疑。新郪属淮阳郡，不属淮南国管辖。新郪距寿春300多华里，刘安谋反时，这里也当是淮南国的军事范围，刘安令官奴做玺印，及旁近郡太守都做了，新郪近在淮南国的西北方，也是刘安谋反的笼络对象，为调新郪县的兵丁，造此虎符也是情理中事。

图三　秦杜虎符

刘长、刘安两代淮南王都有反汉情结（长子衡山王赐也因谋反国除，另一个儿子济北王刘勃没有谋反，但到了刘勃孙子刘宽，又因谋反自杀国除）。从这里看刘长谋反的基因是一脉相承的。因此“擅为法令，不用汉法”，处处与朝廷唱反调，是他们的人生趣味之所在。所以浚遒、新郪虎符的文字，来自秦书八体大篆、小篆、刻符、虫书、摹印、署书、殳书、隶书中的刻符字体来铸造的，更值得注意的是文字形体与结构（图三），与1973年西安市郊山门口村发现的秦惠王称君时铸造的杜虎符非常相似，除了称君称王和地名不同外，字数也限于40字。只是杜符文字为竖排，九行，而浚遒、新郪符为横排四行，字体、字数显然是按秦法仿制的。不过杜虎符虎形昂首挺进，雄劲有力；而浚遒、新郪两符虎形小瘦，作伏地状，体态卑猥，状如病猫，没有皇家的大气度。从浚遒、新郪两符的造型上，也可以窥视到刘安谋反时的优柔寡断、裹足不前的文弱心态。

通过以上的分析和认识，我们发现新郪虎符和这件浚遒虎符不是秦国的兵符，也不可能是秦并天下二三十年间物。它们应是西汉武帝元狩年之前，刘安谋反时的调兵虎符。年代由秦下降到西汉武帝时，令人惋惜，但从历史意义上来说，淮南王谋反是西汉发生的一件大事，这两件虎符，是西汉朝廷查抄未尽的谋反物证。据说新郪虎符已流失到法国巴黎，浚遒虎符虽仅存其半，但也算得上弥足珍贵的文物了。

2007年3月23日

（原载《志鉴》2008年1期）

颍州开元寺初考

佛教自东汉以后传入今阜阳地区，几经兴衰，遍播城乡，境内历代都有一些著名的寺院，开元寺即为其中之一。由于历史上种种原因，颍州开元寺早已遗址无存，所幸清道光《阜阳县志》录有该寺钟铭，而该钟现存寿县博物馆内。

2009 年 9 月，去淮南市参加楚文化研究会第十一次年会，16 日组织与会人员去寿县博物馆参观，在其陈列大厅内，再次见到南唐长兴三年铸造的颍州开元寺大钟。此钟已成为寿县博物馆的镇馆之宝，也是阜阳人最为关注的乡土文物，我诚请寿县考古老前辈涂书田先生的女婿，现在博物馆工作的任经荣同志，帮我拓下钟铭拓片。等我回阜后又得到小任寄来铜钟照片和铭文精拓，还有他的初步释文。这件铜钟铭，经与刘奕云同志，共同用了数月时间，逐字校释，并以拓片校正了道光《阜阳县志·艺文志》所录《大唐颍州开元寺新钟铭》中有六个错释字，七个未释字：郡错为州，追错为迫，牙错为身，辰错为晨，玉错为土，冶错为治，鞴、累、迹、仙、蒲、牢、吼七字无释。

现谨对颍州开元寺的兴废、寺内雕塑在佛教艺术史上的崇高价值、开元寺遗址等问题，试作初步考证。

一、颍州开元寺的兴废

颍州开元寺是由古寺更名而来的，古寺不知建于何代，五代时称罗汉寺。据清乾隆《颍州府志·人物志·仙释》：“颍州罗汉寺匡果禅师，参云门文偃禅师，悟心地法门，于乾和七年（949）趺坐逝。”唐载初元年（690），沙门法明等十人献《大云经》，为武则天称帝代唐造舆论。九月，武则天即帝位，改唐为周，令两京（长安与洛阳）及天下诸州，各置大云寺一所，供藏经讲经。当时不仅颍州等内地各州全得建大云寺，就连大周西部疏勒、安西、碎叶城（今吉尔吉斯斯坦共和国托克马克市）等地均建有大云寺。颍州即将罗汉寺修缮改建为大云寺。

唐开元二十六年（738），玄宗“敕天下佛寺皆名开元”，于是颍州大云寺改名开元寺。全国现存的开元寺近十处，如泉州、潮州、福州、邢台、柳州、江都、宣州、正定、石家庄等地开元寺。这些敕封的开元寺，大多是在大周以前所建寺庙的基础上，于开元二十六年改名为“开元”的，如福州开元寺是在南朝梁太清三年建成的寺庙，改为福州开元寺，原寺已毁，1979年又在原址上重修。正定开元寺，始建于东魏兴和二年，隋开皇十年改名解慧寺，唐开元二十六年改为正定开元寺。

有唐一代是佛教兴盛时期，颍州开元寺也会演绎出不少令人向往的故事，可惜都随着岁月的流逝，而消亡了。根据长兴三年（932年）钟铭，唐代末年“兵革肆凌”，颍州开元寺虽“未动劫火之灾”，寺庙破旧，但建筑格局尚在，只是庙内的器具，尤以铜铁战略物资损失殆尽，才有头陀可询动了铸铜钟的宏愿。时逢五代，后唐的李嗣源在位，他虽无多深的学识，但他生情纯厚，颇知勤政爱民，是五代十三个皇帝中比较忠厚的君主。他在长兴三年下令雕印了《九经》，成为当时文化上的一件大事。加之颍州地方长官张廷蕴，虽是武人出身，大字不识几个，但他平生重视文人，为政十分清廉，在他的推动下，并得到后唐明宗李嗣源的敕允，铸成了颍州开元寺五千斤大铜钟，并留传至今。

据宋代初年文学家张邴《颍州开元寺地藏院新修罗汉功德堂记》记载，宋初赵匡胤乾德三年（965）开始在颍州开元寺地藏院内新建罗汉功德堂一座，请京师（汴梁），庄塑大师庄塑一堂罗汉像，使颍州开元寺一跃成为全国寺庙雕塑史上的又一高峰。

另据南宋初年参加过顺昌战斗的杨汝翼在《顺昌战胜破贼录》中载：刘锜于绍兴十年（1140）三月十八日坐船离临安行2200里的路程到达颍上，舍舟陆行，与属官将佐先抵顺昌城下，五月十五日太守陈规，倅汪若海等，门首迎迓，“馆太尉（刘锜）于罗汉院”。

五月十七日“选锋，游奕两军并老弱辎重舟船九百余只相去尚远，遣骑追逐，至四更后方遂入城”。五月十八日，虏骑入陈州“阖城惶恐，罔知所措，而马军缘寨栅未定，遂以罗汉院驻左军，普寺驻右军，前军驻旧衙，后军驻毗卢院，中军驻台头寺，而太尉迁维摩院，即欧阳文忠公之故居也，皆在子城外，与府治及民家两不相干”。

顺昌之战前宋军为了不扰民，驻防均在子城外的寺庙内。这说明南宋绍兴十年，宋金顺昌大战时开元寺的建筑还在，并为2万军士提供过住所。

金大定二十一年（1181），颍州防（金置防御使司，掌管民政，兼防不虞，御制盗贼）郭能仁在查验战备物资时，在开元寺钟上加刻“寺岗字号”（第48号）铭文。说明此钟与开元寺在金大定年间均存在，同时也说明在颍州防的辖区内寺庙及钟的数量甚多。自金代以后不见开元寺信息，这是因为开元寺古名罗汉寺，宋初又在该寺地藏院专建了罗汉堂，一则菩萨罗汉总数达四十多躯，二则是请京师庄塑名家塑的像，这是开元寺最耀眼的亮点。所以人们以偏概全突出该寺特点，把开元寺称为罗汉院或罗汉寺。如宋人杨汝翼在《顺昌战胜破贼录》中也随俗称为“罗汉院”，直至清初，罗汉寺仍然存在，道光《阜阳县志》记载：宋代修颙禅师遗刹资福寺在明末受灾损毁，罗汉寺的杰峰禅师特为修葺鼎新，存世一千多年的颍州开元寺毁灭了，唯一留下的铜钟曾见证当年的辉煌。据民间传说，明初大水，此钟顺水漂至寿州。不过该钟到了寿州，从明代到中华人民共和国成立，一直被安置在寿县火警楼上，保了一方平安，也逃过改朝换代的劫难，成为今世国宝级文物。

二、颍州开元寺彩塑及艺术价值

宋建隆元年（960）至乾德三年（965），颍州开元寺在地藏院内，建起一座庄严壮丽的罗汉功德堂，并塑了一堂罗汉像。用了六年时间，花费五百万金。罗汉堂的修建，是当时的佛门盛事。况地藏院原本是西京讲维摩经宗公上人的先师普明大师之遗址。文士张邴是佛教信徒，常听上人讲维摩经（大乘佛经）。所以在罗汉堂及罗汉塑像竣工后，上人即请张邴撰记。张邴在《颍州开元寺地藏院新修罗汉功德堂记》中，大体记述了罗汉堂修建的起因，过程和建成后“巍然焕然，壮矣丽矣”的概况。而重点描绘了罗汉塑像的模式、形象、名称、数量，以及玄妙、崇高的艺术价值。

张邴说：“殿堂既备。圣像是陈。爰命良工，式模梵质。请京师王延光、庄塑赵守忠等，庄塑释迦像一躯，螺髻连趺，举高丈五。文殊、普贤、饮光、庆喜，供养菩萨、掖卫善神，一搭九事，并前护法大阿罗汉及法住记主庆友尊者并仆从等数三十六事，并功绝世美，妙尽物华。安生、吴道玄之奇能，孰谓远矣。”

从文中，可知颍州罗汉堂的布局：殿堂的正面，中为释迦，两旁分别是文殊（通常作为释迦佛的左胁侍）、普贤（右胁侍）、饮光（佛的十大弟子之一，梵文译作胁侍）、饮光（佛的十大弟子之一，梵文译作迦叶，有能饮诸光、以光代食的本领，所以又称饮光）、庆喜（即阿难陀，汉语意为欢喜、庆喜）、左右二供养菩萨、二掖卫善神（天王），共九尊塑像。这是唐代以来定型的一铺九身的铺式。

所谓“三十六事”，就是十八罗汉各加一仆从的塑像，供奉在殿堂的两侧。十八罗汉是由十六罗汉发展而来。十六罗汉的名目典据，出自庆友尊者。庆友是“难提密多罗”的意译，俗称降龙罗汉，是师子国（今斯里兰卡）人，他写了一本《大阿罗汉难提密多罗所说法住记》，《法住记》书中详细记载了十六罗汉的姓名和住处。此书由唐玄奘译出，后人又将庆友和伏虎罗汉宾头卢加上去，称为十八罗汉。

颍州开元寺地藏院罗汉堂的塑像，在中国佛教艺术史上居于重要地位。其因有二：

其一是十八罗汉塑像时代早：十八罗汉名目虽然在唐代中期或已出现，但未能成为绘画和雕塑的对象。如唐代前期号为“丹青神化”的阎立本，擅画道释人物，据《唐朝名画录》等书记载，也曾为“慈恩寺画功德”，也未画过罗汉图。其师张僧繇曾作《醉僧图》，也未画过罗汉图。中唐时期被称为“百代画圣”的吴道子，在各地寺观中曾图画殿壁三百余堵，也只是佛经故事和变相人物。直到唐末五代，才出现十六罗汉绘画及塑像。如前蜀画僧贯休，曾画过大罗汉、阿罗汉、释迦十弟子等像，但一幅之内多为个体罗汉。真正画群体罗汉，尤其是十六罗汉像的，是与贯休同为前蜀时代的张玄。据《益州名画录》《宣和画谱》等记载，张玄画人物，“尤善罗汉，时呼为张罗汉”。他画的十六罗汉在益州大慈寺灌顶院。许多美术史的著作中，找不到贯休与张玄画过十八罗汉的记载，只有苏轼称他在儋耳和清远宝林寺分别见到张玄和贯休画十八罗汉。北宋元符二年（1099 年）四月，苏轼在海南儋州民间，见到张玄画十八罗汉图，四月一十五日作《十八大阿罗汉颂》，欣喜之余。于七月又将自己作的颂寄给弟弟子由作跋：苏轼自称家藏有十六罗汉像，故对十八罗汉像视为瑰宝。至于雕塑方面的十八罗汉不知始于何时，但最早也在前蜀以后。所以有的美术史家认为，颍州开元寺地藏院罗汉堂为全国雕塑十八罗汉最早的一例。

其二，颍州开元寺十八罗汉塑像是名家所塑。美术史家对颍州开元寺罗汉堂塑像的艺术价值是肯定的：“王延光，赵守忠是宋代初年京师汴梁的雕塑家，即被比为安生，吴道子，其塑艺必定高超。”安生是隋代塑像家，《山西通志》称：平遥县太子寺释迦牟尼像，五台山文殊寺圣像都是安生所塑。王延光、赵守忠既被比安生、吴道子，那么颍州开元寺十八罗汉塑像，既是在雕塑史上开风气之先的实例，又是艺术性极高的实例。

总之颍州开元寺南唐长兴三年铜钟和宋初十八罗汉塑像，都是阜阳人引以为傲的文化资源和亮点。

三、颍州开元寺遗址在何处

颍州开元寺从初建到毁灭经历500余年，现在能见到的资料只有钟铭和《罗汉堂记》以及《顺昌战胜破贼录》，这些材料只单谈铸钟和建堂原委，没有提及整座寺庙的位置和规模，但从杨汝翼《破贼录》为我们提供了刘锜驻军的庙宇：罗汉院、普寺、毗卢院、维摩院、台头寺。文中指出维摩院是往日欧阳修知颍州时的故居。1987年阜阳中大街建古商城，在老地委街口一古井内挖出骨笄一支，被一老文化干部收藏，骨笄上刻篆书“六一居士”四字，为欧公所刻旧物无疑。出土地在古商城八角亭之下，此处当为欧公故居后改作维摩院的遗址。据道光《阜阳县志·舆地志》载台头今南城内，俗名“大隅首”，明万历间始筑南城，宋犹在城外，梅圣俞诗所谓“台头寺”是也。普寺不知所指，但罗汉院与毗卢院当是颍州开元寺的组成部分，罗汉院即宋初建筑的罗汉功德堂，也在开元寺院内。

罗汉院不在顺昌城内，宋代顺昌城即是今天阜阳鼓楼以北的古城，鼓楼是顺昌城的南门，门外的瓮城即子城，刘锜驻军在子城外，西北到西湖南部和明代扩建的南城以内，这为我们探寻开元寺遗址位置提供了坐标。鼓楼是顺昌南门，前有护城河（均在1949年后拆除、填平），城河外即子城外（今人民路西南）应该是颍州开元寺旧址。

“文革”期间曾在人民剧场南边，县梆剧团院内建职工宿舍，挖地基时发现一批宋代金银器，银器重46市斤，金器重556克，有手镯、项圈、银钗和银锭，银钗出土320多根，钗长30多厘米，被民工误认为电焊条，大半被折断。好在这些金银器上都刻有或錾有工匠或店家姓名或住址，例如谢家、刘家、李家、苏家、吉家、辛李家、南阴家、夏家、王七家、钟家、丁家；还有毕三郎、董小二、赵毛三、周卢、大杨、上宫、闫匠、周匠、苏匠、张匠、胡匠、曹匠；另有地名姓氏连在一起的如：西唐铺、南铺唐、唐西朱家记出门、宣化门朱小四、宣化门毕三郎、相国寺西唐五、相国寺毕家记等。宣化门是汴梁南城三门中靠东的城门，又称陈州门；相国寺是汴梁城中的大寺庙，初建于北齐天保年间，初名建国寺，唐改名相国寺，宋称大相国寺。出土的这批金银器产地大部分来自东京汴梁，生产的店铺有六十多家，仅银钗一项就有320多根，绝非一家大富消费得了的。还有一支金钗，是金箔包铅的，钗头刻着“十足金”。这些金银器很可能是佛教信徒施舍给寺庙中的功德银，施舍的时间是在北宋前期，颍州开元寺鼎盛时期，埋入土中应在宋金战乱时期。

通过以上资料提供的信息，把颍州开元寺的遗址定在宋顺昌府南门（鼓楼）子城外，护城河西南面，即人民剧场到地直幼儿园和老卫校一带，当没有大问题。至于《道光阜阳县志·寺观》通教寺条上说：沈丘集（今临泉）有一座宋代明道年间建的通教寺，寺内有塔，“又传即唐代开元寺，有铜钟，水漂至寿州城内”。此为传说，不可信，颍州开元寺，顾名思义，应在州城范围内，不可能远到 120 里外的沈丘集。再说顺昌之战时，刘锜部队曾驻扎在开元寺的罗汉院内，不会远到沈丘驻扎。开元寺在金元战争时被毁，该寺铜钟可能被移到通教寺一段时间，因钟铭有开元寺，就被误为通教寺的前身是颍州开元寺了。

颍州开元寺从唐到金阅历近 500 年，资料中提到的僧人有教化头陀僧可询是个游方僧人，《罗汉堂记》提到的“西京讲维摩经宗公上人先师普明大师”也都名不见经传。寺庙没有大德高僧住持，有宋一代许多知颍的文学家、诗人，没有一个人曾与颍州开元寺僧人交往的记录或留下有关诗文作品，这是颍州开元寺湮灭无闻的主要原因。不过颍州开元寺从始建至今已有 1300 多年了，其历史知名度和塑像艺术造诣，都是值得后人追思和敬仰的。福州开元寺 1979 年在原址重建，济南开元寺也开始施工重建，我们相信颍州开元寺也有重建的一天。

附：后唐李嗣源[1]，长兴三年（932）颍州开元寺钟铭并序

颍州开元寺钟铭释注

（肩铭）敕大唐颍州开元寺铸钟壹口，重伍仟斤（腹铭）大唐颍州开元寺新钟铭并序：

竭忠建策、兴复功臣、金紫光禄大夫、检校太保使持节颍州诸军事、守颍州刺史、充本州团练使兼御史大夫、上柱国、清河县开国男、食邑三百户张廷蕴[2]。

乡贡进士李璨撰

夫钟为聚器[3]，金曰从革[4]、悬于乐府，可以谐八音。弛[5]之释门[6]，可以福群动[7]。凡立龙象[8]，例发鲸撞[9]。汝阴郡开元寺，昔以兵革[10]肆凌[11]，本朝中否[12]。梵宇[13]、器具恒有阙焉[14]。未经劫火[15]之灾，早旷应霜之韵[16]。忽有头陀[17]可询，翻蓬[18]以至，振锡[19]而来，言曰："具愿铸钟，必斯境也。"遂次弟行乞于里巷。郡守上言，降敕俞允[20]。迨于期载[21]，匆庸牙功[22]，是僧众未孚[23]，其器范弗具。

郡主太保清河公[24]，禀维嵩[25]气概，授榖（谷）城兵书[26]，剑彩雄棱[27]，夜射星辰之色；陂澄大量，秋吞渤澥[28]之波。以德御奸，以刑静宄[29]，民如子养，道若砥平[30]。莅政之余，益敬方外[31]。欲盛饰佛庙，壮观军城。仍利修崇，决在鼓铸。因自为化首[32]，乃募得居士丁仲钦者，金分义路[33]，玉莹情田[34]。出爱浪[35]于坦途，指迷津于觉道[36]，能令曲俗[37]，皆务圣因[38]。遂稽[39]其谋，特揆[40]其事，设法诱劝，阖郡黎元[41]，赋人有差，逾时毕集。愚者怯于谟始[42]，贤者勇于乐成，聚铜百七十钧[43]，赇主[44]过千万数众。远届睢水，召诸倕工[45]，有匠人罗彦瑰，博研其精，先利其器。岁在无黓[46]，律中黄钟[47]，撰盈数[48]之辰，挥炉冶之鞴[49]，士民云萃[50]累迹[51]，仙梵[52]沸腾。良金合玉以告功、洪镛[53]垂簴[54]而待扣。不窕不槬[55]，载铿载锵[56]。海鱼奋形[57]，蟠蛟震吼[58]。昔夏王为山林不若[59]，率九牧以成鼎[60]。今颍侯[61]树因果[62]有利，赋一境以建钟。声闻于外，则而民知启禁；福覃[63]于远，则其罪停苦酸[64]，所贵乎皇棰（极）之道克隆[65]，生聚[66]之安，大赖佛哉懿范[67]，无得而铭：

立功立事　惟英惟贤　华钟即阙　法器[68]匪全为我蒸民[69]　实彼良牧[70]　爱慕哲人[71]　克崇景福[72]召乎凫氏[73]格[74]于佛宫天地为炉万物为铜

鲸鲵喷浪　蒲牢吼声[75]　楼新窈窕[76]　金奏噌吰[77]昏明[78]有序涂炭停酸[79]铿锵获利铭镂永观

镌字人史知温、李延韬。长兴三祀岁次壬辰十一月己卯朔十日戊子铸，教化头陀[80]僧可询、计度都维那[81]丁仲钦，维那吴景，铸钟都料[82]

罗彦瑰，习维摩经僧[83]元睿（璇）书，镌字人史知温，李延韬。

（金）大定二十一年镌凿李信明，颍州防[84]，郭能仁，寺岗字号[85]大铜钟壹课（颗）重伍仟斤。司侯同验记，官匠□□防判□匠

（钟重五千斤，高1.51米，腹围3.82米，直径1.22米）

注释：

[1] 李嗣源：五代后唐皇帝。公元926—933年在位。沙陀部人。李克用养子。同光元年（923）领兵取汴梁，灭后唐。四年即位。文盲皇帝，卒谥圣德和武皇帝，庙号明宗。

[2] 张廷蕴：开封襄邑人，少年时为军卒，常从后唐庄宗李存勖征伐，作战勇猛，攻城先登，创伤满体。庄宗提拔他为帐前黄甲二十指挥步兵都虞侯。后以功迁羽林都指挥使、申州、怀州、沂州三州刺史，金州、颍州、陇州、绛州四川防御团练使，左监门卫上将军。卒于后晋开运年间（944—945）。《新五代史》称其"所识不过数字，而平生重文士廷蕴素廉，历七州，卒之日，家无余赀"。

[3] 钟为聚器：《淮南子·天文训》："斗指子则冬至，音比黄钟。"高诱注："黄钟，十一月也。钟者，聚也，阳气聚于黄泉之下也。"

[4] 从革：谓依从人的意愿而改变（其形状）。《书·洪范》："木曰区直，金曰从革。"孔颖达疏：

"金可以从人改更，言其可以为人用之意也。"《说文·金部》："金，从革不韦。"段玉裁注："从革，谓顺人之意以变更成器，虽屡改易而无伤也。"

[5] 弛：弛（shi），通"施"，意为施予。

[6] 释门：佛门。唐·张祜《秋夜宿灵隐寺师上人居》："贫知交道薄，老信释门空。"

[7] 群动：泛指众人。宋·叶适《法度总论三·铨选》："陛下有是名器，为鼓舞群动之具。"

[8] 龙象：龙与象。水行中龙力大，陆行中象力大，故佛氏用以喻诸阿罗汉中修行勇猛有最大能力者，后亦以指高僧，指罗汉像。宋·苏轼《自海南归过清远峡宝林寺敬赞禅月所画十八大阿罗汉·第十一罗怙罗尊者》："龙象之姿，鱼鸟所惊"。《与暹律师等书》："栋梁三宝，必资龙象之力。"

[9] 鲸撞：寺庙撞钟的钟杵为鲸鱼形，以鲸杵撞钟，故曰鲸撞。

[10] 兵革：兵器和甲胄的总称。泛指武器军备。代指战争。《诗·郑风·野有蔓草序》："君之泽不下流，民穷于兵革。"梁启超《中国地理大

势论》："中国，干戈之国也。统览数千年之史乘。其三十载不见兵革者殆希。"

［11］肆凌：不受约束，为所欲为地侵害。

［12］中否：中道衰落。否读 pǐ，诸葛亮"宫中府中俱为一体，陟罚臧否，不宜异同"，否卦为六十四卦之一。

［13］梵宇：佛寺。

［14］桓有阙焉：常有缺失。

［15］劫火：劫，梵语"劫波"的省称，佛教说世界有成，住，坏、空四时期，叫做四劫，到坏劫时有水、火、风三灾出现，世界归于毁灭。

［16］应霜之韵：指钟声。现试从两方面解释：一、《山海经·中山经》："（丰山）有九钟焉，是知霜鸣。"郭璞注："霜降则钟鸣，故言知也。"这是说钟与霜是相关的，钟能知霜降，霜能使钟鸣，故有"霜钟"之谓。二、是古人以十二律与十二月相配，每月以一律应之。《礼记·月令》："（孟冬之月）其音羽，律中应钟。"郑玄注："孟冬气至，则应钟之律应。"《汉书·律历志上》："应钟，言阴气应亡射，该臧万物而杂阳阂种也。位于亥，在十月。"按十二月律，分为六律、六吕，阳为律，阴为吕。这是说律与历是相关的，应钟在律属六吕之一，在历属十月。以上两条可作理解"应霜之韵"的参考。

［17］头陀：梵文的音译，又作"杜多"，意为"抖擞"，即去掉尘垢烦恼之义。

［18］翻蓬：随风飘转的蓬草，喻人行踪无定。

［19］振锡：僧人持锡出行。锡，锡杖。杖头饰环，拄杖行则振动有声。

［20］降敕俞允：降敕指皇帝下的诏书。俞，应诺之词，《书·尧典》："帝曰：'俞'。"后即称允诺为"俞允"。多用于君主。

［21］迨于期载：迨，等到。期载即期岁，一周岁。

［22］勿庸牙功：牙，古代官署的称呼，后多作"衙"。《新唐书·泉献诚传》：武后尝出金币命宰相，南北牙群臣举善射五辈，中者从赐。勿庸：不用，不需要。

［23］未孚：不信服，不信从。一说未能遍及。

［24］清河公：即颍州刺史张廷蕴。

［25］维嵩：《诗·大雅·崧高》："崧高维岳，骏极于天。"崧同嵩。毛传："崧，高貌，山大而高曰崧。"后即以"维嵩"形容高。此句是说张廷蕴持有高瞻远瞩的气度和魄力。

［26］穀（谷）城兵书：谷城，在这里是指黄石公，亦称圯上老人。相传张良在博浪沙（今亳州境）刺秦始皇失败后，逃亡至下邳（今睢宁），在圯上遇一老人，授张良以《太公兵法》，并言称十三年后，到济北谷城山下，见到一块黄石，那就是他：此句是赞扬张廷蕴有军事才能。

［27］雄棱：犹威武、威势。《旧唐书·宣宗纪》："实枢衡妙算，将帅雄棱，副玄元不争之文，绝汉武远征之悔。"

［28］渤澥：亦作渤澥，即渤海。《文选·司马相如·子虚赋》："浮渤澥，游孟诸。"清阮元《小沧浪笔谈》："莱州城北数十里，即渤澥也。风涛暗淡，一望无际。"

［29］宄：作乱或盗窃的坏人。"以德御奸，以刑静宄"，句从《国语》演化而来。《国语·晋语六》："乱在内为宄，在外为奸。御宄以德御奸以刑。"

［30］砥平：砥，质地较细的磨刀石。砥平，平直、平坦；又比喻安定、平定。

［31］方外：即世外，红尘之外的仙境。此处指佛庙及僧人（方外人）。

［32］化首：化缘募捐的头头。

［33］义路：正道。唐黄滔《与韦舍人启》："伏维舍人义路无疆，词源绝岸，设铸颜之炉冶，恢荐祢之笺函。"

［34］情田：指心地。《礼记·礼运》："故人情者圣人之田也，修礼以耕之，陈义以种之，讲学以耨之，本仁以聚之，播乐以安之。"

［35］爱浪：佛教以"爱海"称情。海，极言其深。南朝齐萧子良《与荆州隐士刘虬书》："高逾爱海，比策禅衢。"

［36］觉道：佛教指成佛正觉之道。唐岑参《与高适薛据同登慈恩寺浮图》诗："誓将挂冠去，觉道资无穷。"

［37］曲俗：鄙陋的习俗。唐玄奘《大唐西域记·钵逻耶伽国》："夫曲俗鄙志，难以诱导，吾方同事，然后摄化。"

［38］务圣因：因，是佛教名词，凡参与造果的因素都称之为"因"。圣因，即正因。

［39］稽：查对考核。

［40］揆：掌管，总领。

［41］黎元：群众，百姓。

［41］谟：谋划，谋虑。

［43］钧：古代重量单位，一钧等于三十斤。

［44］赇主：指施舍财物给僧人、道士的人。

［45］倕工：倕，古代传说中有巧匠名。倕工，指能工巧匠。

［46］岁在无黓：这里使用的是古代太岁纪早法。战国后期，人们给太岁纪年法安排了12个年名，以和12辰相对应，12辰属地支，如太岁年名“执徐”对应地支“辰”。地支属阴，故又称太岁为岁阴。西汉时期，历法学家又取了10个与天干相对应的太岁年名，如“玄黓”对应天干“壬”，称为岁阳。岁阳、岁阴依序配成60组太岁年名。颍州开元寺钟铸于后唐长兴三年（932），按干支纪年法，为“壬辰”年，按太岁纪年法为“玄黓执徐”年。东汉时期，太岁纪年法已很少应用了，但文人有嗜古之风，在著作中常常好沿用此法。钟铭序文的作者用的即是此法，这里有两点值得关注：一是因行文需要，这里仅用岁阳纪年；二是岁阳年名“玄黓”，这里写作“无黓”。

［47］律中黄钟：黄钟，乐律十三律中的第一律。《礼记·月令》：“（季夏之月）……律中黄钟之宫。”《吕氏春秋·适音》：“黄钟之宫，音之本也。”陈奇猷校释：“黄钟即今所谓标准音，故是音之本。”又：指十一月，参见“钟为聚器”注。

［48］盈数：指十、百、万等整数。

［49］韛：古代鼓风吹火的皮囊。俗称风箱。

［50］云萃：从四面八方聚集在一起。晋葛洪《抱朴子·博喻》：“繁林翳荟，则羽族云萃。”

［51］累迹：足踵相接。形容人群拥挤。欧阳修《相州昼锦堂记》：“夹道之人，相与骈肩累迹，瞻望咨嗟。”

［52］仙梵：指道教徒诵经的声音。清黄鹜来《秋晓行㸌山值雨访李庚初炼师》诗：“斋宫仙梵静，花殿幽香闭。”仙梵沸腾，喻佛道两界信徒都情绪高涨。

［53］镛：大钟。

［54］垂簴：垂，挂下，悬挂。簴，悬挂钟磬的立柱或格架。唐李邕《越州华严寺钟铭》序：“于是曾台大起，雕簴悬列。”

［55］不窕不槬：窕，细小。槬（钟）横大。《左传·昭公二十一年》：“而钟，音之器也……小者不窕，大者不槬，则和于物。”杜预注：“窕，细不满；槬，横大不入。”

［56］载铿载锵：铿锵，形容金玉或乐器等声洪亮。北魏杨衔之《洛阳伽蓝记》：“至于高风永夜，宝铎和鸣，铿锵之声，闻于十余里。”

［57］海鱼奋形：寺中钟杵多为鲸鱼形状，撞钟时，钟杵如海鱼一般奋

力奋身。

［58］蟠蛟震吼：蟠蛟，盘曲的蛟龙，大钟上铸的纹饰。此指钟声如蛟龙大吼。

［59］不若：犹言详或不详的事物。指传说中的魑魅魍魉害人之物。《左传·宣公三年》铸鼎象物，百物而为之备，使民知神奸。故民入川泽、山林不逢不若。杨伯俊注："不若、不顺、意指不利于己之物。"

［60］率九牧以成鼎：《史记·封禅书》："禹收九牧之金，铸九鼎。"九牧，指九州。相传夏禹铸九鼎，象征九州，夏商周三代奉为象征国家政权的传国之宝。

［61］颍侯：指颍州刺史张廷蕴。

［62］树因果：树，种植，培养。因果，佛教语。谓因缘和果根。根据佛教轮回之说，种什么因，结什么果；作善作恶，各有报应。

［63］覃：遍及、广施。

［64］苦酸：苦味和酸味，也作酸苦。《后汉书·文苑传下·刘梁》："得由和兴，失由同起，故以可济否谓之和，好恶不殊谓之同。《春秋传》曰：'和如羹焉，酸苦以剂其味，君子食之以平其心'。"

［65］皇极之道克隆：皇极，帝王统治天下的准则。皇极之道，即所谓大中至正之道。《书·洪范》："五，皇极，皇建其有极。"孔颖达疏："皇，大也；极，中也。施政教，治下民，当使大得其中，无有邪僻。"汉荀悦《汉纪·高祖纪一》："昔在上圣，唯建皇极，经纬天地。"克隆：兴隆，昌盛。《北史·周纪下论》："呜呼！以文皇之经启鸿基，武皇之克隆景业，未逾二纪，不祀忽诸。"唐太宗：《造兴圣寺诏》："叶得神居，克隆鸿业。"

［66］生聚：指人民。

［67］懿范：美好的道德风范。

［68］法器：僧、道举行宗教仪式时所用的钟、鼓、铙、钹、引磬、木鱼等乐器及瓶、钵、仗、麈等器物。

［69］蒸民：众民、百姓。《孟子·告子上》："天生蒸民，有物有则。"

［70］牧：治民的人。古代称管理民事的地方州、郡长官为牧人、牧守、牧令、牧伯、牧宰、牧监等。

［71］爰募哲人：爰：及，于、于是。哲人，智慧卓越的人。有高明技术的工匠，称哲匠。宋范仲淹《金在镕赋》：熠耀腾精，乍跃洪炉之内，纵横成器，当随哲匠之心。此处"哲人"当指"哲匠"。

［72］克崇景福：克崇，兴建。《后汉书·方术传上·谢夷吾》："殷周

虽有高宗、昌、发之君，犹赖傅说、吕望之策，故能克崇其业，允协、大中。”景福，洪福，大福。《诗·周颂·潜》：“以享以祀，以介景福。”

［73］凫氏：古代官名，职掌作钟之事。《周礼·考工记·凫氏》：“凫氏为钟。”唐王勃《七夕赋》：“凫氏鸣秋，鸡人唱晓。”前蜀韦庄《又玄集序》：“击凫氏之钟，霜清日观；淬雷公之剑，影动星津。”唐太宗《大唐兴善寺钟铭》：“乃命凫氏、范兹金锡，响合风雷。”

［74］格：来，至。

［75］鲸鲵欺浪：蒲牢吼声，指撞钟及钟发出宏亮的响声。蒲牢，古代传说中生活在海边的兽。据说它吼叫的声音非常洪亮，故古人常在钟上铸上蒲牢的形象。《文选·班固〈东都赋〉》：“于是发鲸鱼，铿华钟。”李善注引《三国·吴书》薛综曰：“海中有大鱼曰鲸，海边又有兽名曰蒲牢。蒲牢素畏鲸，鲸鱼击蒲牢，辄大鸣。凡钟欲令声大者，故作蒲牢于上。所以撞之者为鲸鱼。”后因以“蒲牢”为钟的别名。撞钟的木质钟杵多刻制成鱼形。

［76］楼新窈窕：形容开元寺中楼宇深远貌、秘奥貌。南朝宋宗炳《明佛论》：“平沙见根于白兔，释氏受灭于昔鱼，以示根应之势，皆窈窕精深，迂而不昧矣。”

［77］噌吰：亦作噌宏，象声词，多用以形容钟鼓声。苏轼《石钟山记》：“余方心动欲还，而大声发于水上，噌吰如钟鼓不绝。”

［78］昏明：昏暗和明亮；黑夜和白昼。《南齐书·高帝纪上》：“夫昏明相袭，晷景之恒度；春秋递运，时岁之常序。”

［79］涂炭停酸：涂炭，比喻极困苦的境遇。《书·仲虺之诰》“有夏昏德，民坠涂炭”，亦借指陷入灾难的人民。南朝梁沈约：《梁鼓吹曲·道亡》：“救此倒悬解涂炭。”酸，悲伤、凄凉。

［80］教化头陀：头陀，梵文音译，意为“抖擞”，即去掉尘垢烦恼之义。佛教苦行之一。因用以称僧人、佛教僧侣行头陀时应遵守十二苦行。据《十二头陀经》载，共有关衣、食、住十二种修行规定，称为“头陀行”。按这些规定修行的，叫“修头陀行者”。“常乞食”是十二种修行规定之一。教化：行乞，乞讨，又指教育感化。教化头陀，应该是教化世人因缘向人求布施的头陀。

［81］计度教维那：维，纲维，意为统摄僧众，佛教僧职。那，梵文羯磨陀那之省，意译“授事”，汉梵并举为“维那”，也称“都维那”；旧称“悦众”“寺护”等。计度都维那，应该是掌管财务收支的寺院管理僧。

［82］铸钟都料：铸钟的营造师，总工匠。欧阳修《归田录》卷一："开宝寺塔在京师诸塔中最高，而制度甚精，都料匠预浩所造也。"

［83］习维摩经僧：专门研习维摩经的僧人。维摩经，全称《维摩诘所说经》，亦称《维摩诘经》，佛经名。

［84］颍州防：防，为西魏、北周时期所置的一种防区，为地方军事组织。防主掌辖区内军政事务。

［85］岗字号：这是用《千字文》的文章为编码顺序的号数，"天"字第一号，"岗"字第四十八号。

（刘奕云合作，与原载《志鉴》2011年2期）

明代文林郎山西大同府司理鹿献阳墓志铭

鹿献阳墓志发现经过

2009 年 3 月 9 日宁文芝老友因修宁氏家谱，邀我去看颍州区卜子西一罗姓农家收藏的宁姓墓志，并请我拓片以便收入家谱。到了罗家发现墓志完好，字迹较清晰，长宽为 60 厘米×70 厘米，惜志盖破为二片。现场释读后，知该墓主为明天启进士，曾任山西大同司理宁光鹿献阳墓，宁光为献阳的字，与宁氏家族没有关系。志文由明代六部尚书张鹤鸣撰文，志盖由张鹤腾篆盖，田用坤书丹。罗老先生介绍说：石碑是他 60 多年前收购来的，原打算用石碑修桥，后置院内至今，原来墓葬在双古堆南边，墓前有石供案、石马等陈设，1949 年初被破坏。

墓志记载了明代末年北方边境的戍边情景，对研究明末历史有一定意义，鹿献阳、张鹤鸣又属乡贤，他们遗留的文物，都是阜阳人民的宝贵财富。特邀刘君弈云共同对志文做了点校和注释。现公之于众。

明故文林郎[1]山西大同府司理[2]宁光鹿式公墓志铭

赐进士出身[3]，光禄大夫[4]、太子太师[3]、六部尚书[6]、晋正治上卿[7]、侍经筵[8]特蟒衣玉带、前南京吏部考功司郎中[9]、晋修政庶尹[10]、郡人张鹤鸣撰文。

赐进士出身、中宪大夫[11]、分守陇西道[12]、陕西按察司副使[13]、郡人张鹤腾篆盖。赐进士出身、文林郎、山东道监察御史[14]、郡人田用坤书丹

按状：

公讳献阳、字宁光、别号玄圃、其先世祖得山，魏郡人[15]，居隆虑[16]之红河村。

国初，韩平章[17]归集从军亡子弟、八世祖通[18]应役，以漠州[19]稾城[20]滹河[21]公，历升颍川卫镇抚[22]，遂家于颍。

通生二子：长、让，袭镇抚；次，铭。铭生庆、庆生相，偿还遗金，有隐德。

相生辅，辅生二子；长、自梦、垂髫[23]，补诸生[24]。聘张氏女，

笄[25]将亲迎[26]，丁父母忧[27]。甫服阕[28]，乘重[29]丁大父母忧[30]。终丧，始迎妇。女笄于室者十余年，其硁然[31]守礼，叔世[32]所少。次，自学，夭。娶李氏，遗腹子登秋。

自梦生鸣秋，即赠公。幼读书不成，去贾，久之，恐伤亲志，再检敝箧旧业，补诸生，寻食廪[33]，抚叔自学遗孤，为之婚娶。生子，一脉不绝如发，秋毫皆赠公力也。

赠公配张氏，生献陛、侧室韩氏[34]，生公与献阶、献隆。献隆殇。

公产时如日照一室。幼而颖，十岁能属文，勃勃有生气，赠公奇之曰："竟我智者此儿也。"

公十二岁，赠工殁，号恸几绝，泣血殷殷，渍斩衰[35]间，束发补诸生，辄冠多士。食廪未几，张孺人卒。

越二年，韩孺人卒。公拮据治丧，不以称贷[36]累人，哭两母哀而伤。

公弟献阶，甫八岁，公教养之。每支诸生月俸，则奉兄献陛，未尝蓄私财。

献陛生四子，数人同居，待食百余指。公罕宿饱，以贫授经。献陛嗜酒，每醉，辄浮白拍案，兴觉豪畅。公市酒饮兄，当拍案诟谇时，语两儿曰："伯父醉酒辄怒叱，其畅时也，不可逆之。"

公读书无间于风雨寒暑，终夜"吾伊"[37]，质明始辍。及课门人已，方从社友饮。即花朝月夕，未尝废业。

余雅重之，命儿大壮，大赓受经于公。

公一入日夜过西市，有淫奔者偕婢遮留[38]，公怒叱之，有鲁男子风焉。

熹宗[39]登极，公以《易》荐河南辛酉乡书。上春官[40]不第，归而午夜篝灯诵读，如诸生时。有一觞必与兄弟故人共之。

天启乙丑，举进士，候选[41]还里，叹曰："士困帖括。未娴吏治"[42]。公登仕籍，与语政事，则茫然如瞀[43]，始折节读书。凡国家六曹及内外庶政[46]，与九边[47]险要夷虏情形[48]，莫不谙练[49]。矻矻中夜，无间于风雨寒暑。暇则与兄弟故人置酒宴乐。

居无何，兄献陛物故。一恸呕血，仍力疾视含殓营葬。恸兄，因触风木之悲[50]，咏《蓼莪》[51]睹杯棬[52]，伏腊[53]潸然[54]，泣数行下。

丁卯谒选，得云中[55]司理。云中为京师右臂，辽东既陷。已失左臂，云中寔在震怜[56]。或为公言，乃投袂起曰："此义士自效时也，不立功边陲，岂大丈夫耶！会当系呼韩[57]颈，截其头为饮器，归与兄弟故人畅饮耳。"单车赴云中，其城三重，而强半降虏[58]居之，汉夷杂处。人虽美皙，性嗜牛羊，不善烹饪，俗染于夷，未可以三尺绳之[59]。

时有司务严峻，而公独治以宽。代藩宗室[60]万余，岁禄十九万有奇，当事者什七给之，什三干没[61]。公署府篆三越月[62]，给与一岁禄。左右公[63]，语之曰：“是非尔所知也。西虏自顺义王俺答[64]款塞[65]，马市于今五十余年。边防久弛，虏轻中国。擦汗儿[66]蓟门[67]已有额赏[68]，又欲西分十石定之赏，日穴斗于边外。上谷[69]报警。骚动云中，倘烽火一举，赁市佣[70]而战之，兽骇鸟散。不若厚遇之，使自为守。”者叹服。

降虏无所事事，日负弩佩刀于市。公量给牛、种，使自屯田．毋游惰以骚乱。值虏人犯，蹂躏降虏，不必且怒与战。又以夷攻夷法也。岁祲疫[71]，死者狼藉于市，公捐俸掩骼，又施粥与药饵，全活者甚众。

昌平人韩广文烨，客死不能归。几三十年，公为之招魂归葬。暇日则延诸生，与析疑义，手删课艺[72]，间出俸金以赡贫生。秋入文武两闱[73]，抡材[74]多佳士。

佥宪[75]蒋公覲，父封公，御奴仆酷烈。元夕，奴辈肢解其父，刃其母，夹蒋公于双扉，系之梁间，縋城[76]逃。夫人蹲椟中[77]，幼子伏床下，幸免。

公闻变趋视，幼子出，牵公裾[78]泣诉贼状。公解蒋公缚，殓其父。医其母，遣兵四出追捕，获贼。

蒋公欲手刃贼。公以法持之，计谳狱[79]于上官。且妨蒋公，立杖毙之，枭首狱中。台使者[80]持议蒋公，公力请，得免，以丁忧去。

蔚州[81]赋岁多逋，守以负赋课殿[82]，免。公摄篆，反其积重之弊，输者恐后，因以课最。

广昌[83]吏杀令，劫库藏亡去，上官震怒，系吏三族于保，欲连坐，且议夷其城，徙其民。人已潜匿，止遗老弱。公立鞫[84]，平反其狱，谓律杀人者死，不至族，何至夷城而徙民？释连坐者，招匿民，归者如市。吏德公，自出伏罪，遂正法焉。

莅位未及瓜[85]，屡首荐剡[86]大计[87]，以治行异等，蒙上纪录，赐白镪[88]十金，玺书褒之。皇恩赠公父如其官，母张氏赠孺人，生母韩氏赠孺人。敕曰：“友爱性成，字孤衍叔父之绪；孝心天植，事亲动宗族之称[89]。”赫赫王言，足概赠公之生平矣。

台使者檄公狥边[90]，悉记险要之可戍者，颓废之可葺者，附以条议，其桑出苦心[91]，可佐防边。石画[92]去大略[93]。按堡阅墙，循墙阅墩。

宣、大之界[94]，西阳河也[95]。繇西阳河至平达为新平[96]市口。登楼遥望，汉夷互市，皆坚城也。可商者一二水口。桦门[97]连云，下临无地：保平瓦窑[98]，雄峙可恃；镇宁一带，雉堞排空。可塞者一暗门，其天城[99]接武阳和[100]环阳和皆山也，守口靖虏，其云冈[101]之锁钥乎！

西则镇边楼，依山起伏，城因下焉。山下有川，涛声山势，过者耸然。镇川以至得胜[102]。诸堡如联璧贯珠。真云中保障哉。灭虏、破胡[103]等险，足以破灭，非仅以空名震慑。第杀胡[104]外即虏穴夷种，棋布于山之内外，今日挽首于我者，安知异日不掉臂去也，言之大可寒心。建楼建桥，何可久作道傍之筑也？铁山[105]以至随胡[106]诸边堡，日就倾颓，小有所葺，大有所藉；不则，即有威远[107]、平虏[108]镇抚之弹压，恐不能为之援也。若灭胡之久废，非大创之不可至，将军会观止矣。虽然，选将练兵，不可不与边墙并重焉。遂刊布以作上官采择。

未及举行，会边吏启衅，致虏败盟。夫开马市，羁縻虏耳[109]。吏民贪利，负其值。虏来，辄加诟辱，又盗其牛马，淫其妻女。久之，积怨于心，群起背叛。是时擦酋互市于新平[110]，宰生倘不浪[111]。等大头目百余人，如汉之贵戚，近臣。倖功者挑其怒，趁夜纵火焚杀虏，虏忿，控弦二万骑，驻塞下，挟赏，索缎帛，不已，又索金钱，索无已时，增无虚月，寻越阳和[112]。犯云中，值公奉檄聚[113]新平之役，乃旋，未至聚落里许，倅[114]与虏遇。公入保聚落，城大于斗，无兵饷，无火药。分署吏民士商乘城，日夜拊循，乞火药于仙道台[115]，得五百斤。制台以两营兵来援，虏知有备，野掠遁去。宋刘太尉锜之守顺昌[116]与公之保聚落也，庶几古今何辙乎！

平虏所过墩堡，无不残破尽屠之，妇女则裸而鞭驱以去。环云中城，议分守不决。降虏相顾曰："虏薄城下，我亦虏也。居中得无疑？我愿守外城。"士民相顾曰："降虏且为我守，我何怯虏？愿守中城。"代王[117]与宗室相顾曰："汉夷为城守，何坐靡国禄，不为自守计？愿守内城。"当是时，众皆曰："死守不二，谢鹿司理，以报朝廷。"王乃身先士卒，自援枹鼓[118]，编宗室入行伍，戍守埤[119]垸间。越五日夜，援兵渐集，诸路戒严，虏势少却。闻上拜满桂[120]为大将军，援重兵且至，度城不可卒下，作胡语指守城者曰："嘻！汝宁为司理守，我宁以司理不屠城去耶。"遂出塞渠。大将军以兵迎公归，自落聚道遇虏辎重归，公曰："止！"左右恐，公曰："虏众我寡，一走，追及之，无孑遗矣。不如营于野。"虏遥望大将军旗鼓，别途（涂）遁去，公归，入郭，勿论降虏、百姓之男女老弱，拥而喜曰："公归耶。"公一一慰劳之。入城，代王率宗室迎而喜曰："公归耶！非公犄角[121]，此城为诸堡之续矣！"公再拜逊谢。荀子曰："士民不附，汤武不能必其胜也。"故善用兵者得人和为上，乃公独得人心，城亦赖公不陷。

虏退，抚镇被逮，客兵索饷鼓噪，城中鼎沸。公车骑见之，众皆罗拜。公谕令归伍候饷，枭示首乱六人乃定。百姓以木主尸祝之[122]。上官交章[123]荐公，且南召矣。

公体故丰伟，守聚落时备尝焦劳，形神已瘁。明年己巳夏，侍值指按部蔚州，肺病，还邸中，喘不能卧。次子甡徵侍官邸，病良已[124]，出视事。甡徵亦以肺病归。九月中，公病革[125]，谓王孺人曰：“死生命耳，吾不负官，可以见先人于地下。吾无所遗，唯书与清白。语两儿：无负清白，无徒读父书。”语竟奄逝。新总督张公石林[126]闻讣哀悼[127]，慰留候赙，赙可得数百金。王孺人决意束装扶榇归[128]，父老汉夷人遮道攀舆，哭声震郊原。广昌人麇至，哭送越境。各建祠祀公。子瑞徵等奔丧，遇榇于恒山。

归颍未久，奴酋入陷卢龙[129]薄都城，戎马生郊，关隘闭塞。向王孺人候赙，则公榇阻塞上矣！盖公能归人之榇，王孺人又能成公之廉。公榇得归，若有神助；公固家世孝友，天佑然也。至于不犯淫戒，即鲁男子之不欺暗室，何以加焉。庭训两子，以身作范。生平遇宗族蔼然，其笃于亲亲，周急故旧，不啻[130]饥渴：公性坦荡，不为城府[131]。少负气，咄咄逼人。登第则恭谨逾诸生时，出仕则爱及体国，慕义廉平，足为世仪。若公者，官有荣名，去有遗思。虽未竞其用，然修之家，而献之庭，视龌龊老牖下者倍蓰[132]矣！公既仕，无地癖[133]宝精之诮，唯以书与清白遗命两子。公之所见，殆不囿于流俗明矣。

配王封孺人，二子：长，瑞徵，廪生，娶曹鹤琦女。次，甡徵，生员，先娶生员王有声女，继娶举人刘士玫女。女，二人：长，归知县王口口次子孕素；次，许字[134]生员刘大润第三子棐荪仙品。孙女三人：长，元姐，许字生员口齿泰子元淙；次，凭姐，许字生员张嗣轸子生员师咏，季子琮，即余从伯知县水台公之玄孙，余之从曾孙也；三，东姐。

公生于万历六年戊寅九月初九日，卒于崇祯二年己巳九月十八日，年五十有一。公榇归，以茔兆[135]未决，越三岁，卜于崇祯五年壬申十二月二十二日，葬于双塚之新阡。

铭曰：公世醇朴，于颍有光。建公缉学，斐然成章。洊登[136]甲第，炫耀煌煌。司理云中，誉望日彰。边虏聚煞[137]，城守弗遑。讴思允叶[138]，口碑难忘。生也身荣，殁也名扬。窀穸[139]西郊，神安洋洋。勒石贞珉[140]，奕世流芳。

不孝男瑞徵等泣血蒇石[141]。

（墓志铭盖：横65厘米，纵75厘米，4行，每行5字，共20字）（墓

志铭石刻：横 61 厘米，纵 71 厘，47 行，满行 78 字，共 3332 字）

注释：

［1］文林郎：文散官名称。隋始置为散官，是二十二阶之第二十一，从九品上。唐为文散官，历代沿用，稍有变化。明四十二阶之三十一，正七品。

［2］司理：宋代州之属官，亦称司李。元各府均设一员，掌管邢狱，俗称刑厅。明洪武三年设推官，别称司理，为各府佐贰官，掌理刑名，赞计典，正七品。

［3］赐进士出身：科举考试登第者的一种身份。明清举人殿试合格者分为三甲，第一甲（状元、榜眼、探花）赐进士及第，第二甲赐进士出身，第三甲赐同进士出身。取得进士“及第”及“出身”身份后，终身享用，称为选任官员的资格之一。

［4］光禄大夫：文散官名称。明代文散官从一品升授（初授荣禄大夫，升授光禄大夫），属第二阶。

［5］太子太师：历代置为东宫官，以辅导太子为职。明代为东宫六傅之首，从一品。无定员，无职事，为勋戚文臣之兼官、加官或赠官，皆为虚衔，与辅助太子无关。

［6］六部尚书：隋唐设尚书省为朝廷最高事务机构，下辖吏、户、礼、兵、刑、工六部，六部各设尚书一人。元称中书省，明太祖罢中书省，废宰相制度，六部尚书分掌政务，直隶皇帝，为正二品。张鹤鸣曾任兵部尚书。

［7］正治上卿：明代文勋官，十阶之第三，正二品。

［8］侍经筵：经筵为皇帝与侍读、侍讲等官讨论经史之称，亦称经筵讲官。

［9］南京吏部考功司郎中：明洪武建都南京，设六部。永乐十九年（1421）迁都北京，吏、户、兵三部随迁。南京留置礼、刑、工三部，仁宗即位，南京复原六部。正统六年（1411）定北京为京师，南京六部前各加“南京”二字，一个政府，两套“六部”班子，遂成定制。吏部下设文选、考功、验封、稽勋四清吏司，司之主官为郎中，正五品。

［10］修正庶尹：文勋阶名。明代为十阶之第九，正五品。

［11］中宪大夫：文散官名。明代为四十二阶之第十八，正四品升授。

［12］分守陇西道：明初因布政、按察二司辖区广大，永乐年间置分守道，由布政使属官参政、参议各分守一部分府州县的钱谷。陇西即甘肃陇山、六盘山以西，相当今天水市、陇西县一带。

［13］按察司副使：明初设提刑按察使司，主管一省刑名按劾、简称按察司，设按察使一人，副使、佥事、经历、照磨，检校、司狱等官。

［14］监察御史：监察官，隶于都察院。掌管分察百官、巡按州县、纠视刑狱、整肃朝仪、分察六部、监仓库等事。明代分十三道按察州县。秩正七品。

［15］魏郡：西汉置，隋以后废，唐改相州。其地域明代设彰德府(今河南安阳市)。

［16］隆虑：隆虑县，西汉置。东汉延平元年（106）以避殇帝刘隆讳改名林虑县，即今河南林县。

［17］韩平章：平章，平章政事简称，明初中书省置，从一品，洪武九年（1376）废。韩平章即韩政，睢（今河南商丘）人，元末义兵首领，率众归朱元璋，授江淮行省平章政事，后改山东行省平章政事。

率明军北伐，守彰德、战林虑，屡建奇功，洪武三年（1370）封东平侯。曾在河北招抚流民，从李文忠、汤和讨元。洪武十一年（1378）二月去世，追封郓国公。

［18］八世祖通：据乾隆《颍州府志》，河南林县人鹿德山之后鹿通为颍川卫镇抚，世袭九代至鹿韬，入清裁卫。

［19］滦州：元初置，属平滦路。治所在乐亭县（今河北乐亭县）。

［20］藁城：元代属真定路，今河北藁城县。

［21］漷河：在今北京市通县东南漷县镇南。

［22］镇抚：明代于军事机构卫下设镇抚司。设镇抚掌本卫刑名，品秩分别为正五品，从五品和正六品。

［23］垂髫：指儿童或童年。髫，儿童垂下的头发。

［24］诸生：明、清时府、州、县学的生员，统称诸生。

［25］笄：指女子十五岁成年。亦特指成年之礼。《礼记·内则》：“女子十有五年而笄。”

［26］亲迎：古婚礼六礼之一。夫婿亲自到女家迎新娘入室，行合卺之礼。

［27］丁父母忧：遭逢父母丧事。丁：作“当”“遭逢”解。

［28］服阕：守丧期满除去孝服。阕，终了。

［29］承重：指承受丧祭的重任。封建宗法制度，某人与其父若都是嫡长，而父先死，则祖父丧亡时，某人即称承重孙。

［30］大父母：祖父、祖母。

［31］硁然：坚定貌。

［32］叔世：犹末世，衰乱的时代。

［33］食廪：吃供应。此处意为取得廪膳生（简称廪生）资格。明初府、州、县学生员均有定额，每人每月发廪膳（米六斗）以补助生活，额内者为廪膳生；增额者为增生；名额再增者为附生。清代则需经岁、科两试一等前列者，才能取得廪生（即俗称秀才）资格。

［34］侧室：妾。

［35］斩衰：亦作“斩缞”。旧时五种丧服中最重的一种。用粗麻布制成，左右和下边不缝。服制三年。

［36］称贷：举债。向人告贷。

［37］吾伊：伊吾。读书声。

［38］遮留：阻拦挽留。

［39］熹宗：明天启皇帝朱由校，1621—1627年在位。

［40］春官：礼部或礼部尚书的别称。金、元、明、清礼部会试在春季举行，故名“春试”或“春闱”。上春官不第，意为上礼部参加会试未中。

［41］候选：明清选官程度，中进士后等待选任官职。

［42］帖括：科学考试所用文体之一，举人为应付考试，遂总括经文，编成歌诀，便于熟读，称为帖括。

［43］娴：熟练。未娴吏治即对吏治不熟练。

［44］瞀：眼昏花。愚昧不明。

［45］六曹：明永乐中北京行部属下吏、户、礼、兵、刑、工六曹清吏司的简称。

［46］庶政：各种政务。

［47］九边：明王朝为防御游牧部落的侵扰，在北边设置的九个军事重镇，辽东、宣府、大同、延绥、宁夏、甘肃、蓟州、太原、固原、合称九边。

［48］夷虏：夷，我国古代中原地区华夏族，对中原以外各族的泛称。虏，古时对北方外族人的蔑称。

［49］谙练：熟悉、熟练；矻矻：辛苦不懈貌。

［50］风木之悲：比喻父母亡故，不及侍养的悲伤，典出《韩诗外传》。钱谦益《南京浙江道监察狱史曹汝林授文林郎制・母李氏仍前赠》：哀此风木之悲，用需《蓼萧》之泽。

［51］蓼莪：《诗・小雅》篇名。此诗表达了子女追慕双亲抚养之德的情思。后因以蓼莪指对亡亲的悼念。

［52］桮棬：桮，同杯；棬，曲木制成的杯盂。

［53］伏腊：古代两种祭祀的名称。“伏”在夏季伏日；“腊”在农历十二月。后亦以指伏祭和腊祭之日，或泛指节日。

［54］潸然：流泪貌。

［55］云中：云中县，秦置。今山西大同市。

［56］寔在震怜：寔，同“实”。震怜，动情怜恤。

［57］呼韩：呼韩邪单于，汉代匈奴单于，这里指侵扰大同的北方外族人。

［58］降虏：泛指归附明朝的北方外族人。

［59］三尺绳之：三尺，指法律。古代以三尺竹简书法律，故称三尺法。绳之，指依据法律制裁。

［60］代藩宗室：代藩，明太祖第十三子朱桂，洪武二十五年封代王，就藩太同。此处指朱桂的宗族后裔。

［61］干没：指侵吞别人财务。

［62］署府篆：指任职官职。篆，官印的代称。

［63］音吹，指斥，指责。

［64］顺义王俺答：俺答，即俺答汗（1507—1582），明蒙古右翼土默特万户首领。嘉靖二十九年（1550）兵临北京城下，迫明帝开马市于宣府、大同等地。隆庆五年（1571）封为顺义王。

［65］款塞：旧指少数民族诚意到边界归顺通好。与“寇边”相对。

［66］擦汗儿：擦汗淖（淖，蒙语意为湖泊），亦称擦汗猱儿、擦罕脑儿、插汉脑儿。明代在此设擦罕脑儿卫（今内蒙古自治区商都县）。

［67］蓟门：蓟门关，即居庸关，在今北京市昌平县西北三十里。

［68］额赏：额定的赏金，清魏源《圣武记》卷一：“初，天启间，王象乾、王在晋主款蒙古，定月饷新旧额赏及马市、岁约百万。”又：“及崇祯初，顺义王裔为插汉部所逐，因请带顺义守边求额赏。”

［69］上谷：今北京市延庆县。

［70］市傭：亦作“市庸”。市肆中受雇而从事劳役的人。《荀子·议兵》：“是亡国之兵也，兵莫弱是矣，足其去赁市傭而战之，几矣。”

［71］祲疾：祲，常指妖气、不祥之气。泛指瘟疫之类的灾害。

［72］课艺：古代教子弟六种科目和儒家经典。

［73］文武两闱：闱，指科举考试。明清科举考试乡试，每三年的秋季，在各省省城举行，故亦称“秋试”“秋闱”。会试则例于春季在京城举行，故亦称“春试”“春闱”。专为选拔军事人才而设置的项目称武科，明代武科乡试，会试均仿文科。此处称“秋入文武两闱”，是指文、武两科秋试。

［74］抡材：择取选拔有才能资质的人才。

［75］佥宪：明置都察院，下设左、右佥都御史。掌全国监察之事，有分十三道，每道置监察御史。在外之总督、提督、巡抚等，均加都御史或佥都御史衔。宪，指朝廷委驻各行省的高级管理官吏，引申对上级的尊称。

［76］缒城：用绳系着从城上悬到城下。

［77］椟中：柜中。

［78］裾：衣服的大襟，也指衣服的前后部分。

［79］谳狱：疑难案件请求上级审理定罪。《汉书·景帝纪》："狱疑者谳有司。"

［80］台使者：指朝廷的使者。古代称宫廷禁省为台，如尚书台、御史台。

［81］蔚州：今河北蔚县，明朝设州，属大同；设卫所，属宣化。

［82］课殿：古时朝廷对官吏定期考核，检查政绩，政绩最差的称课殿，政绩最好的称课最。

［83］广昌：今涞源县。

［84］鞫：审讯，查问。

［85］及瓜：及瓜而代。旧称为官期满，由人接代。宋陆游《上陈安抚启》："易地南昌，瓜未期而先代。"

［86］屡首荐剡：多次被作为推荐选拔的首选对象。剡举，举荐。

［87］大计：明清考核京城以外官员政绩的一种制度。考核以八大法为准，处分案例分四等。

［88］白镪：钱。这里指银子。

［89］称：颂扬。

［90］狥边：巡视边防。

［91］苦心：疑为苦陉（音形）县，在今河北定县东南。山口为陉。

［92］石画：地名。未详何处。

［93］大略：地名。未详何处。

［94］宣、大：宣府大同合称。指宣府，大同府。明代宣府镇，（今河北张家口市）；大同，元为大同路，明洪武七年改为大同府。

［95］西洋河：西洋河堡，今河北怀安县西。

［96］平远：平远堡，今山西天镇县北六十里，明季重要关隘。新平：新平堡，今山西天镇县北五十二里新平堡镇，明代军事要塞。

［97］桦门：桦门堡，今山西天镇县北五十二里，明代军事要塞。

［98］保平：保平堡，在山西天镇县北四十八里。瓦窑：瓦窑口堡，在今山西天镇县北三十里。

［99］天城：天成卫，明洪武二十六年以天成县改置，治所在今山西天

镇县。

［100］阳和：明代阳和卫，治所在今山西阳高县。

［101］云门之锁钥：古代以今大同市为中心的地域称为云中，范围在内蒙古阴山以南，河套及山西省桑乾河上中游。唐代置云中都护府（今内蒙古和林格尔）、云州（今山西大同市）。明代先后在今内蒙古和林格尔和山西左三县置云川卫，同时，掌管山西全省军务的行都司设在大同。此处将大同喻为云中大门的锁钥，是说大同在边防上具有重要地位。

［102］镇川：镇川堡，在今山西省榆林市镇川镇。得胜：得胜堡，今山西大同市北六十里得胜堡村。

［103］灭虏、破胡：关隘名，今不详其他。

［104］杀胡：杀胡口，关隘名。明嘉靖二十三年（1544）筑堡防守，称杀胡口，清改名杀虎口，在今山西右玉县北。

［105］铁山：地名，不详所指。

［106］随胡：长城边堡。

［107］威远：威远卫，明正统三年置，在今山西右玉县南威远堡。

［108］平虏：平虏卫，明成化十七年置，治所在山西大同，嘉靖移治老军营，今平鲁县。

［109］羁縻：牵制，约束边民。

［110］擦酋：擦汗儿首领。互市：指民族或国家之间的贸易活动。

［111］宰生倘不浪：掌宰牲的少数民族人名。

［112］檄覈：《释文》“檄”，军书也，覈同核，核实，检验。

［113］阳和：阳和卫。前注。

［114］倅：通“猝”，突然，出乎意料。

［115］道台、制台：道台，道员别称，省府之间一级的官员，分别管辖督察地方，亦称观察。制台，明代总督的尊称，因避讳改总督为总制，故有制台，制军之称。

［116］刘太尉锜：刘锜，宋代名将。顺昌：今安徽阜阳。

［117］代王：明太祖十三子朱桂封为代王，就藩大同，后代宗裔嫡子仍称代王。

［118］自援枹鼓：亲自执槌击鼓，枹，鼓槌。

［119］埤：城堞，垷：城上有孔的矮墙。

［120］满桂：满桂（？—1630）明蒙古人：幼居宣府，勇敢善骑射。自总旗累迁为参将。天启二年被孙承宗擢为副总兵，次年随袁崇焕守宁远。六年，守城击退后金军，擢都督同知，实援总兵官，加左都督。七

年，守城御后金军，力战受伤。崇祯初为大同总兵。二年，后金军入近畿，率师入卫，拜武经略，尽统入卫诸军出师，十二月，以中使促战，领兵击城，力战死。

[121] 犄角：牵制。宋石介《上赵先生书》："先生唱于上，介等和于下，先生击其左，介等攻其右，先生犄之，介等角之。"

[122] 木主尸祝：本主即神主，尸祝，神像也，古者祭祀皆有尸以依神，以儿童为之。又尸祝，主读祝者。

[123] 交章：谓官员交互向皇帝奏事。

[124] 病良已：病好转。

[125] 病革：病情加重。

[126] 张石林：蓟辽总督。清姚希孟《文远集》有《答蓟辽总督张石林》。

[127] 候赙：以财物助人办丧事称赙。候赙，等官府发给丧葬费。

[128] 扶榇：送棺木归葬。榇，敛尸之棺。

[129] 卢龙：今河北省卢龙县。

[130] 不啻：不亚于，不下于。

[131] 城府：比喻心机很深：《晋书・愍帝纪论》："昔高祖宣皇帝性深阻，有若城府。"

[132] 倍蓰：倍，一倍；蓰，五倍，《孟子》："或相倍蓰，或相什伯，或相千万。"

[133] 地癖：广置土地成性。《旧唐书，李憕传》："憕丰于产业，与吏部侍郎李彭年皆有地癖。"宝精：道教语；谓珍惜自身的精气，《云笈七签》："精者神也，宝精则神明，神明则长久。"

[134] 许字：许婚，订婚。

[135] 茔兆：墓地。

[136] 洊登：举拔。洊：一次又一次，多次。

[137] 煞：凶神。

[138] 允叶：和洽。《北史・薛孝通传》："奉以为主．天人允叶。"

[139] 窀穸：墓穴，埋葬。

[140] 贞珉：石刻碑铭的美称。蒋士超《五人墓》诗："不欲求仁竟得仁，永垂义烈勒贞珉。"

[141] 蒇石：蒇石，泣血完成刻志工作。

（原载《志鉴》2009 年 3 期）

颍州西湖《新建临颍亭碑记》与岣嵝碑

一、《新建临颍亭碑记》

据该碑记载，清道光五年（1825）春天，淮北大旱，时任安徽巡抚，后迁任两江总督，总制三省节钺大员陶澍（号云汀），奉命为阅兵大臣，谓颍郡要地，宜亲临校武。于三月之望（十五日）由寿春行辕启节，越五口至颍营。时值颍郡久旱，民心惶恐，陶斋宿行馆，次日清晨先到南郊张龙公庙，上香默祷，祈求上苍普降甘霖。知府、知县一干地方官员随侍肃拜成礼。然后，莅临军门、升武帐、考艺勇，将校人等各有升赏。然后，又到书院课士，品其高下，奖励后学。越二日，抵蒙城，有微雨；次日，大雨滂沛，遍及颍郡六邑。是年，槁者苏，秀者实，夏收大稔，自秋到冬，百谷蔬果倍获。秋有蝗虫过境，只吃野草，不及庄稼。士民得以安居乐业，无不以为陶公抚皖时，莅颍祈雨使年岁大熟。越十年，知府马志燮、知县朱䨳等感于颍郡年年丰收，是陶公给人民带来的恩惠，共议在西湖建临颍亭，亭内立《新建临颍亭碑记》，石碑长 212 厘米、宽 82 厘米、厚 18.7 厘米，碑榫长 28 厘米。碑文记述立碑的原委，由于陶澍已升为国家大员，任两江总督、统辖三省节钺，官职已非宋代知颍的四贤可比，该亭必须建在会老堂、清涟阁、双柳亭、环翠亭的前面，以示尊崇之情。《新建临颍亭碑记》的背面碑阴部分，刻《岣嵝碑》文，“用祈南渎衍亨之意”。陶澍是湖南安化人，传说岣嵝碑是大禹治水时的功德碑，《新建临颍亭碑记》阴刻大禹碑铭，誉陶公功德比于大禹。如是，刻碑之意难免有阿谀上司之嫌。但陶澍莅颍求雨，亲民如是，就值得今之官员们学习。

二、岣嵝碑的来历

岣嵝碑发现于湖南衡山的岣嵝峰，文字奇古，无人辨识，遂附会为夏禹治水所刻的功德碑。所以，颍州《新建临颍亭碑记》碑阴所刻岣嵝碑铭，又被称为“禹王碑”，该亭也被民间称之为“禹王亭”。（图一）

衡山古刻摩崖，在《吴越春秋》一书中就有记载：“萧齐时有山人摹之献齐王。”唐代文豪韩愈曾游衡山，寻找禹碑未果，留有《谒南岳庙兼岣嵝山》诗："岣嵝山前神禹碑，字青石赤形朴奇。蝌蚪拳身薤叶披，鸾飘凤泊拿蛟螭。事严迹秘鬼莫窥，道人独上偶见之。我来咨嗟涕涟洏，千搜万索何处有？森森绿树猿猱悲。"

宋代苏东坡有诗赋岣嵝碑："忆昔周宣歌鸿雁，当时籀史变蝌蚪。厌乱人方思圣贤，中兴天为生耆耇。何人作颂比嵩高，万古斯文齐岣嵝。"苏轼见过岣嵝碑石刻或是拓片。

图一　颍州《新建临颍亭碑记》碑阴刻岣嵝碑
清道光十五年刻

今天流传的岣嵝碑，是南宋嘉定年间一位叫何致的学者，再次在南岳碧云峰壁间发现的。他摹拓了二本，过长沙时，一本献与曹彦约，一本刻之岳麓书院后山巨石上。时在南宋宁宗嘉定五年（1212），后世所传各本，均源于此石。何致刻石历几百年，后渐湮无人知。明嘉靖甲午年（1534），长沙郡守潘镒得于岳麓山，始拓以传世。

图二　南宋嘉定年刻于岳麓书院后山的岣嵝碑

三、岣嵝碑流传经过

明嘉靖十三年，进士张素在长沙岳麓书院见到此石（图二），持拓本归云南安宁家乡，赠杨慎。杨作释文，并以此拓镌刻于安宁县法华寺鸡岭岩壁，是为云南本。民国年间，该碑泐甚，别刻于县北温泉岩洞内，行款已由原拓八行半（77 字），改为七行。

杨慎回家乡，复刻于四川成都，是为成都本。嘉靖乙未（1535），南京礼部尚书湛若水将拓本由张襄刻于南京新泉书屋，篆文每字下注以杨慎、沈镒释文，是为新泉书屋本。

嘉靖辛丑（1541），安如山以新泉书屋本复刻于浙江绍兴禹陵。万历中，杨时乔又以岳麓书院本刻于江苏栖霞山天开岩，是为栖霞本。万历丙午（1606），邓以清以栖霞山本翻刻于祝融观日台。万历年间，管大勋用岳麓书院本刻于衡山石鼓书院，后毁，知府李拔重摹。康熙初，僧道重又以管本刻于岣嵝峰雷祖殿后。

明代翻刻岣嵝碑，还有容璊刻于江苏扬州甘泉书院，张应吉刻于河南汤阴。万历中，潞王刻于河南汲县。

清代翻刻的有，康熙年间，毛会建刻于大别山；丙午（1666），毛氏又刻于西安碑林，据毛跋云，是出自岳麓书院本；康熙癸丑（1673），李藩刻于山东黄县；咸丰十一年（1861），侯建功摹刻于甘肃兰州禹王庙；光绪年间，巡抚刘树棠刻于河南开封禹王台、禹王殿。尚有高氏本、济南长山本、归德府署本、漳浦赵王城本，俱为重摹。

综观岣嵝碑流传经过，在全国摹刻于石的，明代有12处，清代有8处之多，颍州岣嵝碑不在其内。

四、岣嵝碑是什么时代的刻石

岣嵝碑文字奇谲诡异，难以辨认，有人说它是上古的蝌蚪文。又有人说他是夏代文字，由此被附会为大禹治水的记功碑，俗谓“禹王碑”。

明代嘉靖甲午年间，谪戍云南的杨慎，见岣嵝碑异之，始作释文；乙未年，又有沈镒亦作释文。他们的释文，均刻于南京新泉书屋碑中篆文每字之下。杨慎的释文：

承帝日咨：翼辅佐卿，洲诸与登，鸟兽之门。参身洪流，而明发尔兴。久旅忘家，宿岳麓庭，智营形折，心罔弗辰，往求平定，华岳泰衡，宗疏事裒，劳余神禋，郁塞昏徙，南渎衍亨。衣制食备，万国其宁。窜舞永奔。

现代学者刘志一先生认为，岣嵝碑所用文字为夏代官方文字，早于商周，内容为南楚方言，多通假字，他费十年心血，破译此碑文，其释文：

承帝冢然，翼辅雝卫。竞泽矢发，沮恒往行，三河飞涌。北过冀而奠．姒若忘鸟。宿岳麓庭，昶溢酉祈，水庐弗长，往求永定。华岳泰衡。崇楚事裒，劳余神禋，鬯曼吉徙。南渎衍昌。衣则食备，万邦皆宁，疆无漾漭。

杨慎的释文，仅释对“麓、裒、南、宁”四个字；刘志一又多释对“恒、溢、则”三个字。刘志一认为岣嵝碑是楚庄王三年（前611），为歌颂灭庸国而立。刘说，时间定位在春秋时期正确，但未脱旧说窠臼，似显穿凿。

今天，由于考古事业的发展，金文、简文大批出土，学者对战国文字研究有了长足的进步，为破译岣嵝碑文字创造了前所未有的条件。浙江省博物馆研究员曹锦炎先生，精通古文字学，专攻春秋战国时期的鸟虫书。经他多年探索、研究，根据岣嵝碑原字形，逐字析出字形、校正字形、找出参照字形，做出隶定。终于破译了岣嵝碑的内容，认为岣嵝碑是春秋时期越王朱句（前448—前412）为太子时，于公元前456年到南岳衡山祭祀时的刻辞，与大禹治水的所谓诰文无关。

曹锦炎的释文：

隹王二年六月丁酉，承嗣越臣宪亘朱句，凡以悊顺厥日登，余盟于此。曰：虔主山鹿（麓），女（汝）弼益（溢）福，利关（朕）四行，王生（姓）禾（和）攸，卑（俾）师长黍，扬王，夙夕衷（褒）赏（尚），穆穆用工（功），其允有作，南峰渊百（陌），匕（曲）则（侧）丘田，烟草霈宁，用拜光关（朕）。

曹锦炎先生的《岣嵝碑研究》文章，发表在安徽《文物研究》1989年总第五辑上。曹先生破解了一千多年来被视为“天书”的岣嵝碑铭文，经过多年的验证，至今没有人提出驳义，因此得到学术界的首肯。

五、颍州西湖岣嵝碑的厄运

颍州西湖岣嵝碑，镌刻于道光地十五年（1836），在全国20多处岣嵝碑石刻中，不算是最晚的，不幸的是方志上从来没有收入。道光五年《阜阳县志》没能赶上；民国《阜阳县志续编》主要记民国史，没有收录；1949年后的志书也没有收入。阜阳人质朴，不会显摆，如此珍贵的石刻，没人提及、宣扬，让其自生自灭。1938年大水，临颍亭被大水冲倒，碑刻移置埋玉观旁，后被欧阳家族移入会老堂房檐下。后来岣嵝碑上的77个字被凿毁，无一字幸免。后碑被欧阳家族沉入泉河，才得以保存至今。1983年重修会老堂时，主持修建工程的王襄天同志，叫工人把找回的明清碑刻砌入墙体中。没想到，后来再次重修会老堂时，竟将砌入墙体的明清碑刻全部拆除，抛在会老堂外，两年后被生态园用推土机推入竹林土坑中。大多碑刻都遭残损，岣嵝碑上部也断了一角。

岣嵝碑历来被视为禹王碑，全国名山大川镌刻岣嵝碑铭，可以彰显地方的文明程度。阜阳对待岣嵝碑的态度，实在有失斯文。随着国家的强盛，希望有识之士重新修复西湖岣嵝碑，以此彰显阜阳历史的文明，提升阜阳知名度。

（与韩朝、张卫钧合作，原载《志鉴》2011年第4期）

阜阳汉简简介

阜阳汉简是1977年在发掘阜阳县双古堆一号汉墓时发现的。同墓出土了铜器、漆器、铁器、陶器等文物二百余件。根据出土器物上有“女（汝）阴侯”铭文及漆器铭文纪年最长为“十一年”等材料，确认墓主是西汉第二代汝阴侯夏侯灶。夏侯灶是西汉开国功臣夏侯婴之子，卒于文帝十五年（前165年）。因此，阜阳汉简的下限不得晚于这一年，大抵为汉初遗物。详细内容参见《文物》1978年第8期《阜阳双古堆西汉汝阴侯墓发掘简报》。此墓已塌，且经盗扰，原来存放简牍的漆笥已朽坏，简牍不仅散乱扭曲、变黑变朽，而且纤维质逐渐溶解粘连，成为类似刨花板那样的朽木块。简片已薄如纸张，互相叠压镶嵌，给剥离揭取工作带来难以想象的困难。经文物局文保所胡继高等同志近一年时间的精心揭剥，这批简牍才得以重见天日。

阜阳汉简的整理工作，从1980年9月开始。先后参加这项工作的有文物局古文献研究室的于豪亮、胡平生和阜阳地区博物馆的韩自强同志。罗扬、张平和刘奕云、顾祖英等同志分别负责摄影、临摹。于豪亮同志后因不幸患病逝世。今天，当我们开始公布阜阳汉简整理成果之际，深切地怀念在整理工作中作出贡献的于豪亮同志。

这批竹简的释文承蒙李学勤、裘锡圭两位同志帮助审阅，谨此致谢。

阜阳汉简有竹简、木简和木牍，大部分非常破碎，但是它包含的内容却相当丰富，目前已清理出十多种古籍，现将其内容分别简介如下：

一、《苍颉篇》

包括李斯所作《苍颉》、赵高所作《爰历》、胡毋敬所作《博学》，现存基本完整的字五百四十一个。这是《苍颉篇》亡佚近千年后，最大的一次发现。过去，《流沙坠简》《居延汉简》等书所载《苍颉篇》残文，皆为汉代“闾里书师合《苍颉》《爰历》《博学》三篇，断六十字以为一章，凡五十五章”的修订本。以阜阳简《苍颉篇》与之对校，有若干异文。而且有避秦始皇名讳的“饬端修法”的句子，当是未经汉人修订过的本子。

二、《诗经》

整理出一百多个破碎的简片，包括今本《诗经》《国风》中的近六十篇诗和《小雅》中的《鹿鸣》《伐木》等，但遗憾的是已无一首完好者，有的仅存篇名。原简每诗皆有篇题和字数，如“《日月》九十六字”；“《南有杋（樛）木》卌八字”等。某一国风之后又有尾题，如“右方《北（邶）国》”，“右方《郑国》”等。《汉志》载《诗》有鲁（申培）、韩（婴）、齐（辕固）三家及毛传。清人陈乔枞《诗经四家异文考》云：“四家之诗，其始口相传授，受之者非一邦之人，人各用其乡音，故有同音而异字，同字而异音者。”今阜阳简，《诗经》与上述四家又皆不同，有异文近百处，多为同音假借，也有些异义的异文。如《召南·殷其雷》阜阳简写作“印方离”；《邶风·燕燕》的“燕”字作“匽”；《邶风·终风》“惠而好我，携手同车”的“而”字作“然”，“车”字作“居”；《卫风·考槃》“永矢弗告”的“永”字作“柄”等。这些异文对于研究汉初语音和诗义很有价值。

三、《周易》

有三百多个破碎的简片，包括今本《易经》六十四卦中的四十多卦，其中有卦画、卦辞的九片，有爻辞的六十多片。每爻辞之间，用圆点隔断。辞后有卜事之辞。《汉志·六艺略》有《易经》十二篇，而《数术略》中另有《周易》三十八卷、《於陵钦易吉凶》二十三卷、《大次杂易》三十卷等属于筮龟家的《易》。阜阳简《周易》当属此类。其卜事之辞为固定的格式，指出各种天象和人事的吉凶，如晴雨、田渔（田猎和捕鱼）、征战、事君、求官、行旅、出亡、嫁娶、疾病等。《同人·九三》之后即有“卜有罪者凶，战斗敌强不得志，卜病者不死乃癃”等语。

《周易》经文与今本《易经》亦有不少异文，多为通假字。如《屯卦》“即鹿无虞”，阜阳简作“
即鹿毋吴”；《豫卦》“盱豫”的“盱”字作“歌”等。

《周易》的卦画留存下来的很少，仅见临、离、大有三卦，其阴爻作“八”形，与今本《易经》、马王堆帛书《易经》等皆不同。如临卦卦画，今本作□，马王堆帛书□作，阜阳简则作□。这些材料丰富了我们对八卦卦画的知识。

四、《年表》《大事记》

上起西周，下迄于汉。记周秦以来各国君王在位之年。此简残断尤甚，现存一百七十余片，绝大多数不相连属。表中王、公、侯、伯，多以谥号称谓，楚熊噩（鄂）、吴州于等称名。王、公、侯、伯之上皆未标国名，可能当初此卷简札右起第一支简专列国名，可惜已经看不到了。《大事记》仅存少量残简。

五、《杂方》

共五十余条，这是阜阳简中较为完整的一部分，有一支残简多至三十余字者。《杂方》以一句话为一段，每段之间用墨点间隔，文义并不关联。主要的内容是医药方面的，如“石鼠矢（屎）已心痛也”“石番之令溺不遗也”。除此而外，还有讲某物致某用的，如“兔白可以为裘也”；有讲某种物理现象的，如“泄井以半□毋□不是□动（?）□管之水将自汲也”，即是对“虹吸”现象的介绍。此类简兼有《本草》及《博物志》等书的内容。《汉志·方技略》有“神仙”十家如《黄帝杂子十九家方》《泰壹杂子十五家方》等。班固云：“神仙者，所以保性命之真，而游求于其外者也。”此类简或与神仙家著作相近，暂以《杂方》名之。

六、《作务员程》

“作务员程”一语，见于云梦秦简《为吏之道》“除害兴利”一节。作务，作业工技之流；员程，计其人及日数为功程。我们将阜阳简中有关内容冠以此名。此类简近百片，也残破得相当厉害。主要内容有器物制造、建筑工程、农产品加工等方面的规格、标准，以及每人每天的工作量。劳动力有上工、中工、下工之分，工作量有夏日、春秋日、冬日之分，已相当精细。有些材料可与云梦秦简《秦律十八种·工人程》相互参证。用工方面如“屯夏日人攻七十八尺，春秋五十八尺”；用料方面“参纠袤十八丈用枲一石”；建造规格方面“户高六尺三寸，广三尺八寸，小户□□”。与此有关的，还包括一些度量衡制度的材料，可补文献之阙遗，可惜材料不多。

七、《行气》

残存不多，内容主要讲行气的功能和方法。例如：“气之有所不节则沧。”

八、《相狗经》

仅残存数条，讲狗的体态特征与善走的关系。《汉志·数术略》形法家中有《相六畜》等书，此即其类。

九、辞赋

阜阳简中发现有两片《楚辞》，一为《离骚》残句，仅存四字；一为

《涉江》残句，仅存五字，令人惋惜不已。另有若干残片，亦为辞赋之体裁，未明作者。如："口橐旖（兮）北辰游。"

十、《刑德》《日书》

《淮南子·天文训》云："日为德，月为刑，月归万物死，日至万物生。"汉人十分迷信，言行举止，皆要避凶取吉。此类书即为当时必备的工具书，睡虎地秦墓，马王堆汉墓中均有出土。阜阳简中约有数百余片。内容多为星象、天文与人间活动吉凶的关系，如日辰星皆大凶，不可祭祀、作土事、起众、益地（《日书》)："战不出三年将死；东北胜，得地；东胜口"（《刑德》)。

阜阳简中还有《干支表》残片。《干支表》以朱线划栏，朱色绚丽，虽历两千余年，犹十分耀限。《干支表》可能是《日书》或《刑德》的附属。

十一、木牍

共三块，一块较完整，二块已残破，皆为书籍篇题。完整的一件，正、背两面各分三行书写，今存篇题四十六条，内容多与孔子及其门人有关，如"子曰北方有兽""孔子临河而叹""卫人醢子路"等。这些篇题的内容大多能在今本《孔子家语》中见到。

另一块木牍也是两面书写，现存较完整的篇题二十多条，如"晋平公使叔向聘于吴""吴人入郢"，"赵襄子饮酒五日"，包括春秋、战国故事，在刘向纂集的《说苑》《新序》中可以见到。阜阳简中有若干属于这些篇题的简片。旧说以为《孔子家语》，王肃伪作，今阜阳汉简木牍证明早在西汉初期，已有类似的书籍。

还有一块木牍，单面书写，篇题甚简短，如"乐论""智（知）遇""颂学"等，似与《荀子》等儒家学派有关。

以上各种书籍，《苍颉篇》于本期发表，《诗经》已基本整理完毕，其余各书仍在整理之中，将陆续公布。

最后，应当指出，阜阳出土的竹简、木简、木牍，各种书籍书体各不相同，有的郁拔纵横（《苍颉篇》)，有的温文清秀（《辞赋》)，有的严谨端庄（《作务员程》)，有的飞龙走蛇（《诗经》)，对于研究书法艺术及书法史来说也是非常珍贵的资料。

（原载《文物》1983 年第 2 期）

西汉汝阴侯一号木牍《儒家者言》章题释文考证

前　言

阜阳西汉汝阴侯墓除出土大批竹简外，还有三件木牍，其中有两件残损，只有编为一号的木牍完整。一号木牍长 23 厘米，宽 5.4 厘米，厚 0.1 厘米。木牍正面和背面各分上中下三排，由右至左书写章题；正面上排 7 行，中排 8 行，下排 9 行；背面上排、中排各 9 行、下排 5 行，尾部书“右方□□字”，木牍共书写 47 个章题。内容记载孔子及其弟子的言行，除了几题字迹漫漶不清外，大都能在先秦和西汉及以后的著作里，尤其是《说苑》《孔子家语》和《新序》里找到它们的踪迹。

1973 年河北省定县汉宣帝五凤三年刘修墓出的《儒家者言》[注] 炭简 27 章，其中有 14 章与木牍内容相同，定县汉墓竹简整理组认为“这部分简从思想、内容直到体裁都是完全统一的，应当是单独的一种书”。阜阳一号木牍章题的发现，更有力证实这是单独的一种书。定县这部分简已被整理组定名为《儒家者言》，阜阳木牍没有自书书名，姑以《儒家者言》章题名之。

释文以木牍字体书写，辨认不出的字以□代替，内容暂时找不到出处的，以存疑标出。编号从木牍正面上排自右向左顺序编排，直到背面终止。

释　文

一　子曰言病则豪

注：本章未查到出处，存疑。

二　子思曰学所以尽材

注：本章见《说苑·建本》“子思曰学所以益才也”，尽作益，材作才。

《大戴礼记·劝学》“孔子曰：吾尝终日思矣”。

《荀子·劝学》“吾尝终日而思矣”。

三　子曰北方有兽

注：本章见《说苑·复恩》；“孔子曰北方有兽，其名曰蟨”，其前段

“孔子曰：德不孤，必有邻”，依木牍应独立为一章，《吕氏春秋·不广》《淮南子·道应训》，作“北方有兽，（其）名日蹶（蟨）”。

《韩诗外传·卷五》作“西方有兽名蟨”。

四　孔子之匡

注：本章见《说苑·杂言》“孔子之宋，匡简子将杀阳虎”。

《家语·困誓》作“孔子之宋，匡人简子以甲士围之”。

《韩诗外传·卷六》作“孔子行，简子将杀阳虎”。

《莊子·秋水》作“孔子游于匡，宋国人围之数匝”。

定县简“□□之匡，间子欲杀阳虎”。

五　阳子曰事可之贫

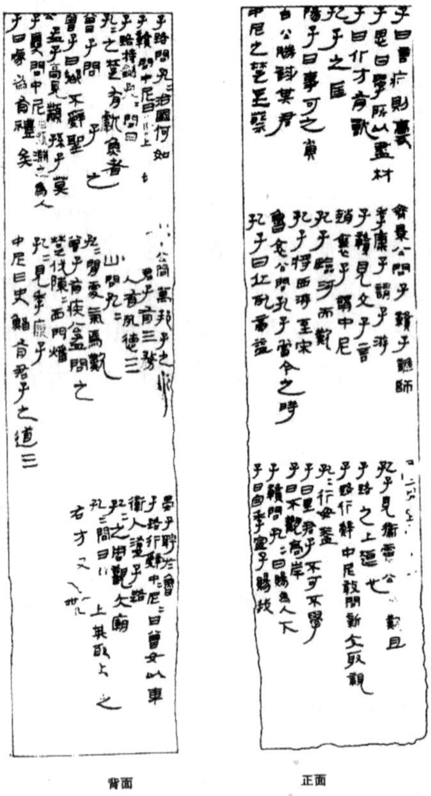

西汉汝阴侯一号木牍《儒家者言》摹本

注：本章见《说苑·权谋》“杨子曰事之可以之贫”。

六　白公胜试（弑）其君

注：本章见《新序》“白公胜将弑楚惠王”。定县简也有这一章。

七　中尼之楚至蔡

注：本章见《说苑·杂言》“孔子遭难陈蔡之境”，《家语·困誓》作“孔子遭难厄于陈蔡之间”。

另有一篇《说楚·杂言》“孔子困于陈蔡之间”。

《家语·在厄》作“楚昭王聘孔子，路出于陈蔡”。

《荀子·宥坐》作“孔子南适楚，厄于陈蔡之间”。《韩诗外传·卷七》作“孔子困于陈蔡之间”。

两篇文章，多种书籍增删引用，现难以确认何条为原作。

八　齐景公谓子赣子谁师

注：本章见《说苑·善说》“齐景公谓子贡曰：子谁师”。

《韩诗外传·卷八》作“齐景公谓子贡曰：先生何师?”定县简作“齐景公问子赣曰子谁师?”

九　季康子谓子游

注：本章见《说苑·贵德》“季康谓子游曰”。

十　子赣见文子言

注：本章见《说苑·善说》“卫将军文子问子贡曰：季文子三穷而三通，何也?”木牍章题以客为主突出子贡回答“三穷三通”的道理。

十一　赵襄子谓中尼

注：本章是《说苑·善说》“赵襄子谓仲尼曰：先生委质以见人主”。

定县简作“赵襄子问中尼先生行见”。

赵襄子与孔子时代不同，此章属寓言类。

十二　孔子临河而叹

注：本章见《说苑·权谋》：赵简子曰：“晋有泽鸣、犊犨、鲁有孔丘使人聘孔子于鲁，孔子至河，临水而观曰”。

《家语·困誓》作“孔子自卫将入晋，至河闻赵简子杀窦犨、鸣犊及舜华，乃临河而叹曰”。

《孔丛子·记问》《吕氏春秋·应同》《史记·孔子世家》《新序·三国魏志·刘廙传注引》以及定县简都有记载，木牍用特定时间和地点“孔子临河而叹”作篇题。

十三　孔子将西游至宋

注：本章见《说苑·政理》“仲尼见梁君，梁君问仲尼曰”。

《家语·贤君》作“孔子见宋君，君问孔子曰”。

十四　鲁“哀公问于孔子：当今之时”

注：本章见《说苑·尊贤》“鲁哀公问于孔子曰：当今之时君子谁

贤”。《家语·贤君》作“哀公问于孔子曰：当今之君，孰为最贤”。

十五　孔子曰丘死商益

注：本章见《说苑·杂言》“孔子曰丘死之后，商也日益”。

《家语·六本》作“孔子曰：吾死之后，则商也日益。”

十六　□□□□□□

注：字迹漫漶不清

十七　孔子见卫灵公□叹且

注：本章疑为《说苑·政理》“卫灵公谓孔子曰：有语寡人为国家者”。

《家语·贤君》作“卫灵公问于孔子曰：有语寡人有国家者”。

十八　子路之上垣也

注：本章尚未查到出处，疑是佚文。

十九　子路行辞中尼敢问新交取亲

注：本章见《说苑·杂言》“子路行辞于仲尼曰：敢问新交取亲若何”。

《家语·子路初见》作“敢问亲交取亲若何”。定县简作“新交取亲”。

二十　孔子行毋盖

注：本章见《说苑·难言》“孔子将行，无盖”。

《家语·致思》作“孔子将行，雨而无盖”。

二十一　子曰里君子不可不学

注：本章见《说苑·建本》“孔子曰鲤，君子不可不学”。

《家语·致思》作“孔子谓伯鱼曰：鲤乎！吾闻可以与人终日不倦者，其唯学焉！”

《大戴礼记·劝学》作“孔子曰：‘野哉君子不可以不学’！”

《尚书大传·略说》作“子曰：君子不可以不学。”

二十二　子曰不观高岸

注：本章见《说苑·杂言》：“孔子曰：‘不观于高岸’。”

《家语·困哲》作“孔：子曰：不观高崖”。

二十三　子赣问孔：曰赐为人下

注：本章见《说苑·臣术》：子贡问孔子曰“赐为人下”。

《家语·困誓》作“子贡问于孔子曰：‘赐既为人下矣！’”

《荀子·尧问》作“子贡问于孔子曰：‘赐为人下而未知。”

《韩诗外传·卷七》作“孔子闲居，子贡侍坐，请问为人下之道奈何!”定县简作“子赣问孔子曰：‘赐为人下如不知为’”。

《春秋敏繁露·山川颂》亦有记载。

二十四　子曰自季桓子赐我

注；本章见《说苑·杂言》：“孔子曰：自季孙之赐我千钟!”

《家语·致思》作“孔子曰季孙之赐我粟千钟也”。

《孔丛子上》作“季桓子以粟千锺饩夫子”。

二十五　子路问孔：曰治国何如

注：本章见《说苑·尊贤》：“子路问于孔子曰：治国何如?”

《家语·贤君》作“子路问於孔子曰：贤君治国所先者何?”

二十六　子赣问中尼曰死□□知毋□

注：本章见《说苑·辨物》：“子贡问孔子：死人有知无知?”

《家语·致思》作“子贡问於孔子曰：死者有知乎，将无知乎?”

二十七　子路持□孔：问曰

注：本章见《说苑·贵德》“子路持剑，孔子问曰”。

《家语·好生》作“子路戎服见孔子，拔剑而舞之”。

二十八　孔子之楚有献鱼者

注：本章见于《说苑·贵德》“孔子之楚，有渔者献鱼甚强”。

《家语·致思》作“孔子之楚，而有渔者而献鱼焉”。

二十九　曾子问曰□子送之

注：存疑。

三十　曾子曰乡不辞圣

注：本章见《说苑·杂言》：“曾子曰：‘响不辞声’。”

三十一　公孟子□见颛孙子莫

注：本章见《说苑·修文》：“公孟子高见颛孙子莫曰”。

三十二　子夏问中尼□渊之为人。

注：本章见《说苑·杂言》：“子夏问仲尼曰：‘颜渊之为人也何若’?”

《家语·六本》《列子·仲尼篇》作“子夏问孔子曰：‘颜回之为人奚若?’”

《淮南子·人间训》作“人或问孔子曰：‘颜回何如人也’?”

三十三　子曰㡲为有礼矣

注：本章尚未查到出处，疑为佚文。

三十四　□公问万邦子之病

注：本章尚未查到出处，疑为佚文。

三十五　□□□君子有三务

注：本章见《家语·三恕》："孔子曰：君子有三思，……故君子少思其长，则务学；老思其死，则务教；有思其穷，则务施。"

三十六　□□□有死德三

注：本章见疑是《家语·五仪解》："哀公问于孔子曰：智者寿乎?"孔子对曰："然人有三死，而非其命也。……若夫智士仁人，将身有节，动静以义，喜怒以时，无害其性，虽得寿焉，不亦可乎！"

三十七　□山问孔子

注：本章尚未查到出处，疑为佚文。

三十八　孔子闲处气焉叹

注：本章见《说苑·尊贤》"孔子闲居，喟然而叹曰"。

《家语·贤君》作"孔子闲处，喟然而叹曰"。

定县简作"孔子闲处，喟然叹曰"。

三十九　曾子有疾公孟问之

注：本章见《说苑·修文》："曾子有疾，孟仪往问之"。

《论语·泰伯》作"曾子有疾，孟敬子问之"。

定县简作"曾子有疾，公猛义往问之"。

四十　楚伐陈：西门燔

注：本章见《说苑·立节》"楚伐陈，陈西门燔"。

《韩诗外传·卷一》作"荆伐陈、陈西门坏。"定县简作"楚伐陈，西门燔。"

四十一　孔子见季康子

注：本章见《说苑·政理》"孔子见季康子"。

《家语·子路初见》："孔子为鲁司寇，见季康子"。

四十二　中尼曰史鰍有君子之道三

注：本章见《说苑·杂言》"仲尼曰史鰍有君子之道也"。

《家语·六本》作"史鰍有男子之道三焉"。

四十三　晏子聘于鲁

注：本章见《晏子春秋·杂篇》《韩诗外传·卷四》。定县简亦有残句

四十四　子路行辞中：尼：曰曾女以车

注：本章见《说苑·杂言》"子路将行，辞于仲尼曰：赠汝以车乎"。

《家语·子路初见》作"子路将行，辞于孔子，子曰：赠汝以车乎"。

定县简作"子路行，辞于孔子曰：曾若以车乎"。

四十五　卫人醢子路

注：本章见《家语·曲礼子夏问》："子路与子羔仕于卫，卫有蒯聩

之，子路死焉，夫子哭之于中庭……哭进使者而问故，使者曰醢之矣……”

四十六　孔子之周观太庙

注：本章见《说苑·敬慎》“孔子之周、观于太庙右陛之前”。

《家语·观周》作“孔子观周，遂入太祖后稷之庙”。

另外《太公金匮》《金楼子·戒子篇》亦有相似的记载。

四十七　孔子问曰□□上其取之也

注：疑为佚文右方□□字

注：右方记章题字数，惜已漶失不清。

结束语

《儒家者言》章题的发现，证实了它是一部记载孔子及其弟子言行的单独的一种书。章题是用传统的方法，把每一章的首句作为章题。首句如果太长，则用本章的典型事物来作章题，例如“卫人醢子路”“孔子临河而叹”“中尼之楚至蔡”等。

一号木牍共有47个章题，其中有8章因漫漶不清或暂时查不到出处或已成佚文者外，剩下的39个章题，其内容大都保存在《说苑》和《孔子家语》两书里。特别是《说苑》保存得最多，共34章；《孔子家语》26章；《新序》2章。39章的内容有一些被先秦和汉代的著作所加工、采用，如《荀子》有4章；《大戴礼记》2章；《吕氏春秋》3章；《淮南子》2章：《韩诗外传》7章；《孔丛子》2章；《史记·孔子世家》《春秋繁露》《列子》《晏子春秋》《尚书略说》《太公金匮》《金楼子》等，各有一章。从这些书引用《儒家者言》的内容来分析，《儒家者言》一书产生于战国时期是没有问题的。

一号木牍出于汝阴侯夏侯灶墓（西汉文帝十五年、前165年），定县简出土中山怀王刘修墓（西汉宣帝五凤三年，前55年），在这一百多年内，《儒家者言》作为单独的一种书，一直在世上流传，只是到了汉成帝时（前32—前7）皇族刘向领导并参与了对秦汉古籍的全面整理，从皇家或民间收藏的众多古籍里去除“章句相溷，上下谬乱”者，辑录出《说苑》《新序》和《别集》（别集已失传）。我们从一号木牍章题的编排次序可以看出随意性很明显，但到了“以著述当谏书”“陈古事以讽今”的刘向手里，就把这部流传已久的书“令以类相从，一一条别篇目”，剪裁归属为臣术1章，建本2章，立节1章，贵德3章，复恩1章，政理3章，尊贤3章，敬慎1章，善说3章，权谋2章，杂言11章，辨物1章，修文2

章。同样的内容，又被《孔子家语》分解，归纳到五仪解1章，致思5章，三恕1章，好生1章，观周1章，贤君5章，六本3章，子路初见4章，困誓4章，曲礼1章。从《儒家者言》章题和定县炭简内容来看，《说苑》里保存的这部分《儒家者言》的内容还是比较原始的。《孔子家语》和其他汉代著作所引用的内容，多有所增删加工的痕迹，因此《说苑》亦显得真实宝贵。刘向编辑的《说苑》流传以后，作为“单行本”的《儒家者言》或许还有其他内容的“单行本”都逐渐失传了。一号木牍的出土，使我们重新目睹了两千多年前的《儒家者言》的本来面貌，这也是今世学人的幸运和福分。

2001年6月20日

（与韩朝、刘海洋合作，本文参加“百年来简帛发现与研究暨长沙吴简国际学术研讨会”）

西汉汝阴侯二号木牍《春秋事语》章题及相关竹简释文考证

前　言

二号木牍《春秋事语》章题，是阜阳西汉汝阴侯墓出土的三件木牍中，比较残破的一件，经拼接后，得知与一号木牍《儒家者言》相似，长23厘米，宽5.5厘米，正背两面各分上中下三排，由右至左书写章题。正面上排仅存章题5行，下排存9行，背面上排和下排漫漶不清，仅存2行，中排存7行，另外还有难以拼接的残片，两面保存7行，总计有37个章题，其中有9行存字太少，尚未找到出处。另在竹简里找到同类性质的竹简近百条。经与《说苑》《新序》《左传》《国语》等书里找相同的内容，得25章，加上章题的28章，共得53章。

1976年长沙马王堆三号墓出土的帛书里，有一种记载春秋时期历史的古佚书，参加整理帛书的张政烺先生在《春秋事语解题》一文里、谈到这部分帛书内容时写道：这十六章的文字，记事十分简略，而每章必记述一些言论，所占字数要比记事多得多，内容既有意见，也有评论，使人一望而知这本书的重点不在讲事实，而在记言论。这在春秋时期的书籍中是一种固定的体裁，称为“语”。语，就是讲话。语之为书既是文献记录，也是教学课本。“语”这一类的书虽以语言为主，但仍不能撇开记事，所以又有以“事语”名书的。帛书这个卷子所记皆春秋时事而以语为主，所以我们给它加了《春秋事语》这样一个书名。

阜阳汝阴侯二号木牍和相关竹简，所记也都是春秋时事，木牍和竹简上也没有留下书名，20世纪80年代，笔者在北京整理阜阳汉简时，曾当面请教过张政烺先生。张老听了汇报后说：“阜阳汉简这一部古佚书，既然是谈的春秋时事，与马王堆古佚书一样称为《春秋事语》为妥。”我们也认为这个书名切题，就把2号木牍和相关竹简称作《春秋事语》。

释文以木牍和竹简字体书写，漫漶不清的以□代替，木牍编号从正面上排自右向左编排，到背面下排终止，残片在最后。

释文考证

木牍

一、□□□□□台

六、□□□台

三十九、□□□台晋

春秋时期诸侯筑台的故事在《说苑》里有八章，佚文二章；《新序》筑台的故事有三章。本牍第一章“台”前漫漶5个字，第六章和二十九章“台”前漫漶3个字。第一章可以《说苑·卷九》第九章“楚庄王筑层台”当之；六章和二十九章“台”前各缺3字，可以《新序·卷六》第一、二两章既“桀作瑶台”和“纣为鹿台”当之，这只是推论，不能成定论。三十九题台字前不知缺几字，下一“晋”字可能是下行章题首字。

阜阳汉简《春秋事语》

西汉汝阴侯二号木牍《春秋事语》竹简

二、□□□去疾不更

本章前缺3字，去疾是否为楚公子弃疾，不敢定，存疑。

三、晋平公筑施祁之台

本章见《说苑·卷十八辩物》24章“晋平公作虒祁之室”；《左传·昭公八年》“晋侯方筑虒祁之宫”；《汉书·五行志》也有石能说话的记载。木牍作“筑台”；《说苑》“作室”；《左传》“筑宫”“虒祁”木牍作“施祁”。

四、晋平公使叔向聘于吴

本章见《说苑·卷九正谏》13章：“晋平公使叔向聘于吴，吴人拭舟以逆之。”

五、□□□□□□有□□

本章应有10字，今仅存一个“有”字，无法辨识，存疑。

七、噩王召孔

本章见《说苑·卷十七杂言》14章：“楚昭王召孔子将使执政”还见于《史记·孔子世家》：“昭王将以书社地七百里封孔子。”但细看木牍照片“王”前一字像似噩字，称楚王为荆王有很多例子，称楚王为“噩王”还没见到先例。

八、吴人入郢

本章见《说苑·卷十一善说》3章：“吴人入荆，召陈怀公。”《左传·哀公元年》和《史记·陈世家》也有相同的记载。

九、竽尹棘口

本章见《国语·吴语卷十九》：申胥进谏（吴王夫差）曰：“昔楚灵王不君，其臣箴谏以不入，乃筑台于章华之上，阙为石郭，陂汉，以象帝舜，罢弊楚国，以间陈蔡，不修方城之内，逾诸夏而图东国，三岁於沮，汾以服吴越。其民不忍饥劳之殃，三军叛王于乾溪，王亲独行乃匍匐将入棘闱，棘闱不纳，乃入芋尹申亥氏焉，王缢，申亥负王以归，而土理之其室。”《左传·昭公十三年》曰：“王缢，申亥以其二女殉而葬。”本章是讲芋尹申亥的故事无疑。芋尹复姓、木牍作“竽尹”。

十、晋文公逐麋

本章见《新序·卷二杂事》13章：“晋文公逐麋而失之。”《群书治要·卷四十二》《太平御览·卷三十九》均有引录。

十一、晋文君之时翟人献封狐

本章见《说苑·卷七政理》39章：“晋文公时，翟人献封狐，文豹之皮者。”此事还见于《韩非子·二十一喻老》和《金楼子·立言下篇》。

十二、韩武子田兽已冣

本章见《说苑·卷一君道》37章：“韩武子田，兽已聚矣，田车合矣！”

聚，本牍作“冣”，《说文》：“冣，积也，从冂从取、积也。”古以聚物之聚为冣。

十三、简子春筑台

本章见《说苑·卷五贵德》16章：“赵简子春筑台于邯郸。”

十四、晋文君伐卫

本章见《说苑·卷十三权谋》48章：“晋文公伐卫，入郭。”此章还和《说苑·卷九正谏》14章“公卢谏赵简子攻齐”；《列子·说符篇》“公子锄谏晋文公伐卫”，事相类。

十五、简子有臣尹淖

本章见《说苑·卷二臣术》18章：“简子有臣尹绰，赦厥。”《吕氏春秋·达郁篇》也引用了赵简子这个故事，但把尹绰改为尹铎。《说苑》作绰、木牍作“淖”，绰、淖可以相通。

十六、简子攻卫之附郭

本章“简子攻卫之附郭”在《说苑》里找不到相同的章题。在《说苑·卷十二奉使》20章有：“赵简子将袭卫，使史黯往视之。”《吕氏春秋·召类篇》和《淮南子·主术训》里都引用过这个故事。但作为章题大都是以文章的首句为题。“攻卫之附郭”与“将袭卫”一是正在进攻，一是打算袭卫，时间、地点不同，本章可能是失传的佚文章题。

十七、夏徵舒试（弑）陈灵公

本章在《说苑》《新序》里均不见。《左传·宣公十年》有详细记载：“陈灵公与孔宁，仪行父饮酒于夏氏，公谓行父曰：‘徵舒似汝’对曰：‘亦似君’。徵舒病之，公出，自其厩射而杀之，二子奔楚。”

十八、灵王会诸侯

本章见《新序·卷九善谋》5章：“楚灵王即位，欲为霸，会诸侯。”此事还见于《左传·昭公四年、五年、七年、十二年》，亦见于《史记·楚世家》。

十九、景公为台：成

本章见《说苑·卷九正谏》15章：“景公为台、台成，又欲为钟。”《晏子春秋·内篇谏下》亦有相似的记载。

二十、阳虎为难于鲁

本章见《说苑·卷十三权谋》27章：“阳虎为难于鲁，走之齐，请师攻鲁。”《淮南子·人间训》亦有“阳虎为乱于鲁，鲁君令人闭城门而捕之。”一个“难”与“乱”之差，内容大不相同。《左传·定公九年》亦有阳虎为难的记载。

二十一、晋韩宣子

本章可能是郑子产与韩宣子的一段对话，《说苑·卷十八辨物》22章“郑简公使公孙成子来聘于晋，平公有疾，韩宣子赞，授馆客。客问君疾”的故事。

二十二、齐景游于海

本章见《说苑·卷九正谏》2章：“齐景公游于海上而乐之，六月不归。”《韩非子·十过》亦有类似的记载。

二十三、□□阳虎

本章仅存阳虎二字，关于阳虎的故事，《说苑》《新序》以及《孔子家语》有多条不同内容的篇章，不知这条属哪章。

二十四、卫灵公筑□□

本章“卫灵公筑”应该指筑台，可是在《新序·卷六刺奢》4章只有“卫灵公以天寒凿池”，是不是本章的内容，不好确定。

二十五、魏文侯与大夫饮

本章见《说苑·卷十一善说》12章：“魏文侯与大夫饮酒，使公乘不仁为觞政。”

二十六、鲁孟献子聘于晋

本章见《新序·卷六刺奢》27章：“鲁孟献子聘于晋，宣子觞之。”《太平御览·卷四百七十二》有引录。

二十七、赵襄子饮酒五日

本章见《新序·卷六刺奢》6章：“赵襄子饮酒五日五夜不废酒。”

二十八、齐景公饮酒而乐

本章见《新序·卷六刺奢》7章：“齐景公饮酒而乐，释衣冠，自鼓缶，谓侍者曰：‘仁人亦乐是夫?”本章内容亦见于《晏子春秋·外篇七；内篇谏上二》和《韩诗外传·卷九》。

二十九、晋□□□

三十、□□田子方问

三十一、□□□□亡

三十二、楚庄王□□

这四章章题不全，暂存疑。

三十三、魏文侯与田子方语

本章见《说苑·卷六复恩》25章：“魏文侯与田子方语，有两童子衣青白（锦）衣，而侍于君前”。

三十四、或谓赵简子

本章见《说苑·卷一君道》36 章：“或谓赵简子曰：‘君何不更乎？’简子曰：‘诺’。”

三十五、晋平公春筑台

本章见《说苑·卷五贵德》15 章：“晋平公春筑台，叔向曰：‘不可’”。

三十六、卫叔孙文子

本章见《苑·卷二十反质》17 章：“卫叔孙文子问于王孙夏曰：‘吾先君之庙小，吾欲更之可乎？’”

三十七、庄王不野□

三十八、楚王

四十、介子

本章存疑

竹　简

简宽 0.5 厘米，长 1.75 厘米，每简书写 23 字，开章、简首都有大圆点作为分章符号。

一、“楚令尹死、景公遇成公乾曰”

公乾　255

公乾曰殆于□春景公怒曰国人　9

资少屈春　11

天下之　615

狗其智甚少而子玩之鸱夷子皮　12

令尹不敢专其智而委之屈春故曰　13

归于屈春乎　14

本章见《说苑·卷二臣术》6 章：

楚令尹死，景公遇成公乾曰：令尹将归？成公乾曰：“殆于屈春乎？”景公怒曰：“国人以为归于我。”成公乾曰：“子资少，屈春资多。子义获，天下之至忧也，而子以为友；鸣鹤与刍狗，其知甚少，而子玩之。鸱夷子皮日侍于屈春，损颇为友，二人者之智足以为令尹，不敢专其智，而委之屈春，故曰政其归于屈春乎！”

二、“齐侯问于晏子曰”

问于晏子曰忠　1

事君也何如合曰有难弗死出　2
爵而贵之君　3
难弗死出亡弗送　4
谋而见从终身弗　5
若言而不见用有难而死是妄死　6
见从出亡　7
者能但善乎君而不与君　8

本章见《新序·卷五杂事》24 章：

齐侯问于晏子曰："忠臣之事君也何若？"对曰："有难不死，出亡不送。"君曰："列地而与之，疏爵而贵之，君有难不死，出亡不送，可谓忠乎？"对曰："言而见用，终身无难，臣奚死焉？谏而见从，终身不亡，臣奚送焉？若言不见用，有难而死，是妄死也；谏不见从，出亡而送，是诈为也。故忠臣也者，能尽善与君，而不能与陷于难。"

令本"何若"，竹简作"何如"；"对"作"合"（答）；"不"作"弗"；"与"作"于"；"谏"作"谋"与《晏子春秋》作谋同。

同样的内容还见于《说苑·卷二臣术》12 章和《晏子春秋·问上》《吕氏春秋·务大》。

三、"陈成子夷子皮曰"

谓鸱夷子皮　15

本章见《说苑·卷二臣术》16 章：

陈成子谓鸱夷子皮曰："何与常也？"对曰："君死吾不死，君亡吾不亡。"陈成子曰："然子何以与常？"对曰："未死去死，未亡去亡，其有何死亡矣！"

四、"赵简子以襄子为后"

赵简子以襄子　16
为社稷忍辱几日智柏与襄子饮酒而障襄　17
于晋阳襄子疏　18
智柏漆　19

本章见《说苑·卷三建本》30 章：

赵简子以襄子为后，董安于曰；"无恤不才，今以为后，何也？"简子曰："是其人能为社稷忍辱。"异日，智伯与襄子饮而灌襄子之首，大夫请杀之，襄子曰："先君之立我也，曰'能为社稷忍辱'，岂曰能刺人哉！"处十月，智伯围襄子于晋阳，襄子疏队而击之，大败智伯，漆其首以为饮器。

今本“异日”竹简作“几日”，“伯”作“柏”，“饮”作“饮酒”“灌”作“譁”，譁訾也，相毁曰訾，毁訾贤者谓譁。

本章《史记·赵世家》《淮南子·道应篇》也有引用。

五、“郑伐宋宋人将与战”

安轼衡入郑师华元　167

本章见《说苑·卷五贵德》21章：

郑伐宋，宋人将与战，华元杀羊食士，其御羊斟不与焉。及战，曰：“畴昔之羊羹，子为政，今日之事，我为政。”与华元驰入郑师，宋人败绩。

今本“与华元驰入郑师。宋人败绩”，竹简作“安轼衡入郑师”“华元败绩”，《左传·宣公二年》作“与入郑师，故败”。本章《吕氏春秋·察微篇》《史记郑世家》也有引用。

六、“鲁入攻鄪”

鄪君曰请□寇罢而后复来请姑使狗希毋　59

本章见《说苑·卷八尊贤》28章：

鲁人攻费，曾子辞于鄪君曰：“请出。寇罢而后复来。请姑毋使狗豖入吾舍。”鄪君曰：“寡人之于先生也，人无不闻。今鲁人攻我，而先生去我，我胡守先生之舍?”鲁人果攻鄪而数之罪十，而曾子所争者九。鲁师罢，鄪君复修曾子舍而后迎之。

今本“请姑毋使狗豖入吾舍”，竹简作“请姑使狗豨毋”入吾舍。

本章又略见《孟子·离娄下》。

七、“宋司城子罕之贵子韦”

司城子罕之贵子韦也入与　20

同食出与缘衣君亡子韦不从来复有召而贵之　21

曰君之　22

君亡子韦不从来复有召而贵　23

不愧君之忠臣乎曰吾唯不用子韦　24

子韦之遗　25

余教也　26

从我者何益吾毋亡哉　27

本章见《说苑·卷八尊贤》29章：

宋司城子罕之贵子韦也，入与共食，出与共衣。司城子罕亡，子韦不从；子罕来，复召子韦而贵之。左右曰："君之善子韦也，君亡不丛，来又复贵之，君独不愧于君之忠臣乎？"子罕曰："吾唯不能用子韦，故至于亡；今吾之得复也，尚是子韦之遗德余教也，吾故贵之。且我之亡也，吾臣之削迹拔树以从我者，奚益于吾亡哉？"

今本"共食""同衣"，竹简作"同食""缘衣"。缘，緆也，緆通锡，与也。

"司城子罕亡"竹简作"君亡"；"子罕来复召子韦而贵之"，竹简作"来，复有召而贵之"；"君亡不从，来又复贵之"；竹简作"君亡子韦不从，来复有召而贵之"；"不愧于君之忠臣乎？子罕曰"，竹简作"不愧君之忠臣乎？君曰"；"奚益于吾亡哉"，竹简作"何益吾毋亡哉"。

八、"晋平公问于叔向曰民役岁饥"

晋平公问于叔向曰民役岁饥翟人攻我：将奈何叔向合曰 28

足患也公曰患其孰大于此叔向 29

大臣重禄　30

不敢言　31

其患之大者也而君弗智公曰可令于国曰　32

本章见《说苑·卷十一善说》19 章：

晋平公问叔向曰："岁饥民疫，翟人攻我，我将若何？"对曰："岁饥，来年而反矣，疾疫将止矣，翟人不足患也。"公曰："患有大于此者乎？"对曰："夫大臣重禄而不极谏，近臣畏罪而不敢言，左右顾宠于小官而君不知，此诚患之大者也。"公曰："善！"于是令国中曰："欲有谏者为隐，左右言及国吏，罪。"

今本"岁饥民疫"，竹简作"民役岁饥"；"将若何"竹简作"将奈何"；"患有大于此者乎对曰，"竹简作"患其孰大于此叔向"曰；"此诚患之大者也，公曰善，于是令国中曰"，竹简作"其患之大者也而君弗智，公曰可令於国曰"。

《新序·卷五杂事》18 章，《群书治要》亦引有此条。

九、"晋平公问于叔向曰，白犯与赵衰孰贤"

晋平公问于叔向曰白犯与赵衰孰贤叔向合曰阳处父欲　33

无勇也　34

本章见《说苑·卷十一善说》27 章：

晋平公问于师旷曰："咎犯与赵衰孰贤？"对曰："阳处父欲臣文公，因咎犯三年不达，因赵衰三日而达。智不知其士，不智也；知而不言，不忠也；欲言之而不敢，无勇也；言之而不听，不贤也"。

今本“晋平公问於师旷”，竹简作“问于叔向”；“咎犯”，竹简作“臼犯”，“对曰”竹简作“叔向合曰”。

十、“管仲有疾桓公往问”

疾桓公往问曰中父弃寡人竖刁可使为正乎合曰不可竖刁自刑35

君其身之刃将何有於君　36

曰然则易牙可乎合曰易牙缶其子　37

将何有於君：若用之必为诸侯笑弗听　38

本章见《说苑·卷十三权谋》13章：

管仲有疾，桓公往问之曰：“仲父若弃寡人，竖刁可使从政乎？”对曰：“不可！竖刁自刑以求入君，其身之忍，将何有于君？”公曰：“然则易牙可乎？”对曰：“易牙解其子以食君，其子之忍，将何有于君？若用之，必为诸侯笑。”及桓公殁，竖刁，易牙乃作难，桓公死六十日，虫出于户而不收。

今本“往问之”，竹简作“往问”；“仲父若弃寡人”，竹简无“若”字；“可使从政”竹简作“可使为正”；“易牙解其子”，竹简作“缶其子”，“缶”借为炰《玉篇》“火熟也”。“必为诸侯笑”，竹简在“笑”之后加“弗听”两字。

《史记·齐太公世家》亦引用此条，《吕氏春秋·知接》；《韩非子·十过》和《难一》篇也有相同的记载。

十一、“田子颜自大术至于平陵”

至于平陵　39

见人子闻其父见人父问其子田子方　40

陵反乎吾闻之行於内然后施　41

事其众甚矣果　157

本章见《说苑·卷十三权谋》16章：

田子颜自大术至乎平陵城下，见人子问其父，见人父问其子。田子方曰：“其以平陵反乎？吾闻行于内，然后施于外，子颜欲使其众甚矣。”后果以平陵叛。

今本“吾闻行于内”，竹简作“吾闻行之于内”；使其众甚矣，后果，竹简作“事其众矣，果”。无“后”字。

十二、“晋人已胜智氏”

晋人已胜智氏反而绽甲砥　42

梁公弘而问焉曰晋人已　43

胜智氏　43

恐其以我　44

本章见《说苑·卷十三权谋》17 章：

晋人已胜智氏，归而缮甲砥兵。楚王恐，召梁公弘曰：“晋人已胜智氏矣。归而缮甲兵，其以我为事乎?”梁公曰：“不患。害其在吴乎？夫吴君恤民而同其劳，使其民重上之令，而人轻其死以从上使。如虏之战，臣登山以望之，见其用百性之信必也。勿已乎，其备之若何?”不听。明年，阖庐袭郢。

今本“归而缮甲砥兵”，竹简作“反而绽甲砥”兵。缮作绽《说文》“绽，补缝也”“召梁公弘曰”，竹简作召梁“公弘问焉曰”；“其以我为事乎”，竹简作“恐其以我”为事乎。

十三、“石益谓孙伯曰”

知之乎孙伯曰哀矣子至知之　45

也吾何为不智　45

孙伯曰昔者桀辜间者纣炃圣人　46

本章见《说苑·卷十三权谋》19 章

百益谓孙伯曰：“吴将亡矣，吾子亦知之乎?”孙伯曰：晚矣，子之知之也！吾何为不知？石益曰：“然则子何以不谏?”孙伯曰：“昔桀罪谏者；纣焚圣人，剖王子比干之心。袁氏之妇，络而失其纪，其妾告之，怒弃之。夫亡者岂斯人知其过哉!”

今本“之乎”，竹简作“后乎”；“晚矣”竹简作“哀矣”；“子之知之也”，作“子至知之”；“昔桀罪谏者，纣火炃圣人”，竹简作“昔者桀辜间者，纣分圣人”。辜《说文》“罪也，从辛，古声”，“炃”“贠”、同“焚”。“间”通“谏”。

十四、“中行文子出亡至边”

文子出亡至边从者曰为　47

异日吾好音子遗我琴吾　48

其以我求容也遂不入后车　49

中尼□之曰文子　50

本章见《说苑·卷十三权谋》22 章：

中行文子出亡至边，从者曰：“为此啬夫者，君人也，胡不休焉，且待后车者?”文子曰：“异日吾好音，此子遗吾琴；吾好佩，又遗吾玉。是不非吾过者也，自容于我者也。吾恐其以我求容也。”遂不入。后车入门，文子问啬夫之所在，执而杀之。仲尼闻之曰：“中行文子背道失义，以亡其国，然后得之，犹活其身。道不可遗也，若此。”

今本“此子遗吾琴”，竹简作“子遗吾琴”；“中行文子背道失义”，竹简作“文子”背道失义。

此篇还见于《韩非子·说林下篇》《孔子家语·辨政篇》《金楼子·立言下篇》。

十五、“赵简子问于翟封荼曰”

赵简子问　51

曰吾闻翟雨冠三日信乎　52

血三日信　52

本章见《说苑·卷十八辨物》26 章：

赵简子问于翟封荼曰：“吾闻翟雨谷三日，信乎?”曰：“信。”“又闻雨血三日，信乎?”曰：“信。”“又闻马生牛，牛生马，信乎?”曰“信”，“简子曰：“大哉！妖亦足以亡国矣”。对曰：“雨谷三日，虻风之所飘也。雨血三日，鸷鸟击于上也。马生牛、牛生马，杂牧也。此非翟之妖也。”简子曰：“然则翟之妖，奚也?”对曰：“其国数散，其君幼弱，其诸卿货，其大夫比党以求禄爵，其百官肆断而无告，其政令不竟而数化，其士巧贪而有怨。此其妖也。”今本“吾闻翟雨谷三日”，竹简作“吾闻翟雨冠三日”。

十六、“王子建出守于城父”

楚王子建出守于城父遇　53

也成公乾　54

麻：者何也　55

王伐陈道宿　56

而食胃路室人　57

社稷乎　58

本章见《说苑·卷十八辩物》32 章：

王子建出守于城父，与成公乾遇于畴中。问曰：是何也？成公乾曰：“畴也。”“畴也者何也?”曰：“所以为麻也。”“麻者何也?”曰：“所以为衣也。”成公乾曰：“昔者庄王伐陈，舍于有萧氏，谓路室之人曰：巷其不善乎？何沟之不浚也？庄王犹知巷之不善，沟之不浚；今吾子不知畴之为麻，麻之为衣。吾子其不主社稷乎?”王子果不立。

今本“王子建”，竹简作“楚王子建”；“与成公乾”，作“遇”成公乾；“所以为麻也。”“麻也者何也”，竹简或作“所以为麻”“麻者何也。”“庄王伐陈、舍于有萧氏”，竹简作“庄王伐陈，道宿有萧氏而食”；“谓路室之人”作“谓路室人”。

十七、“赵文子问于叔向”

赵文子问于叔向曰晋六将军其孰先亡　60

叔向合曰其中行是乎文子曰故　61

亡叔向合曰　62

为政也以苛为察　63

本章见《新序·卷一杂事》18 章：

赵文子问于叔向曰：“晋六将军，孰先亡乎?”对曰：“其中行氏乎!”文子曰：“何故先亡?”对曰：“中行氏之为政也，以苛为察，以欺为明，以刻为忠，以计多为善，以聚敛为良。譬之其犹鞟革者也，大则大矣，裂之道也，当先亡。”

今本“晋六将军，孰先亡乎?”竹简作“晋六将军，其孰先亡?”“对曰”，竹简作“叔向合曰”。“其中行氏乎”，竹简作“其中行是乎”!

本章还见于《淮南子·道应训》和《文子·上礼》。

十八、“魏文侯出游见路人反裘而负刍”

而负刍文　64

裘而负刍对日臣爱　65

本章见《新序·卷二杂事》15 章：

魏文侯出游，见路人反裘而负刍。文侯曰：“胡为反裘而负刍?”对曰：“臣爱其毛。”文侯曰：“若不知其里尽，而毛无所恃邪?”明年，东阳上计钱布十倍，大夫毕贺。文侯曰：“此非所以贺我也，譬无异夫路人反裘而负刍也。将爱其毛，不知其里尽，毛无所恃也。今吾田地不加广，士民不加众，而钱十倍，必取之士大夫也。吾闻之：下不安者，上不可居也。此非所以贺我也。”

本章亦见于《韩非子·难二》《盐铁论·非鞅》《吕氏春秋·观世》《晏子春秋·杂上》《淮南子·说山》。

十九、“晋平公问于叔向曰”

晋平公问于叔向曰昔者齐桓公九合诸　66

侯壹匡天下不识君之力　67

乎叔向合曰管子　68

善制割习崩善削齐宾胥无善纯缘桓公　69

亦臣之力也　70

味管中善制割之习崩□□□之宾胥　71

君之力　72

本章见《新序·卷四杂事》6章：

晋平公问于叔向曰："昔者齐桓公九合诸侯，一匡天下，不识其君之力乎？其臣之力乎"？叔向对曰：

"管仲善制割，隰朋善削缝，宾胥无善纯缘，桓公知衣而已。亦其臣之力也。"师旷侍曰："臣请譬之以五味，管种善断割之，隰朋善煎熬之，宾胥无善齐和之，羹以熟矣，奉而进之，而君不食，谁能强之？亦君之力也。"

今本"不识其君之力乎"，竹简作"不识君之力乎"。"管仲善制割，隰朋善削缝"，竹简作"管子善制割、习崩善削齐"。"齐"《集韵》："音翦同剪。"《说文》："断也，剪取其齐故谓齐为剪。"

本章还见于《韩非子·难二》。

二十、"晋文君田于虢"

晋文君田于虢噩一夫而问焉虢之为虚大矣子　73

也其君断则　74

公以　74

本章见《新序·卷四杂事》21章：

晋文公田于虢，遇一田夫而问曰："虢之为虢久矣，子处此故矣，虢亡其有说乎?"对曰："虢君断则不能，谏则无与也。不能断又不能用人，此虢之所以亡。"文公以辍田而归，遇赵衰而告之。赵衰曰："今其人安在？君曰："吾不与之来也。"赵衰曰："古之君子，听其言而用其人，今之君子，听其言而弃其身，哀哉！晋国之忧也。"文公乃召赏之，于是晋国乐纳善言，文公卒以霸。

今本"晋文公"，竹简作"晋文君"；"遇一田夫"，竹简作"噩一夫"噩通遻《玉篇》："同迕，遇也"。

"虢之为虢久也"，简作"虢之为虚（墟）大矣"。以简"为虚"契合文义。

本章《群书治要》有收录。

二十一、"晋平公过于九原而叹曰"

晋平公过于九原而叹曰嗟子乎此地出吾良臣多　75

与归乎　76

武乎　77

曰子党于师　78

之为人也立　79

本章见《新序·卷四杂事》22章：

晋平公过九原而叹曰："嗟乎！此地之蕴吾良臣多矣，若使死者起也，吾将谁与归乎?"叔向对曰："其赵武乎?"平公曰："子党於子之师也。"对曰："臣敢言赵武之为人也，立若不胜衣，言若不出于口，然其身举士于白屋下者四十六人，皆得其意，而公家甚赖之。及文子之死也，四十六人皆就宾位，是其无私德也。臣故以为贤也。"平公曰："善。"夫赵武贤臣也，相晋，天下无兵革者九年。《春秋》曰："晋赵武之力，尽得人也。"

今本"过九原"，简作"过于九原"。"嗟乎！此地之蕴吾良臣多矣"，简作"嗟子乎！此地出吾良臣多矣"。"子党于子之师也"，简作"子党于师"也。

本章又见于《国语·晋语八》《韩非子·外储说左下》《礼记·檀弓下》。

二十二、"叶公诸梁问乐王鲋"

王鲋曰曹大：赵　80

受规间仁也　81

十里无故其下游多也人而好学受规间　82

本章见《新序．卷四杂事》23 章：

叶公诸梁问乐王鲋曰："晋大夫赵文子为人何若?"对曰："好学而受规谏。"叶公曰："疑未尽之矣。"对曰："好学智也；受规谏，仁也。江出汶山，其源若瓮口，至楚国，其广十里，无他故，其下流多也。人而好学受规谏，宜哉其立也。"《诗》曰："其惟哲人、告之话言，顺德之行。"此之谓也。

今本"晋大夫赵文子"，简作"曹大夫赵"文子"。"其广十里无他故其下流多也"，简作其广"十里无故其下游多矣"；"规谏"作"规间"。

本章《北堂书钞·卷九七》有引录。

二十三、"赵襄子问曰"

赵襄子（背面印文）

问曰吴之所以亡者何也王子余唯合曰吴　83

本章见《新序·卷五杂事》24 章：

赵襄子问于王子维曰："吴之所以亡者，何也?"对曰："吴君（吝）而不忍。"襄子曰："宜哉！吴之亡也。吝则不能赏贤，不忍则不能罚奸。贤者不赏，有罪不能罚，不亡何待?"

今本"赵襄子问王子维曰："吴之所以亡者，何也"？对曰："竹简作"赵襄子问曰："吴之所以亡者何也"？王子余唯合曰，"王子维"，简作

“王子余唯”，《太平御览·六三三卷》引《说苑》佚文作“王离”。

二十四、“晋伐曹鲁使臧文中往”

晋伐曹鲁使臧文中往宿於重馆 150

无及也从之则曹地自洧以 148

南东傅于海尽曹地也 149

本章见《左传·僖公三十一年》：“春取济西田，分曹地也，使臧文仲往，宿于重馆，重馆人告曰：晋新得诸侯，必亲其共，不速行，将无及也。从之，分曹地自洮水以南，东傅于济，尽曹地也。”

《左传》：“分曹地自洮水以南，东傅于济尽曹地也。”简作“则曹地自洧以南，东傅于海尽曹地。”“分”，简作“则”。则《说文》“等画物也，从刀、贝”，与瓜分义同。“洮”简作“洧”，“济”作“海”。

此事又见《国语．卷四鲁语上》：“晋文公解曹地以分诸侯，僖公使臧文仲往，宿于重馆，重馆主人告曰：‘晋始伯而欲固诸侯，故解有罪之地以分诸侯，诸侯莫不望分而亲晋，皆将争先；晋不以固班，亦必亲先者，吾子不可以不速行。鲁之班长而又先，诸侯其谁望之？若少安，恐无及也’。从之，获地于诸侯为多。反，既复命？为之请曰：‘地之多也，重馆人之力也。’臣闻之曰：‘善有章，虽贱赏也，恶有衅，虽责罚也’。今一言而辟境，其章大矣，请赏之’。乃出而爵之。”

二十五、“晋公子重耳亡之曹：无礼”

晋公子重耳亡之曹：无礼焉 91

凌负罗之妻胃凌负罗 92

皆贤人也若以相夫子必反晋：国：必伐曹 93

凌负罗遗之餐加璧焉 94

其璧及重耳反晋国兴军伐曹 95

负罗曰君无礼于晋公子吾观 96

本章见《国语·晋语四》5 章：

重耳自卫过曹、曹共公亦不礼焉。闻其骿胁，欲观其状，止其舍，谍其将浴，设微薄而观之。僖负羁之妻言于负羁曰：吾观晋公子贤人也，其从者皆国相也，以相一人，必得晋国，得晋国而讨无礼，曹其首诛也。子盍早自贰焉？僖负羁馈飧置璧焉。公子受飧反璧。

今本“自卫过曹、曹共公亦不礼焉”，简作“晋公子重耳亡之曹，曹无礼焉”；“僖负羁之妻言于负羁曰”，简作“凌负罗之妻谓凌负罗曰”；“吾观晋公子贤人也，其从者皆国相也，以相一人必得晋国，得晋国而讨无礼，曹首诛也”，简作吾观晋公子“皆贤人也，若以相夫子，必反晋国，反晋国必伐曹”；“公子受飧反璧”，简作公子受飧反“其璧，及重耳反晋国，兴军伐曹”。

曹君无礼于晋公子的故事，在《左传·僖公二十三年》《韩非子·十过》和《史记·曹世家》都有记载。

《左传》《国语》“僖负羁”，《韩非子》和《史记》作“厘负羁”，竹简作“凌负罗”。

二十六、“楚昭王之时”

尹司马闻之斋宿沐　208

本章见《说苑·卷一君道》30章：

楚昭王之时，有云如飞鸟，夹日而飞，三日。昭王患之，使人乘驲，东而问诸太史州黎。州黎曰：“将虐于王身，以令尹，司马说焉则可。”令尹司马闻之，宿斋沐浴，将自以身祷之焉。王曰：“止，楚国之有不谷也，由身之有匈胁也；其有令尹，司马也，由身之有股肱也，匈胁有疾，转之股肱，庸为去是人也。”

此章在《左传·哀公六年传》和《史记·楚世家》里，都有相似的内容。

结束语

二号木牍《春秋事语》章题存40章，查到出处的26章，漫漶不清或存疑的有14章；竹简目前查到出处的有26章，共计52章，其中保存在《说苑》里有33章、《新序》里14章、《左传》2章、《国语》2章，在这54章里有采自先秦著作或被先秦和汉代及以后的著作加工和采用的有《韩非子》7章、《吕氏春秋》3章，《晏子春秋》5章，《淮南子》4章，《史记》7章，《太平御览》3章，《群书治要》3章，《金楼子》2章，还有《列子》《文子》《孟子》《孔子家语》《韩诗外传》《汉书》《礼记》《北堂书钞》《盐铁论》各一章。

《春秋事语》木牍及竹简是出于西汉文帝十五年汝阴侯墓内的。章题是书籍的目录，它的出土证明《春秋事语》是一本单独存在的书，书的内容都是春秋和战国初期的统治阶级的逸闻趣事，它的产生当在这个时代。张政烺先生说：“这种讲史记言的书，就是当时的教学课本。”读书人对这些课本故事自然非常熟悉，在后来人的著作里他们把这些熟知的故事信手拈来，作为素材，经过加工成为自己的作品，难怪这些作品里存在许多相同的故事。

一号木牍《儒家者言》有36章保存在刘向编纂的《说苑》《新序》

里，二号木牍《春秋事语》章题和相关竹简有47章保存在《说苑》和《新序》里，这说明刘向揉进了不少先秦著作在这两本书里，但这两本书中也有许多章可能是刘向自己的著作，刘向的历史功劳是保存了不少先秦的典籍，木牍、竹简的发现提高了《说苑》《新序》的历史价值。

2004年4月15日

（与韩朝合作，“中国秦汉史研究会第九届年会”论文）

阜阳出土的《庄子·杂篇》汉简

1977 年阜阳博物馆在阜阳西南郊配合农村平整土地，发掘了西汉文帝时的汝阴侯夏侯灶夫妇墓，一号墓内发现竹简，经过多年的揭取和整理，竹简包含十多种古籍，如《诗经》《周易》《苍颉篇》等，其中还有《庄子》杂篇遗文数条（图一）：

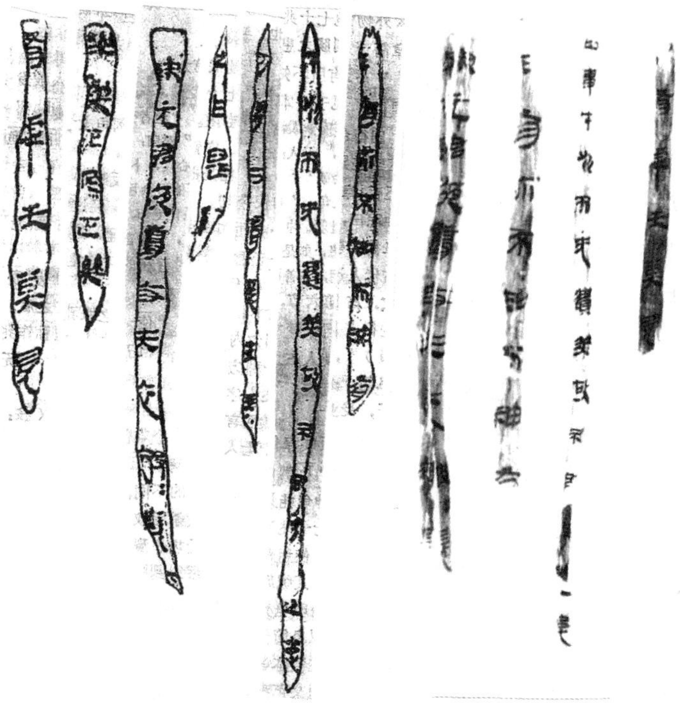

图一　西汉汝阴侯墓出土《庄子·杂篇》汉简（部分）

1. 有乎生莫见　　《庄子·则阳》
2. 乐与正为正乐　　《庄子·让王》
3. 宋元君夜梦丈夫衣被：发窥　　《庄子·外物》
4. 之曰是龟　　《庄子·外物》
5. 何得曰得龟往视　　《庄子·外物》
6. 口事七十兆而无遗策故不能　　《庄子·外物》

7. 刳肠之患　　《庄子·外物》
8. 口有所不知而神有　　《庄子·外物》

第一条“有乎生莫见”，在今本《庄子》杂篇《则阳》第八节：“万物有乎生而莫见其根，有乎出而莫见其门。”这一节全文是：

蘧伯玉行年六十而六十化，未尝不始于是之，而卒诎之以非也。未知今之所谓是之非五十九非也。万物有乎生而莫见其根，有乎出而莫见其门。人皆尊其知之所知，而莫知恃其知之所不知而后知，可不谓大疑乎！已乎！已乎！且无所逃，此所谓然与然乎！

这一节说蘧伯玉六十年来在认识问题上年年都有变化，过去认为是对的，后来总是把过去以为对的作为错的来批判，很难说今天以为是对的，就不是五十九以来所认为是错的东西。

今本比汉简多出一个“而”字。

第二条“乐与正为正乐”见今本《庄子》杂篇《让王》第十六节“乐与政为政，乐与治为治”，古代正与政相通，意为人乐于政则我为政，人乐于治则我为治。

《让王》第十五节全文：

昔周之兴，有士二人处于孤竹，曰伯夷、叔齐。二人相谓曰：吾闻西方有人，似有道者，试往观焉。至于岐阳，武王闻之，使叔旦往见之。与盟曰：“加富二等，就官一列”。血牲而埋之。二人相视而笑，曰：“嘻，异哉！此非吾所谓道也。昔者神农之有天下也，时祀尽敬而不祈喜；其于人也，忠信尽治而无求焉。乐与政为政，乐与治为治。不以人之坏自成也，不以人之卑自高也，不以遭时自利也，今周见殷之乱而遽为政，上谋而行货，阻兵而保威，割牲而盟以为信，扬行以说众，杀伐以要利。是推乱以易暴也。吾闻古之士，遭治世不避其任，遇乱世不为苟存。今天下暗，殷德衰，其并乎周以涂吾身也，不如避之，以洁吾行。”二子北至于首阳之山，遂饿而死焉。若伯夷，叔齐者，其于富贵也，苟可得已，则必不赖高节戾行，独乐其志，不事于世。此二士之节也。

这一节通过伯夷、叔齐的故事，说明遇上无道的社会和不义的君主，宁肯饿死也不参与政事。

第三至第八这六条均见于今本《庄子》杂篇《外物》第六节，全文是：

宋元君夜半而梦人被发窥阿门，曰：“予自宰路之渊，予为清江使河伯之所，渔者余且得予。”元君觉，使人占之曰：“此神龟也。”君曰：“渔者有余且乎?”左右曰：“有。”君曰：“令余且会朝。”明日，余且朝，君曰：“渔何得?”对曰：“且之网得白龟焉，其圆五尺。”君曰：“献若之龟。”龟至，君再欲杀之，再欲活之。心疑，卜之，曰：“杀龟以卜吉。”乃刳龟，七十二钻而无遗策。仲尼曰：“神龟能见梦于元君，而不能避余且之网；知能七十二钻而无遗策，不能避刳肠之患，如是则知有所困，神有所不及也。虽有至知，万人谋之。龟不畏网而畏鹈鹕，去小知而大知明，去善而自善也。婴儿生，无硕师而能言，与能言者处也。”

《外物》篇第六节，阜简保存的字数较多，相对存在的异文也较多，如：阜简“宋元君夜梦丈夫衣被：发窥阿门”，今本作：“宋元君夜半而梦人被发窥阿门。”今本“使人占之曰：此神龟也”，阜简作：“（使人占）之曰是龟（也）。”今本“君曰渔何得，对曰：且之网得白龟焉，其圆五尺”，阜简作“君曰渔何得，曰得龟，往视”。

这些差异，反映阜阳发现的汉简文字较今本精练简捷。

还有，阜简“□事七十兆”而无遗策，故不能“避刳肠之患”，龟“有所不知而神有所不及也”，今本作“知能七十二钻而无遗策，不能避刳肠之患，如是则知有所困，神有所不及也”。阜简“□事七十兆”与今本“刳龟七十二钻”的不同，可能反映了占卜的发展变化。古代人迷信，使用龟壳占卜，以问吉凶。龟被杀后取其腹甲，经过钻、凿之后，做出凹穴，占卜时用艾绒放在凹穴烧灼，穴背面受热炸裂形成纹理，这种纹理称作兆。钻是进行占卜时治理龟壳的一种方法，兆是占卜后得到的结果，“杀龟以卜”“而无遗策”，当以阜简作“兆”字为确切。

阜简“七十兆”本举成数而言，正如《孟子》：“如七十子之服孔子也”（按：孔子弟子，受业身通文艺者七十七人），后来文翁孔庙图改作七十二人。从阜阳汉简“七十兆”被今本改为七十二钻，也许都是受后来的七十二候的影响。《玉海》：“五日一候，积六候而成月。故一岁（360天）则有七十二候。”更值得注意的是，今本“仲尼曰”，阜简却用了一个“故”字，显然文章后边的评论不是孔子说的话，而是该文作者自己作的评论。还有今本“如是则知有所困，神有所不及也”，阜简作“龟有所不知，而神有所不及也”，行文亦不尽相同。

汝阴侯夏侯灶墓是西汉文帝十五年（前165）下葬的。庄子大约生活在前365年至前290年，庄子的作品曾在敦煌石室内发现过唐代的写本，其中亦有《外物》第六节。阜阳汉简《庄子》的随葬年代与庄子生活的年代相去仅125年到200年间，《庄子》杂篇，学者多认为不是庄子本人的作品，而是他的门徒之作，阜简的发现证明《庄子·杂篇》的写作年代距离庄子活动的时间不远。尽管阜简《庄子》仅留下些烂简残篇，而且仅是杂篇中的几个章节，但是这些残简却是我们目前所能见到的存世最早的《庄子》写本。这个写本正巧又是出在庄子出生地不远的阜阳，因此阜阳汉简《庄子》更显得珍贵和重要了。

（与韩朝合作，原载《道家文化研究》1998 年第 18 辑）

《周易》卦画演变考

《周易》的卦画，在张政烺先生揭示出起源于殷周甲骨、青铜器上的那种数字卦后，在《周易》研究中又提出一个新课题：卦画的起源与流变。张政烺先生指出，传世《周易》的阴、阳爻卦画是来源于数字卦的奇、偶卦。对此新说，有的茅塞顿开，有的迷惑不解，有的决然不信。笔者在整理安徽阜阳双古堆夏侯灶墓出土的简书《周易》时，对此问题进行了深入研究。对于《易经》的卦画如何从数字卦演变成阴、阳爻符号卦，了有所悟，兹将所得，笔之如后，以求教于方家通儒。

阜阳汉简《周易》保存下来的卦画仅有五个，但意义重大，这五个卦画是大有卦、林卦、贲卦、大过卦、离卦，这五组卦画分别以八和一组成，八字与同墓出土的《年表》八字写法完全雷同，因此我们可以认为阜阳《周易》的卦画是由一和八组成的数字卦。

筮是我国原始社会产生的预测未来的法术，考古发现的刻画在殷周甲骨、青铜器上的重叠数字卦就是证明，筮占是用蓍草做策，并按一定的规则反复分数，以求得数字。然后按先后排列成数字卦，再由巫师依据数字卦推断吉凶的方法，古人说："龟以象告吉凶，筮以数示祸福。"筮占就是用数数的方法来预测吉凶。《汉书·律历志》上早已指出："自伏羲画八卦，由数起。"八卦是由数字派生出来的，古人早已指明了这一点。现在我们所说的数字卦，是近年根据出土文物对三个或六个重叠的数字卦所起的名字。其实北宋重和元年（公元1118年）在湖北孝感县出土的西周铜器"中鼎"上已被发现，可惜未被学者们认识，20世纪50年代李学勤和唐兰先生首先认出"中鼎"金文和甲骨上出现的奇字是由数字组成的，但未能进一步指出这些用数字组成的奇字与易卦之间的关系。1978年12月在吉林召开的第一次中国古文字学会会议上，张政烺先生作了《古代筮法与文王演周易》的报告，首先揭开了数字卦的秘密，1980年张先生又在《考古学报》上发表了《试释周初青铜器铭文中的易卦》文章，列举出32个考古材料，又在《补记》中补充11个例证，张先生从考古材料中找到了43个数字卦例，为《周易》前史的研究开拓出新天地，功不可没。近些年考古发现的材料又有新的增加，据李零先生在《中国方术考》中列举的94例，以及张先生在《补记》一文里提供的天星观楚简中的8例，我们对这102个数字卦中使用的数字出现的频率作了如下的统计：

	一	五	六	七	八	九
商代用	11	6	55	34	19	3
西周用	97	15	80	20	40	1
战国楚简	71	2	79	11	4	

另据《文物》1995年第1期发表的《江陵王家台15号秦墓》一文介绍："15号秦墓出土的竹简卦画都是以'一'，表示阳爻，以'六'和'八'，表示阴爻，可以辨识的卦画五十余个，所见卦名大多与今本《易》之卦名相同。"

上面所列数字卦例使用数字频率，商代和西周使用的相同，都是一、五、六、七、八、九这6个数，所不同的是商代使用频率最多的是六、七、八，其次是一、五、九。西周使用频率最多的数是一、六、八，其次是七、五、九。到了战国，天星观楚简用的是一、六、八、九，包山楚简用的是一、五、六、八，用的都是4个数字，两处楚简使用频率最多的是一、六、八，其次是五、九。值得注意的是江陵王家台秦简已从楚简用4个数变为3个数，而这3个数正是楚简使用频率最多的一、六、八。从秦简的一、六、八到汉初的一、八，其变化过程似乎显得短促了些，如果把战国中晚期的时间也算在这个演变过程中去，就不觉得太突然了。因为，据《晋书·束皙传》："太康二年汲郡人不准盗发魏襄王墓，得《易经》二篇，与《周易》上、下经同。"战国中期魏襄王墓出土的《易经》与流传的《周易》相同，其卦画当已演变为一、八2个数了。至于秦简出现一、六、八奇偶不相等的卦画，可以认为这是从楚简使用4个数字逐渐演变中的过渡阶段。

数字卦这种占筮术从商周到汉初延绵了两千多年，在流传过程中由繁趋简，从原始的一至九皆用，演变为用六个数、五个数、四个数、三个数，直到使用两个数，这就是《周易》所谓"简易"的过程。（流传至今的长短横画符号卦，最早见于东汉末年的熹平石经《周易》。更早的符号卦，至今在考古文物中尚未发现）从繁趋简的演变是由占筮方法的变换或用筮策数量的不同造成的。古人使用六个数或五个数的筮占方法和用策数量已无法知道了，但使用四个数和两个数的原因，可以从《易·系辞》的"大衍之数"里找到信息，《系辞》载有演算蓍策的方法，按大衍之数揲蓍方法演变，有四种最后可能的得数是六揲余36，七揲余32，八揲余28，九揲余24，若把这四个数相加再乘以3，可以得年数360；若把这四个数分别除以4（四时），得到的数是六、七、八、九，既被称为成数的二奇二偶。天星观楚简卦画使用的数是一、六、八、九，唯独缺少七，这与《系辞》揲蓍方法所得数字似乎不符。其实，古人写七，中间一竖不弯曲是直的，为使七与十有区别，七的中间一竖写得非常短，例如与阜阳汉简同墓出土的太乙九宫拭盘上的七年的七字就写成十字。张氏说“且七既为阳爻，其画已长”，把七写为一，岂不更方便。《易纬·乾凿度》也说“一变而为七，七变而为九”，换句话说七也可以变为一。因此我们把卦画一视为七，楚简卦画使用的数字正好与“大衍之数”的揲蓍法得出的六、七、八、九4个数相符。

战国秦汉之际，《周易》筮占术发生了明显的变化，拿数字卦来说，楚简卦画用的是4个数，秦简用的是3个数，汉初用的是2个数。一、八2个数为后来卦画演变成抽象的阴阳爻符号卦开了先河。《系辞》说：“天生神物、圣人则之，天地变化，圣人效之，天垂象，见吉凶、圣人象之，河出图，洛出书，圣人则之。”河图，洛书思想被《周易》所吸收，卦画上发生的变化与其有着密切的关系。

洛书最早见于《尚书·洪范》：“天乃锡禹洪范九畴。”《庄子·天运》：“天有六极五常，帝王顺之则治，逆之则凶，九洛之事，治成德备，监临下土，天下载之，此谓上皇。”《大戴礼记·明堂》：“明堂者古有之也，凡九室，二九四、七五三、六一八。”《灵枢经·九宫八风篇》更有九宫图，这些称为九畴、九室、九宫的就是后来朱熹概括的“戴九履一、左三右七、二四为肩，六八为足”的洛书图。实际上所谓的洛书就是模仿宇宙结构的九宫式占工具。九畴虽早见于《尚书·洪范》，但据学者考证《洪范》是战国初年的作品。九宫数字和九宫图载于《大戴礼记·明堂》和《灵枢经·九宫八风篇》这些书也都是战国晚期的作品。今传洛书图产生于战国中晚期，当无问题。

刘歆说：“河图、洛书相为经纬，八卦九章相为表里。”从河图演化出水、火、木、金、土，阴阳五行，从洛书演化出“天、地、水、火、雷、风、山、泽”八卦，相互交叉形成观察世界、反映世界、包罗宇宙的理论，当产生在战国中晚期。这种拿十个数和九个数字经过巧妙的排列、组合形成的幻方，非常神秘，它对以筮数为占卜方法的《周易》，自然会产生深刻的影响，《系辞》说“蓍之德圆而神，卦之德方以知”，这里所说的方、圆不正是拭盘的上圆、下方的形象吗？

阜阳汝阴侯墓出土的太乙九宫拭盘，是按《灵枢经·九宫八风篇》上的图制作的，天盘上刻的九宫图，是目前所能见到的最早的洛书图。天盘上从一到九的数字是按中央、四方四维分布的，中央和四方是阳数，四维是阴数，它的神秘之处在于不管横数、纵数、斜数，三个数字相加的和都是十五。古人把一、二、三、四、五，称为生数，把六、七、八、九、十，称为成数，成数七、八相加和六、九相加，其和都是十五，所以《乾凿度》说："易，一阴一阳合而为十五之谓道，阳变七之九，阴变八之六，亦合于十五……故太乙取其数以行九宫，四正四维皆合十五。"可见《周易》与拭占的关系十分密切。更有意思的是被古人称为生数的一、二、三、四、五相加，其和依然是十五。我们可以把从一至九的数字排列成 11 种方式，其相加之和都是十五，这是个数学之谜，不但古人感到神秘，就是处在科学昌盛的今天，我们也觉得神奇。

洛书的九个幻方数字被《周易》吸收以后，原始筮占得出的一至九的数字，按洛书幻方的观点作了重新安排，如把生数一（初）、二、三、四、五用作爻序（六因为是成数，被称为"上"）、七为少阳、八为少阴，"少为定位"成为爻的本体；九为老阳，六为老阴，"老为变爻"，所以九、六被用到爻题上成了奇数，偶数、天数、地数或阳爻、阴爻的代名词，并随爻体的变化而变动。如此巧妙的安排，洛书上的九个数字，全都派上了用场，一个也没被落下，爻体的七、八、爻题的九、六、爻序的一、二、三、四、五各自相加，其和都是十五，正符合洛书的思想，而且每一爻都有了爻题和爻序，省去了先秦占卦因没有爻题，必须占筮二卦（遇卦和变卦）视遇卦之变爻以断吉凶的麻烦，这分明是向前跨了一大步，如果没有爻题出现，跨这一步是办不到的。

高亨先生认为："周易初无爻题。爻题是晚周人所加，标明爻位一个字与标明爻性一个字相结合而成爻题。"爻题这个名称是高先生起的。先生研究《周易》毕生，得出爻题是战国时人所加的结论，的确是远见卓识，但先生生前未能再进一步弄清爻题的出现是《周易》吸收了式占思想所产生的结果。

以上是从考古材料中得到的启示，印证于古籍，也是能够成立的。

《易纬·乾凿度》："阳动而进，阴动而退，故阳以七，阴以八为彖。"《易纬·是类谋》："经以七、八为彖，九、六为爻，明其通者著之，九、八阳爻、阴彖之数也。"这里所说的彖指的是什么？《左传·襄九传注》"义异则论彖"，疏："易卦下之辞谓之彖。"认为卦辞是彖。《周易正义》："彖、断也，断定一卦之义所以名为彖也。"《易·系辞》："彖者言乎象者也，爻者言乎变者也。"《易略例》更明白地说"凡彖者统论一卦之体者也"，指出彖是卦体，用现代人的话说是卦画。《乾凿度》卷下引"子曰：

明天地之道，本此者也，一变而为七，是今阳爻之象，七变而为九，是今阳爻之变；二变而为六，是今阴爻之变，六变而为八是今阴爻之象”。这段引文更加明确指出七是今阳爻之象，八是今阴爻之象，六、九为今阴、阳爻之变，换句话说在“今”之前的爻象和爻变的数字并不如此，否则不会称“今”如何如何？清代纪昀在《易纬·乾凿度提要》中指出：“说者称其书出于先秦，自《后汉书》南北朝诸史征引最多，皆于易旨有发明，较他纬书独为醇正。”我们相信《乾凿度》一书所记载的战国时期《周易》变易的历史事实，那时七、八已固定为卦画，六、九已被用为爻题。

孔颖达《周易正义》引张氏说：“阳数有七有九，阴数有八有六，但七为少阳，八为少阴，质而不变，为爻之本体，九为老阳，六为老阴，文而从变，故为爻之别名。且七既为阳爻，其画已长，今有九之老阳，不可复画为阳，所以重体避少阳七数，故称九也。八为阴数，而画阴爻。六为老阴，不可复画阴爻，故交其体，避八而称六。”这里说得更清楚，七、八为少阳，少阴，是爻的本体，不能变动，九、六为老阳、老阴，是爻的别名，可以随七、八变化而变动，因为这时的卦画已变成七、八两个数字，九、六不能进入卦画，为了避免与七、八重复，故将九、六安排在爻题上，成为阳爻、阴爻的代名词（别名），并随爻的阴性、阳性的变化而变化，这就是《周易》所以“用九”“用六”以及卦爻又称为九、六的原因。易卦对一至九的安排如下：

七、八称为少阳、少阴，作为卦体（即象）其数不变。

九、六为老阳、老阴，称为爻性，可随爻体变动。

初（一）、二、三、四、五，上为爻序又称为爻位。爻性加爻序为爻题。

第六爻即上爻因与爻性六重复，同时六为成数，与生数有别，故称为上。

至此，《周易》卦画的演变过程已经理出头绪，它是从战国时代楚简使用一（七）、六、八、九 4 个数中先抽掉九，再抽掉六，到后来只剩下七、八两个数组成数字卦，汉初再由七、八两个具体数字，逐渐演化成抽象的符号卦，这种以长短横画为卦画的符号卦，最早的实物见之于东汉末年的熹平石经，过去学者泥于“伏羲氏画八卦”，以为画的就是流传至今的符号卦，对古籍里早就有人提到的数字卦视而不见，致使流传了近两千年的符号卦，成了无源之水，来路不明，直到 1978 年数字卦被张政烺先生破译后，近几年又经学术界的多方梳理、研究，最后才弄明白八卦的阴阳爻是由八、七两个数字演变而来的，“用九”“用六”的原因也随之被澄清。

《周易》卦画的演变和爻题的产生，数字一至九的合理安排，确是《周易》吸收了九宫式占的合理成分而形成的，阜阳汉简《周易》的卦画与太乙九宫拭盘同出一墓，就是筮占和式占相结合的物证，历来论易之名的含义有三说："变易，不易和简易"，我们从易卦卦画的数字由繁趋简的过程，清楚地看到了"变易"和"简易"的过程。

笔者在整理阜阳汉简的过程中，一直得到张政烺先生的关怀和指导，许多认识都是在张先生的直接启迪下获得的。本文还得到刘起釪先生的重要指教和林小安先生的宝贵意见，在此一并致谢。

（本文是在 1996 年 8 月"北京道家文化国际研讨会"上的小组发言，原载《传统文化与现代化》1997 第 1 期）

给中国台湾“中央研究院”历史语言研究所有关《周易》数字卦的回信

中国台湾“中央研究院”历史语言研究所：

八月二十日来函和随寄《数字卦与易卦》一文收到，阅读了李文之后有这样一点感受：

李文开宗明义说数字卦与八卦的关系是张政烺先生于1978年12月在吉林大学召开的古文字学会上首先提出的学术观点，此说一出“风行草偃，信从者众”，“成了绝大多数学者的共同看法”。李先生说对了，这是实情。因为这是真理，总是会有人拥护的。我自认是追随张先生学说的“门徒”，并曾结合阜阳汉简《周易》的整理和研究，写过《周易卦画演变考》一文，在《传统文化与现代化》刊物1997年第1期上发表（今年上海古籍出版社已将该文收入《阜阳汉简<周易>研究》一书中）。该文依据出土文物并结合大量古代论《周易》筮占的文献，着重探讨了数字卦的产生，从多数字，到4个数字、3个数字，到一（七）、八2个数字，逐渐演变为阴阳爻符号卦的整个过程；并从古籍里认识从一到九在《周易》发展过程中被安排和被使用的情形。部分学者认可这个说法，但也有个别人出于私心，在一次国际简帛会上，跑上讲台，诋毁我这个说法，却又拿不出真凭实据的东西和反驳的理由，只能破口谩骂别人“水平太低，文章错误多多”，还高调“提醒大家千万别上当”，来唬参加会议的代表。在如此庄严的国际学术会议上出现这种怪现象，上台攻击一位连参加会议资格都没有的小人物，为什么？说白了，数字卦与原始《周易》筮占的紧密关系，本来就像一层窗棂纸，最终让德高望重的国学大师张政烺先生给捅破了。那些自认为不得了的人物，也曾在历史和考古学领域里摸爬滚打了一辈子，偏偏这个有关中国传统文化精髓的秘密，没让他们悟出来，心里能甘心舒服吗！因此有个别小人就千方百计找碴，以期否定张老的学说，降低张老的影响。

考古学走入中国近百年了，试想有多少田野考古工作者跑遍中华大地，千辛万苦寻找伏牺氏所画的八卦，除了发现数百例用数字组成的奇怪符号外，始终未能发现类似东汉《熹平石经》上刻画的阴阳八卦图，很多历史学家也没有一个人想到把《周易》筮占与这些数字联系起来。张老的发现，填补了《周易》卦画的空白。人们应该为这个发现欢呼，可是就有这帮人，就像没能吃到葡萄的狐狸一样，硬说葡萄是酸的。

据说李宗焜先生曾是大陆某大师的高足，承其先生的衣钵，加入到反张政烺学说的行列，出阵就系统抛出他对数字卦非易卦的观点，难能可贵。作为张老学说的追随者，首先对此文表示欢迎，我相信真理会愈辩愈明。

下面从四个方面审视李文的正确与否；

1. 李文通篇主题是以否定数字卦与《易》卦的关系为宗旨。首先李文好像没有弄清楚《周易》包括《连山》《归藏》是什么性质的书。李文仅从数字卦来立论。而没有寻找到一条有关论述数占的古代文献来支持自己的观点。李先生可能把《周易》看成了一成不变的经典，脑子里存在《周易》从一诞生就是现在这个模样，不可能有发展和变化。其实，世上万物都有发生、成长、壮大直到死亡的过程，《周易》也不能例外。《周易》是筮占，原本就是古人玩弄数字游戏的一种巫术，它与后来哲学化的《周易》不可能完全一个样。数千年来《周易》处在发展、丰富中，如果没有发展、变化，就不会有《汉易》《宋易》之分。李文完全用现代哲学化的《周易》理论来看待筮占时期的数字卦，自然是匪夷所思，得不到正确的结论。

2. 研究数字卦，必须弄懂《周易》是用于筮占的一部书，古人说："龟以象告吉凶，筮以数示祸福。"记住，是数而不是阴阳示祸福，离开了数就研究不了《周易》。古人视蓍草为神物，遇有难以排解或需要决断的事情，就取蓍草放在手中反复数几遍，看最后剩下余数的奇偶来判断吉凶，初无约定的策数，故所得余数不一。后来孔子出世，据说他为《周易》作了《系辞》，在"大衍之术五十"那一章里，他重新规定了筮占的策数和揲、扐、卦的程式和方法。若按孔子规定的这个准则，占后的余数（李文所说的"机率"），只能是"六、七、八、九"四个数字。不信，李先生可以按这个游戏规则演算一番，看看是否如此。神奇就出在这里，按孔子的规则筮占得的只能是这四个数，不按他的规则筮占，得的数字当然不会一样。这本是常识问题，扯不上什么"文化背景"问题。所以《周易》的根本是筮占（亦称数占）。李文不明《周易》的筮占方法，硬说数字卦与《周易》毫无"亲缘"关系，岂非咄咄怪事，那不等于说《系辞》的"大衍之术五十"也与《周易》毫不相干了，古人经常探讨的易数问题，也都成了白日说梦了吗？照逻辑推理，李文不同意数字卦是易卦，那么，已经出土的数百例数字卦，它们应该属于什么占卜方法留下的遗迹，总该有个令人满意的交待吧！

3. 李文提到上博的楚简《周易》卦画和阜阳汉简、马王堆帛书《周易》的卦画“一（七）八”，说这就是阴阳爻的符号卦。我们姑且不说这些写本《周易》卦画“一（七）八”与遗存的多位数的数字卦一脉相承，明眼人一眼就能看出数字“一、八”来，你硬说它是阴阳爻，别人也没有办法。但要知道目前所出土的几本《周易》都是战国至汉初的遗物。这时易卦正处在大变革阶段，古代人为了减少遇卦与变卦的麻烦，加之筮占可能又受新兴的式占和阴阳家学说的影响，筮占家把过去曾经用过的一至九的数字，巧妙地用到了《周易》上来，例如爻体用七、八，爻题用九、六，爻序用一、二、三、四、五、上。这样的安排不是我的杜撰，这是古代人早就指出过的，无奈没能引起后世学人的注意。因此，战国、秦汉时期“大衍之术五十”的筮占方法还在流行时期，数是筮占的依据。此时，怎么可能会产生阴阳爻的易卦来呢？我认为只有《周易》在吸收了阴阳家的学说或改变了占卜方法，比如后世的“枚卜”或“金钱课”那样简单易行的占卜方法以后，才会用阴阳、正背来占卜吉凶。数字卦蜕变为阴阳爻符号卦要迟到东汉才能完成。

4. 李文中提到几件商周铜器上的纹饰，因带有长画短画的纹饰，或四排或五排竖立，短画为三点，也有一长画加两短画的并列在长短画之间，李文称这可能就是原始的易卦的一种形式，又举证山东一片东周（图上称古陶片）绳纹陶片，上面刻有四道阴阳符号，以证明阴阳卦画产生的久远。

李文称铜器上的纹饰为早期易卦的一种形式，试问这种易卦是用什么占卜方法得来的结果，李文没有讲明白。因此，对这种前无来者、后无续者、不成体统的纹饰，是难以令人相信它是早期的易卦的。至于绳纹陶器，一直延续到东汉，一片小陶片，又看不出什么器物，怎么确定它是东周的？再则，一片孤证也证明不了阴阳爻卦产生在东汉之前。

最后结论：李文“不认为数字卦与易卦有那么密切的关系”的说法不能成立。

韩自强　二〇〇四年九月二十日寄于安徽阜阳

数字卦与阴阳爻漫议

1978年12月，张政烺先生在长春召开的中国古文字研究会第一届会议上做了《古代筮法与文王演周易》的发言，论证一种在甲骨、铜器和陶器上发现的由数字组成的奇字，是古代筮占演揲的结果，被称作数字卦，从此使人们认识了古代卦爻的本来面目，解开了数千年前的原始筮占之迷。一石激起千层浪，受张先生发现的启发，很多知名学者，例如饶宗颐、徐中舒、徐锡台、李学勤、管燮初、张亚初等先生，对数字卦展开了热烈的讨论，后来的学者如李零、蔡运章等教授也参加了进来，增加了不少新材料，提出了不少新见解，一时“信从者众，景从者多”。为什么会形成数字卦流派，那是因为张先生揭示了古易筮占的历史真面目，为古易研究开辟了新的领域。本人也是张先生学说的追随者，在北京整理阜阳汉简期间，在汉简《周易》的研究工作中，得到张先生的教诲和指导很多，我用古代式占的理论和九宫图式（宋人称为“洛书”）并遵循古人有关易数的论述，解开了数字一到九在《周易》里是如何被分配在爻体、爻性和爻位上的，并坚信《周易》的阴阳爻卦画是由一、八两个数演变而来的，时间当在西汉中期，这个观点得到张先生的支持。

张先生的学说在发表之时，王家台秦简《归藏》尚未发表，学术上自然会留下不足，我们不能苛求已经作古的人。不过张先生首先提出的数字卦是早期的易卦，也是后期阴阳爻卦画由数字演变而来的学说正在“风行草偃”之时，个别人提出不同的看法，这是非常正常的现象，我们表示欢迎，我们相信真理会越辩越明。

今年在中国台湾《历史语言研究所集刊》第77本2分册上发表李宗焜先生题为《数字卦与阴阳爻》的文章，洋洋洒洒一万多言，系统地、全面地提出张政烺依“奇数为阳、偶数为阴”的原则，把数字卦移译为《周易》的易卦，局限性非常大。“数字卦与易卦是并存的两个不同的系统，两者之间并不存在一脉相承的关系。”“新发现的上博郭店楚简《周易》的‘一八’和王家台发现的秦简《归藏》上的‘一八’，都不是数字卦，而是阴阳爻卦画。因此说《周易》阴阳爻卦画是由数字演变而来的说法是错误的，阴阳爻是伴随着《周易》的产生就已经存在了。所以楚简里出现的数字卦，都是占卜事件的纪录，而不是解释数字卦的内容。”“楚简《周易》的文字都是解释易卦的。与数字卦楚简内容有根本的差异”等论点。

一、数字卦与筮占的关系

在谈这个问题之前，先读李零先生在《中国方术考》一书中的一段话。“占卜古代属数术之学，数术是古人通天地鬼神的技术，内容包括三类东西，一类是与天文历算有关的占卜（如星占、式占）；一类是假动植物之灵为媒介的占卜（如龟卜、筮占）；一类是与梦等杂术和驱邪巫术（如厌劾、祠禳）。”

三易（周易、归藏、连山）都是以蓍草为占的筮占类，古人认为龟有灵性，用于占卜，但得之不易；蓍草同样具有灵性，得之较易，被普遍利用。古代占与卜是预测之学，预测的范围很大，大至祭祀、征伐，小至头疼脑热，种类异常繁多，见《中国方术考》，拿一把蓍草握在手中，按规矩数数，最后得数即筮数，得的筮数按先后从下向上重叠，六次即为重卦，然后按筮的先后与易书对照，寻出吉凶祸福的结论。古代的筮占犹如今日的算命、打卦或抽签，签抽来后要由神职人员按“课本”，或“签谱”的提示来回答抽签人的问题。筮占既然是以蓍草做道具，并以数数的方法得出卦画（犹如抽签人得签一样）。因此，筮占是离不开数字的。考古发现的数百例数字卦，都是假植物之灵通过筮占而得出的数字，至于拿这些数字卦去对应三易中的哪种本子或对应的方法，今天就难以得知了。李宗焜先生说：“楚简的数字卦都是占卜事件的记录，而不是解释数字卦的内容。楚简《周易》的文字都是解释易卦的。”李先生看到了这一层是正确的，但他接着说：“楚简《周易》的文字与楚简数字卦内容有根本的差异。”并得出结论说：“数字卦与易卦是并存的两个系统”。但对数字卦归属哪个系统，先生没有交待。按李先生的逻辑《周易》与数字卦没有任何关系，那么筮占也就不是数占了。《周易·系辞》的大衍之数以及谈数字易理的书都该被否定之例了。

二、七八、九六与易卦的关系

上博藏郭店楚简发表后，在学术界震动很大，使我们得见战国晚期的《周易》面貌、楚简《周易》与阜简和帛书《周易》同样都是用一、八作爻画，近读荆州市博物馆王明钦先生在《新出简帛研究》上发表的《王家台秦墓竹简概述》一文，读后受益匪浅。王先生介绍了秦简《归藏》的情况：“简共 394 支，字数 4000 余字，留有卦画 54 种，卦画皆以一表示阳爻，以∧（六）表示阴爻，卦名多与传本《归藏》、帛书、今本《周易》大部分相同，体例非常格式化，卦画、卦名、卦辞、繇辞，占卜结果。”依据发表的资料，《归藏》卦辞下有很短的韵语繇辞，没有《周易》那样按爻分段的爻辞，这是《归藏》与《周易》最重要的区别。

王先生相当聪明，在文章中对《归藏》卦画只说“皆以一表示阳爻，以∧（六）表示阳爻”，是阴阳卦画或是数字卦，王先生未置可否，但他在文章的引文里，引用《周礼·春官》：“太卜掌三易之法，一曰连山，二曰归藏、三曰周易，其经卦皆八，其别皆六十有四。”贾公彦疏：“夏殷以七、八不变为占，《周易》以九、六变者为占。”《易纬乾凿度》也说：“阳动而进，阴动而退，故阳以七、阴以八为象，易一阴一阳合而为十五之谓道，阳变七之九、阴变八之六、亦合于十五，则象变之数若一也。”郑玄注：“象者爻之不变动者也，《连山》《归藏》占象，本其质性也，《周易》占变者，效其流动也。”

“《周易》有卦辞也有爻辞，有本卦之卦之别，而秦简及传本《归藏》皆仅有卦辞而无爻辞，仅有本卦而无之卦，也足以证明《连山》《归藏山》以七、八不变为占，而《周易》以九、六变者为占的说法是确凿有据的。”

从王先生的文章里可以看出他的态度是清楚的，他没有把八、六看成是阴爻卦画，因为八、六的字形与数字卦的字形没有分别。

王先生这几段引文特别重要，《周易》与《归藏》在筮占方法上和卦画使用的数字都是不一样的，秦简《归藏》的出土证实了这一点。我曾在《<周易>卦里演变考》一文里说过，筮占在春秋战国时受式占的影响很大，它吸收了式占九宫的理论，结合《易·系辞》的大衍之数的筮占方法所得“六、七、八、九”四个固定数字按九宫数字相配的原则，七八、九六相加都得十五的规律，将数字排列在易卦的卦、爻辞上，就如同今天的信息编号一样，规定“阳动而阴退，故阳以七，阴以八为象”（象即爻画）。有人提出在“楚简、帛书和汉简《周易》的数字卦里，加起来超过一百个一，绝不见一个七或疑似七的踪影”。其实这位先生不明白古人把一视为天数，是数里的老大，是万数之源。在古人谈易数的书里，就说一可以变为七，也可以变为九。这本是古人的常识，今人分不清筮数里“一”起的作用，很多人被“一”字给迷住了。

我赞成《周易》卦画阴阳爻是由数字七、八演变来的，但在《演变考》一文里错引了《王家台发掘简报》的“以六或八表示阴爻”的报道，误认为从数字卦到七、八两数之间还有一个用“一、六、七”的过渡阶段，现在秦简《归藏》已正式发表，这个“过渡阶段”论可以休矣！

《周易》用一（七）、八，那么王家台秦简《归藏》用一（九）、六，又该如何理解，王明钦先生所引郑玄注“彖者、爻之不动者，《连山》《归藏》占彖（爻），本其质性也，《周易》占变，效其流动也”，是解开《归藏》和《连山》卦画用九、六之谜的关键。

我在《周易卦画演变考》一文里，对《周易》卦画用七、八为卦体（彖指每个单爻）其数不变，九、六为爻性，随每一爻体的属性而变动，一、二、三、四、五、上为爻位或爻序，这个推断我认为还是正确的。现在看到《归藏》的卦画，更坚信了这一说法。《归藏》的卦画是一（九）、六为卦体，一、六为“彖者，爻之不变动者，《连山》《归藏》占彖（卦画和爻体）本其质性也（本其奇偶所属的性质），《周易》占变者，效其流动也”。《周易》因为用九、六为占，要随爻体属性七、八（奇偶）而变动，所以能够分出卦辞与爻辞，《归藏》和《连山》以七、八为占，以一（九）、六为卦体，七、八不变动，所以只有卦辞而没有爻辞，《周易》用九、六为占，以七、八为爻体，《归藏》以七、八为占，以九、六为爻体，《周易》与《归藏》用数是相反的，古人早已论及，今人在秦简《归藏》发现之后才明白这个道理。通过以上分析，我们得出的结论是，上博楚简《周易》的卦画是以一（七）、八组成，秦简《归藏》的卦画是以一（九）、六组成，这是从字形上或易理上都能讲得通的。

三、易阴阳产生的时间问题

李宗焜先生反对数字卦与《周易》的关系，是为了提升易阴阳产生的时代，他说：“阴阳学说大盛的战国时期出现阴阳爻是绝对可能的，遑论秦汉。”

我们知道在《周易》的经文里仅有一处提到阴，《中孚·九二》“鸣鹤有阴，有子和之”。最近发表的《归藏》在比卦筮辞里也仅有一句“苍生子二人或司阴司阳”。在这些易的经文里见不到一点后世阴阳五行家在易阴阳学说上发挥的作用与神力。当然和上下、左右一样，阴阳在人的概念里早已有之，谁都知道，在太阳下是阳，在树阴下是阴，但这不是阴阳哲学的理论。自战国齐桓公田舞在齐都临淄稷门附近设立了稷下学宫，招来天下文人学士，在这里讲学，著书立说，在齐威王、齐宣王在位期间，四方学者云集齐都，其中有孟子、荀子、邹衍、田骈、慎到等名人，稷下先生达千余人，学宫存在140余年，孕育出邹衍这样的阴阳五行学家，创立了五德终始论新学说，他们的著作存在《管子》一书里的有《幼官》《四时》《五行》《轻重已》《侈靡》《水地》《地员》

数篇。

邹衍的阴阳五行学说，开始与秦朝的政治制度相结合，不可能被固守筮、龟有神的南方楚人所接受。只有等到汉武帝废黜百家，独尊儒术，并由董仲舒加以改造，融入儒学，最终代替汉初的黄老哲学，成为汉朝的官方哲学。在政治力量的推动下，阴阳五行学派的哲学随着儒学的发展，而成为以后历代王朝统治的理论基础。在这个大气候下，《周易》与阴阳学说相结合形成了《汉易》。考古发现的《周易》写本都在汉武帝之前，数字卦还没演化成阴阳爻。举几个例子可以说明这时还没有出现阴阳爻的卦画，例如20世纪长沙子弹库发现的楚帛书，这是战国楚国的式图，图上绘有四方八位、十二神、干支、北斗。方位用的是东西南北，而没有用八卦方位。最近发表的马王堆帛书式法图，上面只有干支、二十八宿、四方、四季月令等，也不见八卦定方位来代表方向；阜阳西汉文帝十五年汝阴侯墓和武威磨咀子发现的王莽时期的漆木式盘，也都没有采用八卦来定方位，只有等到东汉初年在朝鲜乐浪的王盱墓里出土的漆木式上才见到和后世相传的同样的阴阳爻符号八卦。

筮占、式占有着密切的关系，战国和汉初以及王莽时期的式图和漆木式都没见到阴阳爻卦画的八卦出现，为什么？说明那个时代还没发展到这一阶段，数字卦还没演变成阴阳爻。陈梦家先生在《汉简年历表叙》上，对式图结构作了详细的分析，他认为式盘上的八卦定向是受河内《说卦》的影响，从汉宣帝（前73—前49年）以来才有的。连劭名先生在《式盘中的四门与八卦》对陈文表示异议，“式的配卦合于《淮南子·天文》可见年代甚早”，但分策定卦并不是指式的本身配卦。我们今天能见到最早的阴阳八卦是乐浪王盱墓出土的东汉初年的漆木式盘，早于东汉熹平石经《周易》八卦。

总之，三易是筮占，是以蓍草为道具，以数数的方法来求卦，再对照三易经文来占问吉凶，古人对蓍草看得很神圣，以筮占求吉凶是一种很顽固的信仰和习惯。古代已有枚卜（秦简《归藏》经文透露了这个消息），以枚占求阴阳非常便捷，阴阳学说虽好，比不上筮占，改变人们的思想习惯是很难的，终于到了汉武帝时代，他在政治力量的推动下，筮占才接受了阴阳五行学说，有了汉代的易阴阳，只有在这种大气候下，才会产生出阴阳爻八卦。

最后用李零教授的话做结束：“汉代盛行象数之学，易占配合式法或模拟式法，用阴阳五行讲天象灾异和人事之变，形成卦气，六日七分，飞伏纳甲等名堂，能顺乎数术发展的主流，再度激扬波澜，加之《周易》又是儒传六艺的经典，随着儒家地位的上升，也扩大了筮占的影响。”回观《归藏》和《连山》筮占的失传，主要原因是固守阵地，不能海纳百川，与时俱进，最后落到消失泯灭的结局。

二〇〇七年七月二十八日写毕

（原载《志鉴》2009 年 1 期）

难以忘怀的记忆

——悼念张政烺先生

张政烺先生生于1912年4月15日，明年4月是先生的百年冥寿。想起先生，眼前就会蓦然出现一位平易近人、慈祥和蔼的长者形象。说起我和先生的相识，并能聆听道德文章双全的长者教诲达八年之久，实在是我人生的造化和幸事。像我这样不是科班出身，从不入学者之流的基层文物工作者，到能够接触到当代顶尖的国学大师，靠的是机遇。1977年全国掀起一股农业学大寨高潮，表现形式就是开展平整土地运动，阜阳地处淮北大平原上，无山可移，无陵可平，基层农村干部把目光瞄向名叫双冢（俗呼双古堆）的墓上，当文物干部下基层，配合农村平整土地这股风，结果发现了双古堆这座两千多年前的汝阴侯夫妇墓葬，清理后出土一批珍贵文物和被砸压成块状的有字竹简和木牍。因阜阳博物馆没有技术力量揭开这些残简，地方政府决定，把这批竹简送国家文物局直属的文物保护研究所处理。1980年6月，我有幸被地方政府选送到北京参加揭简和整理研究工作。开始我在文保所专家胡继高研究员的指导下，由煮简、揭简开始，再装玻璃条、编号、照相等，胡先生手把手相教传艺，年底完成了揭简任务。1981年元月25日，古文献研究室确定于豪亮先生加入阜阳汉简的整理工作，并开始作阜阳汉简的释文。于先生上班手不离简，1981年11月30日就把740多号16200多字的竹简、木牍释文完成。

惺惺相惜　仁者爱人

于豪亮先生原在四川博物馆工作，1975年被抽调来京参加“竹简帛书整理小组”，与张政烺先生共事整理马王堆汉墓帛书、睡虎地秦简、居延汉简、定县汉简以及阜阳汉简等工作。整理工作结束后，于先生被调入古文献研究室，1981年9月2日研究室第一次评职称，于先生谦恭不好意思自报，会上也没有人提他的名，于先生一下情绪低落万丈，每天精神恍惚，不停地自语“无法见人”。9月12日我陪于先生参加太原第四届古文字会议，先生心情郁闷，终日无语，白天黑夜猛抽香烟不止，会没结束，于先生就出现剧烈的咳嗽，痰中出现血丝，回京后经日坛肿瘤医院确诊为肺癌晚期，治疗期间我曾陪先生十多次去日坛医院化疗、输液。当时北京出租车很少，我曾向研究室帮于先生夫人申请每周出一次公车，反遭室领导训斥“爱管闲事”，于先生的病发展很快，人都站立不起来了，因为医疗单位在公安医院不在日坛医院，医疗药品要缴现金，于先生是外地调京人员，家中没有积蓄，举目无亲，单位只借一次药款，报销后再拿款购药，于先生到了躺着才能输液的程度，每次去医院先抢占病床，才能得到治疗。张先生得知与他共事多年的同志处此窘境，出于仁者爱人之心，以惺惺相惜的情怀，解囊相助。虽然对于先生的大量的医疗开支来说，只是杯水车薪，但这代表的是一份出自内心的情谊，是金钱无法衡量的。于先生去世后，张先生难过多日。后来，当他得知于先生在成都的老宅被人占有，老母寄人篱下，无有住所，张先生沉痛而郑重地让他的学生林小安三下成都，通过全国政协和省政协落实港台亲属政策，将于老夫人的住宅退还，使其居有定所。于先生过世后，张先生组织同事将于先生的遗稿结集出版，又亲自题签以慰同事亡灵。试想在那紧盯政治风向、人人自危的年代，对一位背有港台关系的有难同事，谁敢于表示同情！张先生竟以大无畏的精神，不计后果地帮助别人，其仁者爱人的儒家风范，着实让我感动，令我景仰。

阜阳汉简整理的导师

于豪亮先生作完阜阳汉简释文后，发现简中有《周易》，先生喜不自胜地对我说：马王堆汉墓发现帛书《周易》，没想到阜阳汉简也有《周易》，先把《仓颉篇》《诗经》《周易》等古籍整理出来，再搞其他的古籍。可惜于先生中年弃世，未能如愿。于先生生病期间，作为阜阳汉简的整理者，我只能依靠德高望重的国学大师张政烺先生。

我记得初次去张先生家，是在 1981 年 2 月 27 日，是河北定县汉简整理者何直刚先生领我去的，同年 3 月 6 日何先生又一次领我去张先生家，两次都是向张先生汇报阜阳汉简的内容，有些古籍内容与定县简相似甚至相同，个别篇章已在汉代刘向辑录的《说苑》或《新序》中找到。请张先生定这类简的书名。我那时孤陋寡闻，没有看过张先生发表过的《春秋事语解题》一文：张先生告诉我们，谈春秋故事的书应叫《事语》，为战国时期的作品，《事语》的共性是“内容既有意见，也有评论，使人一望而知”，这本书的重点不在讲事实，而在记言论，古代这类体裁的书称为“语”。“虽以记言为主，但仍不能撇开记事，所以又有以‘事语’书名的。”并且指出“它的性质是教学课本，是为从小训练贵族子弟以史为鉴的统治术”；“战国时代的书籍有很多是引用《事语》的故事来立论。”张先生深刻明晰的解答使我在整理阜阳汉简时有了明确的方向和方法，阜阳汉简《春秋事语》的整理研究全部采用了张先生的观点。

关于《儒家者言》，定县汉简和阜阳汉墓一号木牍都有相同和相似的内容，于豪亮在世时说过“这不是《论语》，也不是《孔子家语》，应该是另一部书”，但没有给出书名，是张先生为阜阳一号木牍定的《儒家者言》的名字，他说“《孔子家语》出现得晚，西汉初期不会出现”，又说“阜阳汉简《苍颉篇》是汉隶书写的，不可能是秦简”。我在整理阜阳汉简的工作中，全部按照张先生的指导思想进行。如果没有张先生这位学识渊博，博闻强记的学者的谆谆教诲，阜阳汉简的整理工作，非我辈之流能够完成的。

沾溉后学，指点迷津

阜阳汉简发现《周易》，张先生看我从来没有接触过《周易》，整理起来很吃力。1984 年 5 月湖北社科院主持召开国际《周易》学术讨论会，张先生让我出席旁听，增加一些感性知识，亲自给会议主持人张武同志写了介绍信：

“张武同志：安徽阜阳博物馆馆长、省政协常委韩自强同志近年一直在整理双古堆汉墓，近日正全力整理其中的《周易》部分，很想参加这次《周易》学术讨论会，以增加学识，特此介绍，若无困难，希望安排韩同志出席旁听，谨祝大会成功！张政烺　5 月 24 日。

1984 年 5 月 30 日，中国《周易》国际学术研讨会在武昌东湖宾馆开幕，次日分小组讨论八卦起源问题，大家信息不灵，始终理不出头绪，我作为旁听人员忍不住要求发言，我来武汉之前精心拜读了张先生在《考古学报》1980 年第 4 期发表的《试释周初青铜器铭文中的易卦》一文，向小组成员做了陈述，大家都很兴奋，认为终于破解了一个千年之谜。我的即席发言引起主持会议的领导重视，一定要我在 6 月 1 日的大会上发言。我是旁听人员，参会时古文献研究室的连劭名先生写了一篇论文要我带到会上，是他首先谈到符号卦是八、七两数演变来的，他是赞同张先生的数字卦观点的，大会发言正是传播张先生学术论点的机会。第二天大会让我第三个发言，我详细地阐述了张先生对数字卦的惊人发现，引用《汉书·律志》“自伏羲画八卦，由数起”的记载，谈到《周易》筮占方法，得出筮数，记在甲骨、铜器、竹简等器物上，成为今天我们能够看到的数字卦，并结合阜阳汉简《周易》的卦画得出汉初仍在用一（七）、八数字来作卦画，现在流行的符号八卦那时还没出现，到了汉代中期，《周易》吸收了阴阳学说和式占方法，才从数字卦一、八变为阴阳爻的符号卦。会上我又介绍了阜阳出土的太乙九宫式盘，汉初就有九宫图出现，引起大会学者的兴趣。5 日周易学术研讨会举行闭幕式，北大哲学系张岱年教授做大会总结发言，他说这次会议取得了四大收获：一是根据考古新材料，对易卦起源作了新的探索，八卦是由数字演变而来的，来龙去脉已在这次会上搞清楚了，这为今后易学的研究必将产生重大影响。二是探索了《周易》与现代科学的关系。三是开始了关于易学史的研究。四是进一步阐明《周易》经传中的精华思想。易传反映了客观规律，辩证思想，刚健、自强的人生观，这对中华民族的发展具有重大意义。散会时遇到美国学者夏含夷，他对我说，这次会议，使我结交了几位易学界的朋友；二是听了你的发言，解决了八卦起源问题。

在武汉《周易》学术讨论会上，我第一次向易学界传播了张先生破解八卦之谜，数字卦的发现的确是凿破鸿蒙的大发现，形成震聋发聩的响声，正如中国台湾学者李宗焜惊叹的那样“数字卦”文化论点一出“风行草偃，信从者众”。我在这次《周易》学术讨论会上．真真切切体会到了张先生的学术魅力。

《周易卦画演变考》引起的风波

阜阳《周易》汉简的整理研究工作是在张先生的直接关怀和指导下进行的，1995 年《阜阳汉简〈周易〉研究》初稿完成，1996 年经北大李零教授介绍，中国台湾学者北大教授陈鼓应约我到京商谈《周易》汉简研究文章能在他主编的《道家文化研究》上发表，并约请我出席 8 月在北京召开的道家文化国际研讨会，同时给我一个小组会上发言的机会。我同意了陈教授的要求。在京停留期间，我请林小安先生给初稿把把关，他通读了一遍，提了许多中肯的意见，经过修改和剪贴，基本定稿。为了慎重，小安先生又将稿件送交中国社会科学院历史研究所研究员刘起釪老先生再次审稿，老先生修正了一些文中不足的部分，基本上是肯定的。他写的审稿意见，后来作为序言发表在《阜阳汉简〈周易〉研究》一书上。

1996 年 8 月 10 日，我如约到北京参加道家文化国际研讨会，小组会上我发言的内容是张先生首先提出数字卦学术观点以来，学者们又发现许多数字卦，再结合阜阳《周易》提供的信息发现《周易》筮占先以十个数全用逐渐变为六个数，四个数，再用一（七）、八两个数，再从两个数演变成阴阳爻的符号卦，这正符合古人说《周易》“变易、不易、简易”的发展规律。在我发言的过程中，我一向敬重的裘锡圭先生忽然以鄙夷的口吻不耐烦地呵斥说：“老韩你说来说去，满嘴数字，有谁听得懂！”如此三番打断我的发言。这种突如其来的蛮横干扰学术讨论的行为，像当头一棒，打乱了我的思路，让我傻了眼，几乎说不出话来。转而一想，这是在国际学术研讨会上，难得争取一次发言的机会，宣扬张先生发现数字卦的功绩，是我应尽的责任。我努力排除了干扰，继续发言，完满地阐述了《周易》卦画演变的过程和踪迹。

会议中场休息，一位夏威夷某大学的美籍华人教授听了我的发言很感兴趣，要了我的发言稿。散会以后在回宿舍的路上，中国香港中文大学饶宗颐老教授，回头看到我，停下脚步跟我说：“你今天的发言很精彩，有没有书面材料，可以给我吗！我拿回去拜读拜读！”几句暖人心的话，像过电一样周流全身。我赶快从文件夹里取出一份打印稿，双手送给饶先生。我知道先生此举，是对今天在这庄重的国际学术研讨会上出现的不文明、不礼貌的事的一种无言的谴责，也是对我的同情和支持，我以感激的眼光望着饶老，此时心中有一种受到委屈后被人关爱的温暖。同时也深深地感悟到真正的大学者与自居的教授的确不一样。

8 月 2 日张先生已经写信给中华书局许逸民总编，把我在道家文化国际研讨会上的发言稿推荐给《传统文化与现代化》杂志，并给命名为《周易卦画演变考》，该杂志于 1997 年第 1 期给予发表。

2000 年 8 月，我交给陈鼓应教授的《阜阳汉简（周易）研究》及《周易释文》在《道家文化研究》18 辑里给予发表。据说，当年 11 月在北京大学召开新出简帛国际研讨会，第 18 辑《道家文化研究》一书，作为大会赠书发给与会代表。不料，曾与我合作整理过阜阳汉简的某先生看到我竟能在学术刊物上发表文章，不知他出于什么心理，见我又在谈什么数字卦，气急败坏地要求大会发言，他在学术上拿不出任何新证据、新学说的情况下，只好对我进行人身攻击，说我“此人水平很低，文章错误很多，大家千万别上当”，又说，“数字卦，韩根本不懂，却在那里乱讲，我早就批评过他。”矛头一转又拿张先生造谣说，“1997 年我去看张先生，他已经放弃数字卦的说法。”这种无中生有的谣言，触怒了参会的李零教授，当即给予了严辞批驳。会场上形成维护张先生“数字卦”与反对“数学卦”学说之间的激烈争论，其猛烈程度，我因无缘参会，后在网络上看到李零与胡平生的网帖，才略知一二。我认为在国际学术研讨会上反驳对方的观点，要有充足的真凭实据，才能说服别人，靠谩骂、贬损甚至造谣来对待持不同学术观点的人，又是在严肃的国际学术会上，这种粗暴的作为和低劣的表现，不仅丧失了斯文，也是学术界的一大悲哀。

2004 年中国台湾“中央研究院”历史语言研究所转来李宗焜先生写的一篇洋洋万言的文章，标题是“数字卦与易卦”，要我帮助审查。后来得知李先生曾从中国台湾来大陆读研究生，在他导师的指导下写了这篇反对张先生“数字卦”学说，并说数字卦与《周易》没有关系，对我的《卦画演变考》也点名进行了批驳。

李文后经修改于 2007 年在台湾《历史语言研究所集刊》第 77 本 2 分册上发表。但该史语所集刊并未刊登我的回复信件。李文汇集大陆反张先生数字卦学说的大成，系统全面地提出了他们的意见：

（1）说奇数为阳、偶数为阴的原则把数字卦移译为《周易》的易卦，局限性非常大。（2）数字卦与易卦是并存的两个不同系统，两者之间并不存在一脉相承的关系。（3）新发现的上博郭店楚简《周易》的“一、八”和王家台发现的秦简《归藏》上的“一、八”（实为一六）都不是数字卦，而是阴阳爻卦。因此《周易》阴阳爻卦画是由数字演变而来的说法是错误的，阴阳爻是伴随《周易》的产生就已经存在了。（4）楚简里出现的数字卦，都是占卜事件的记录，而不是解释数字卦的内容，楚简《周易》的文字都是解释易卦的，与数字卦楚简内容有根本的差异。

李先生一连提出这么多问题，但他没有弄明白的是：《周易》原是筮占用的书，“龟以象告吉凶，筮以数示祸福”，没有弄懂“大衍之术五十”的筮占方法和程序，又不明白《周易》有“变易、不易、简易”的属性，硬说阴阳爻符号卦是伴随《周易》的产生就已经存在了，《周易》是一成不变的吗？不是的，否则就不会有《上古易》《汉易》《宋易》之说了。李先生说：“上古的数字卦与《周易》没有关系，数字卦是另一种失传的占卜体系。”什么失传的体系，李先生没有给出答案。数字卦与《周易》有没有关系，我让李先生看一幅洛阳出土的一件西周陶罐拓片（图），罐的肩部与腹部刻着五组数字卦和一幅写意图画，按照张先生移译为《周易》筮卦的方法，从左向右分别为无妄，睽，即济，第四卦缺一爻，不知是晋或是噬嗑卦，第五卦为巽卦，值得注意的是这五个数字卦用的是一、六、八、九 4 个数。从这五个卦内，我们查看《周易》，发现其中四个卦爻辞里没有具象事物，唯有睽卦“六三，见舆曳，其牛掣，其人天且劓”，“上九睽孤见豕负涂，载鬼一车，先张之弧，后说之壶，匪寇，婚媾

□□”。写意画在数字卦后方，画中有一牛一车，车有两轮，有车厢，有辕，倒着画有一个无发的鬼样小人，在拉弓射箭，另一个长有猪（豕）首的人拿着盾牌，一手拿着小旗在摇，这是多么生动的睽卦六三，上九爻词内容的写照，这是目前我们能够看到的时间最早以《周易》内容画出的唯一一幅写意画。李先生看了这幅写意画，能再说数字卦与《周易》的内容没有“亲缘关系”吗?

再说王家台出土的易书，学者一致认定是秦简《归藏》，整理者王明钦先生说《归藏》的卦画用的是一、六，不是一、八，与上海楚简用一、八不同，他引贾公彦疏：“夏殷《连山》《归藏》以七、八不变为占，《周易》以九、六变者为占。”《周易》用一（七）、八作为卦体，九、六作为爻性，随爻体变动：《归藏》反过来以一（九）、六作为卦体，一（七）、八不能作为爻性而变动。因此，《归藏》只有卦辞而没有爻辞。

至于李文说：“楚简出现数字卦都是占卜事件的记录，而不是解释数字卦的内容。”现据《包山楚简》公布的“卜筮祭祷记录”简，记录26次卜筮祭祷内容，包括卜筮祭祷的时间，贞人，贞事辞，卦象，贞兆辞，祭祷对象、规格，祭品种类及数量等一系列复杂程序。其中有6次记有筮占数字，每占两次，得到本卦（遇卦）和之卦，再据前后两卦的爻变，据以推断占筮结果，由占筮人作出贞兆辞。包山简6次筮占只记录了本卦与之卦的卦象作出的贞兆辞没有引《周易》的卦辞、爻辞，就说数字卦与《周易》没有关系是欠考虑的。我们从杨树达先生所作《周易古义》一书辑录《左传》《国语》里有关讲论《周易》的记载有22条，其中有以本卦与支卦的卦象来论断人事吉凶，而没有涉及卦名、卦辞的例子有好几条，没有一位研究学者怀疑，它只是占卜事件的记录，而否认它们与《周易》的关系。以上李文提出的诘难，只要认真读书，结合新出来的资料，都能得出正确的解答，2004年9月我把这些道理和看法写信回复了中国台湾历史语言研究所；并把回信的复印件寄给林小安先生，请他转给张师母（傅学苓），张先生病重住院治疗，未必能看到这封信。

2007年李宗焜先生的文章正式在中国台湾发表。我为参加在洛阳召开的《周易》哲学与河洛文明学术研讨会写了一篇《数字卦与阴阳爻漫议》，对反对数字卦学者的怪论进行了批驳。

张先生是阜阳汉简整理研究工作的指导者，在整理研究工作中我得到了张先生的谆谆教诲，受益匪浅。我自认为是张先生的门外学生，能为传播张先生关于数字卦的学说，尽了点微薄之力，即便成了反数字卦学者的靶子，也不后悔。

洛阳出土西周陶罐肩部刻数字卦及睽卦六三和上九卦内容刻图

逝水流光，斯人已杳，道德文章，仰之弥高。有幸与张先生有这段师生情缘，今生足也！

（原载《志鉴》2011 年 4 期）

中国上古文字遗存概述

中国汉字是地球上仅存的最古老的表意文字，它是形、音、义三者相结合的产物，缺一不可。文字是语言的书写符。近 30 年前，淮河流域的蚌埠市小蚌埠镇双墩村新石器时代中期（距今六千多年）史前文化发现陶碗、陶钵等器物上有 630 多个刻划符号，内容包括日、月、山、川、动物、植物以及房屋、狩猎、捕鱼、网鸟、养蚕、家畜、编织等生产、生活、记事类。（图 1）

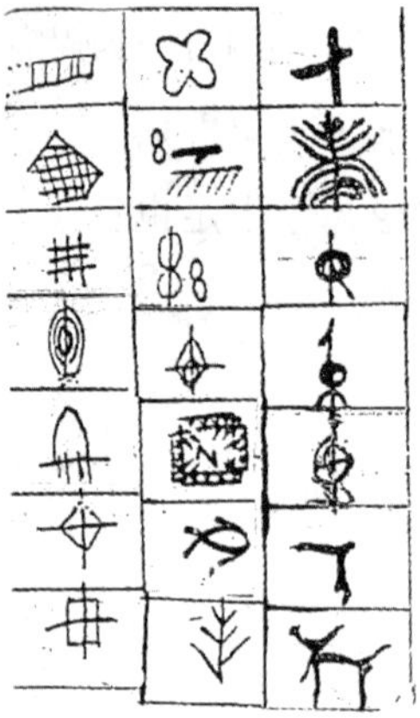
图 1

蒙城尉迟寺遗址，在出土埋葬小孩的陶尊（瓮棺）上刻有“炅”等较为固定的几种刻符。（图 2）

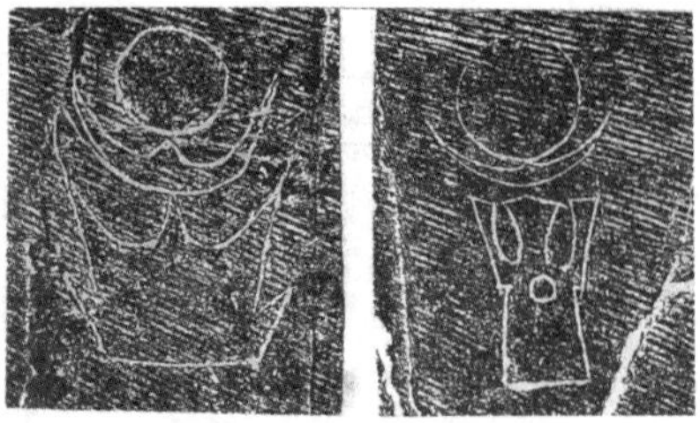
图 2

这种刻符距今已有四千五百多年，从山东大汶口到淮河北岸，同一时期的同类遗址，都有发现。这些刻符被称为图画符号，它对后世汉字的产生虽有不容忽视的影响，但它无法记录语言，还不具有文字的三要素的功能，因此我们还不能称它为文字。不过，蚌埠、蒙城两处淮河流域新石器时代的陶器上的刻画符号，比较丰富且已进入程式化阶段，称淮河流域是我国古代文字的滥商之地，是当之无愧的，这是淮河流域人民的光荣。创造文字的初期，是由象形、会意到假借、指事直到形声各阶段逐渐发展形成的。因此，文字是在国家出现之后，体力、脑力劳动分工，人类进入阶级社会，为适应社会发展需要才能产生，少数脑力劳动者即知识分子所创造，并由他们约定俗成，再经整理、完善、推广，才能成为供人使用的文字。我国汉字创制于商代或更早的夏代，不会早到五六千年前的原始社会。中国汉字的创制，基本上是独立完成、自成体系的。

一、商周文字

阜阳地处黄淮平原，居中原黄河文明和长江文明交汇地区，古文化积淀雄厚，改革开放以后，由于交通便利，逐渐形成文物集散地，有机会、有条件见到一些先秦古文字。今天见到的古代文字是铸造或刻划在铜器或陶器上的文字，铜器上的铭文称为金文，陶器上的文字称为陶文。金文是在铸造之前先由书写之人写好，再由工人刻制模具，翻沙浇铸而成，模具多刻成阳文，浇铸出来文字为阴文。商周时代我区出土的有铭文的铜器有鼎盘、卣、爵、戈等。

商代铜器

1. “十贝”分档鼎（图3）

阜阳博物馆藏，铭文未全清出，“贝”字象形。

2. “祝父辛”铜爵（图4）

临泉出土，县博物馆藏，“祝”像一人跪坐在地上，手持祭物在祝祷上苍。也有人释为“兵”字。

图3

图4

3. “亚□孤竹”铜方鼎（图5）

外地流入临泉县博物馆收藏，为商代孤竹国祭器。

4. “月已”爵（图6）与“酉”字爵（图7）

均为颍上县出土，阜阳博物馆收藏。

图5

图6

图7

5. “豢父丁”铜卣（图8）与“父丁”铜爵（图9）

颍上出土，颍上县馆收藏。

图8

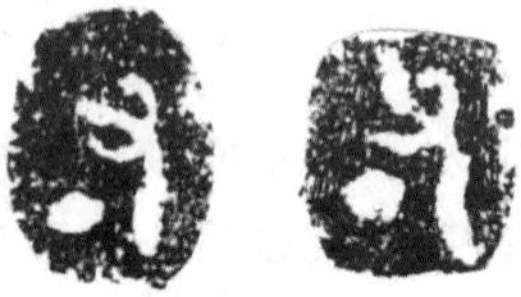

图9

“豢”为一人两手各牵一马，以相互对称形式重复出现在野猪背上，这是用象形事物与会意方法来表述氏族名号的族“徽豢”的文字含义，也是古人刻意用美化来装饰文字，这种族徽文字书法色彩浓厚，已经萌发了书法审美的自觉性。

“父”为一人手持石斧借斧声为父；“丁”字以钉帽表示丁，借为天干“丙丁”的丁，是为假借。以上“祝”“亚孤竹”“月己”“酉”“豢”等都是商代方国氏族的特定名号，铸在器物上，其象形性和标识性强，用来表示器物的所有权是非常显眼又合适的。

这些商代文字被称作大篆，文字粗犷有力，生动有趣，比如阜博藏的“乍宝尊彝”残盘底（图10），文字结构疏密有致，严整匀称，给人以刚劲肃穆的震撼力。这件盘铭可作为学习书法的楷模。

西周铜器

元吕金用之用戈（图11）

外地流入，私人收藏。

图10

图11

兵器为凶杀之器，非庙堂礼器可以相比，又因铸量大，模具可以重复使用，文学笔划往往模糊缺失，或将文字简而化之，谈不上书法艺术的文字美，但也给人以遒劲、苍老的美感。

郭沫若在论及甲骨文的书法意义时说：“其契文之精而美，每令吾辈数千载后人神往，足知现存契文，实一代书法，而书之契之者，乃殷世之钟，王、颜、柳也。”商周的金文也当如是观。

二、春秋文字

大篆：春秋时代，由商人创造再由周人继承的华夏文字，各诸侯国在一些庄重的铜器上，仍然使用周代的大篆体文字，其起笔、收笔大都深圆，转角处带弧形。例如：

1. 武王攻邝作为用戈（图12）

“武王”为楚武王熊通（前740—前690年在位），熊通三十七年，怒周“王不加位，我自尊耳!”乃自立为武王。熊通一生到处征伐，扩张领土，在我国历史上首创县级制度，把新占领的领土不再分封给功臣。先侵伐申、吕、许三国，又征服了汉东诸国，为后世楚王征服淮河、汝河流域诸国，北进中原打下了坚实基础。

“攻邝”，邝，即古代扈国，在今陕西东南部的户家塬一带，此戈是楚武王生前用自立的名号制作的兵器。

2. 龚王之卯之造戟（图13）

“龚王”即楚共王，熊审（前590—前560年在位），龚通恭和共，史载楚、晋鄢陵之战，审亲临战场，被晋国吕锜射中一目，楚军大败，十四年后，审因目疾而终，谥曰恭。

“之卯”的卯为共王某一王子的名字，为后世卯姓的始祖。此戟为其所造。

图12

图13

3. 阬公邵倸阬造王戟（图14）

“阬公”，阬，商周时为古录国，公元前622年，楚穆王四年“灭六”

（今六安市）成为楚县，公是楚国县公，属后世县长一职。

“邵㑿”，邵即昭，昭、屈、景是楚国三大氏族，邵㑿为阸公，并以阸县公的名义为楚王造的兵器。

4. 恒思公智上为恒思圣王造戟（图15）

“恒思”即期思，西周为蒋国，楚成王二十四年（前645年）灭蒋国为期思县，故城在今河南淮滨县东南期思乡。

“圣王”，圣为右之奇文，佑王即辅佐、保护或帮助楚王。此戟为期思县公叫智上的人为期思铸造保护楚王的兵器。

5. 之王戟（图16）

仅有三字，不知何王制造的兵器，字形属楚系文字。

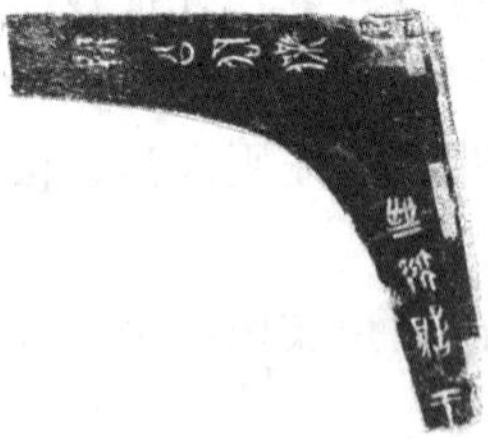

图14

图15

图16

6. 曾大保庆用作宝皿（图17）

“曾太保”，曾国从西周初期立国至战国中期偏晚，被楚灭，曾国即随国在今湖北随州、京山至河南淅川、桐柏、罗山、潢川一带。太保为古代三公之一，掌管曾国宫廷教育。

曾太保铜盆铭文八个字，分为三行书写，人名庆字处于中行，占有两个字的位置，字体大，既突出了器主名字，又达到布局的左右平衡。

7. 曾子口自作饲簠，其眉寿无期子孙永保用之（图18）

图17

图18

曾国铜簠，可惜人名一字不识，该器仅见一面，得一拓片，实物不知今何在。

8. 蔡侯绅之用戟（图 19）

戟为蔡昭侯申（公元前 518—前 491 年在位）制造。自蔡昭侯廿六年由新蔡迁到州来（称下蔡）共四十年，历经五世。1955 年昭侯申墓在寿县西门内发现，出土文物计五百余件。这件铜戟由河南流入，应该是蔡昭侯迁州来之前在新蔡留下的。

9. 隹六月初吉庚午口子选自作盥匜子孙用之（图 20）

铜匜的流与鋬铸有精美花纹，外地流入，仅得一拓片。这件匜铭在“子”前一字不识，作器人叫选，何国器物无法确认。

10. 工敔王夫差自作其元用剑（图 21）

这件春秋晚期吴王夫差（前 495—前 473）“自作”用剑，并不是吴王自用的兵器，而是赏赐给有功战士的奖品，因为制作量大，往往铭文在铸造时，出现错位，如这柄剑将“夫差”的“夫”字与“元用”的“元”字左右错位，说明此剑不会是夫差自用的兵器。传世的夫差剑较多，此剑字体小巧，四平八稳。这种工整的篆书，是后世书法的楷模，为小篆开了先河。

图 19

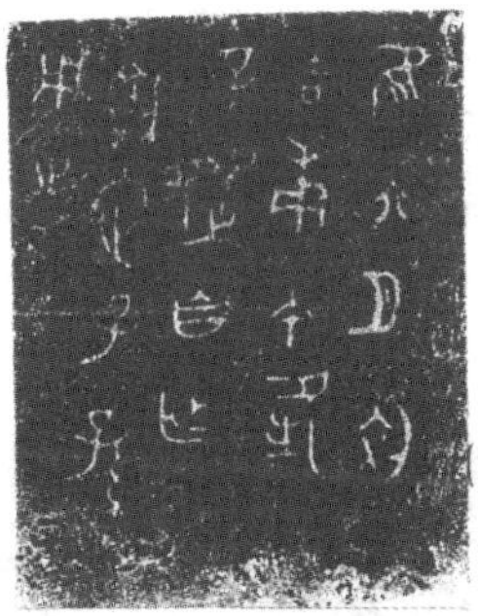

图 20

图 21

胡子国铜器

胡子国铭文铜器，存世仅见三件：

11. 胡叔信姬鼎

“隹王正月初吉乙丑胡叔信姬乍宝鼎其用享于文且考，胡叔及信姬其易寿耇多宗，永令胡叔信姬其迈年子：孙永宝。”（图 22）1977 年陕西岐山县发现大批西周甲骨文，其中 H11：232 片之文为“其于伐㝬侯”，这是

目前能够见到的有关胡国的最早实物。（配图）

图 22

配图　西周甲骨

此鼎 1973 年 12 月出土于陕西省蓝田县草坪公社，重 23 公斤，为西周晚期器。蔡运章先生认为“西周晚期周王朝征伐淮夷时的战利品，而被埋藏在那里的”。这是目前我们能够见到的最早的归姓胡国的铜器。铭文字体与宗周大篆字体无别。

12. 胡侯之孙鼎铭：“胡侯之孙陈之于鼎。”（图 23）

《三代吉金文存》卷三·十一·三八著录此鼎铭。此鼎是春秋时流行的一种附耳大鼎。古书上称胡国为子爵，从这件铜器铭文中得知胡国之君称“胡侯”，胡国本为侯爵毫无疑问，春秋之世，胡国本属淮夷，又沦为楚国仆从小国，史籍贬称为“胡子”，与古史把“楚王”“吴王”贬称为“楚子”“吴子”属于同样的道理。

13. 胡叔吴姬铭：“胡叔作吴姬尊簠其万年子：孙永宝用。”（图 24）

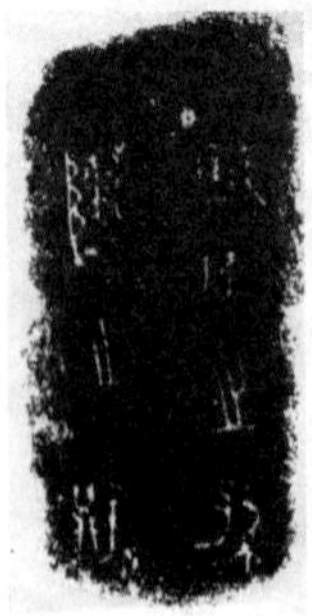

图 23

图 24

此簠今藏上海市博物馆。胡叔夫人称吴姬当为归姓之胡。春秋晚期，归姓之胡亲吴扰楚，最后被楚所灭。《左传·定公十五年》：“吴之入楚也，胡子尽俘楚邑之近胡者，楚既定，胡子豹又不事楚，曰：‘存亡有命，事楚何为！多取费焉。’”二月灭胡。这件铜铭文是归姓胡国于公元前495年被楚灭亡前存于世上的唯一一件文物见证。

三、春秋美术化书体

春秋时代，礼崩乐坏，诸侯强大，宗周势弱，各国文字纷纷兴起。楚国人把华夏文字移植到楚地，南方的楚人素有尊凤尚巫的习俗，以瘦为美的审美倾向和对自由的崇尚，滋生出修长篆，垂露篆；鸟虫篆等书体，形成南方的独特风格，随着楚人的北伐东征，这种书体被带到汉水、淮河和长江下游地区，影响到蔡、申、宋、越、吴、曾等国，并影响到后世。有意识地把文字作为艺术品，使文字艺术化、欣赏化，是从春秋中期的楚国开始的。

修长篆

字体趋向修长，仰首伸脚，多折弯曲，富于变化。例如：

1. 曾侯越之持铜簠（图25）

曾侯越与1977年湖北随县曾侯乙墓（战国早中期）出土的曾侯越戟为同一人，曾侯越为曾侯乙的前辈，这件铜簠錾刻的铭文纤细修长，多折弯曲，达到了美化文字的效果。

2. 蔡公子□之用戈（图26）

3. 蔡叔辟之行矛（图27）

两件春秋晚期的蔡国兵器，戈的“公子口”因腐蚀，不知具体何人，“叔辟”也不知是蔡国某人，但两件兵器刻铭纤细规正，字体曲折修长，精美异常。

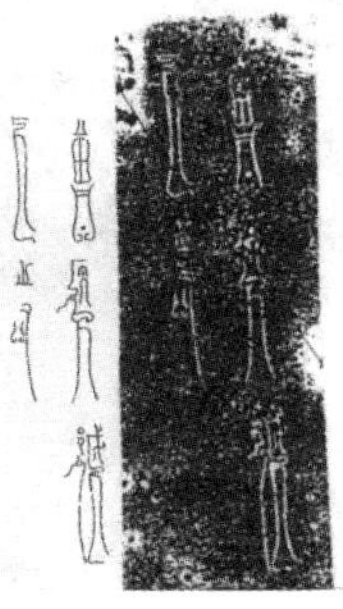

图25

图26

图27

4. 南君旟鄒之用戈（图28）

5. 雩娄公佗之用戈（图29）

“南君”为楚的封君，“旟鄒”读“阳易”，阳是楚国贵族姓氏。

图 28

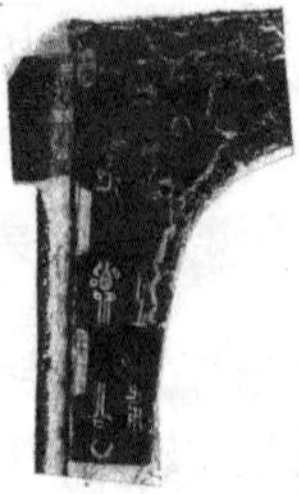

图 29

“雩娄”戈铭刻为“虎娄”，楚人称虎叫“於”（读鸟图），雩与虎音近相通。雩娄城遗址在今河南固始县陈淋子镇古城村。这件戈是雩娄县公叫佗的人自作自用的戈。《淮南子・人间训》：“孙叔敖决期思之水而灌雩娄之野。”如今楚国恒（期）思、虎（雩）娄两县的兵器，同时出现在盛世，也是史学工作者的幸事。

6. 隹正月初吉□□余臧王之子□余吉金自作保用之

残簠刻铭（图 30）。

7. “隹正月初吉丁亥，蔡大司马燮乍媵孟姬，铸盥盘，其眉寿无期，子孙永保用之”盘（图 31）

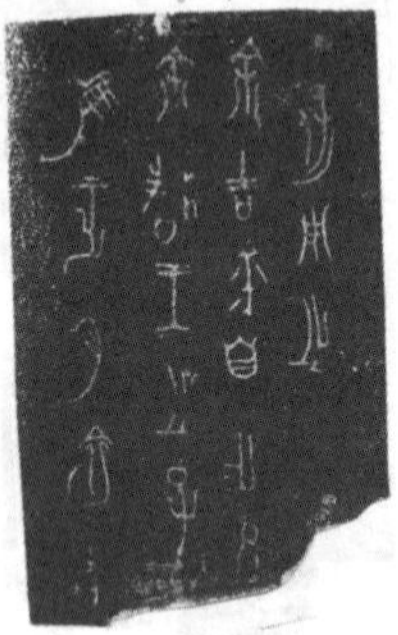

图 30

图 31

8. 楚子弃疾择其吉金乍饲簠（图 32）

“臧王之子”即楚庄王之子，可惜人名已残，此簠不知为谁制作，刻铭文字也做了美化处理。

“蔡大司马燮”是蔡国庄侯甲午的儿子，文侯申的兄弟，燮任大司马时因病曾被郑人俘获，后因主张亲晋背楚，楚日益强暴，蔡国上层人物苟安于事楚，故公子燮欲变更失败而被杀。这件盥盘是公元前 564 年，燮未被俘前为嫁女儿孟姬的礼器，是一件很有历史意义的文物。

盘铭为錾刻文字，文字排列整齐，笔划清晰，字体纤细修长，美观大方，可视为修长篆的典范。

楚子弃（去）疾择其吉金自作食簠铜簠，近年曾流入阜阳，笔者仅得其盖与盒内铭文照片各一幅。去疾即后来篡位的楚平王熊居，这件簠是熊居篡位前的食器。

美术化字体

春秋中晚期，社会动荡，周室宗主控制力更加减弱，诸侯国各自为政，经济、文化发生了很大变化，也为书法艺术的革新，提供了适宜成长的土壤，垂露篆、鸟虫篆等美术化的字体，在南方诸国诞生、发展并流行开来，楚、吴、越、蔡、宋诸国为最，都有这类文字的铭文留传至今，甚至有错红铜，错黄金的。

垂露篆

1933 年安徽寿县朱家集李孤堆出土一件“酓前铜盘”，酓前即史书上的熊完，为公元前 262—前 238 年的楚国国王，铜盘铭文为：“楚王酓前作为盥盘，以供岁尝”12 个字（现已流出国外）。前几年在阜阳曾流入几件楚穆王商臣（公元前 625—前 614 年）的几件兵器与一件铜俎（切肉案）上俎上有红铜丝嵌入的八个大字：“王子臣乍黨彝用享”。（图 33）

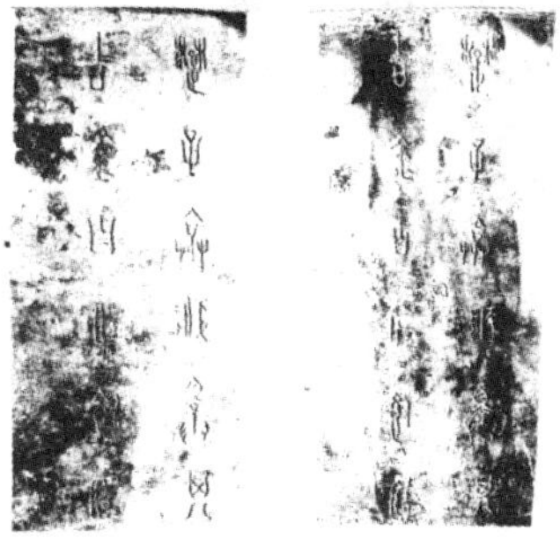

图 32　底铭　盖铭

图 33

此组文字的线条细如游丝，屈曲摆动，每字都在关键部位，装饰对称或不对称的袋状肥笔，由细丝般的笔划连缀起来，肥笔形如蝌蚪或滴露，因此后人称之为蝌蚪文，也有人称之为垂露篆。有意思的是朱家集出土的铜盘是考烈王熊完在公元前 262—前 238 年在位时制作，这件铜俎是楚穆王商臣在公元前 625—前 614 年所作，两王相隔 370 多年，垂露篆笔法如出一人之手。这种所谓的垂露篆已在楚国流传数百年，在书法史上，可谓趣谈。可惜的是这件铜俎与阜阳失之交臂，不久又回流到京师，阜阳仅留下这一纸拓片。

鸟虫篆

又称作鸟虫书，它是以鸟纹、龙纹、凤纹、虫纹等形象来装饰的美术字，变化莫测，情趣无穷。文字往往以金、银、红铜等嵌错在青铜器的刻文笔划内，来增托文字的优美与富丽。这种艺术字装饰性强，与器物上的花纹装饰相辅相成。郭沫若说："中国文字为艺术品之习尚，当自此始。"

楚穆王商臣铜俎刻铭与兵器鸟虫篆铭文的发现，将这种装饰的美术文字产生的时代从春秋晚期提升到楚穆王商臣为太子的时代（公元前625年前），这是对鸟虫篆等美术字产生时间的一次历史性的突破。

1. "王子臣之用"戟三件（图34）

三戟铭文相同，字体有区别，其中两件的"王"字下加饰了鸟形，一件"子"字，三件"自"字和"用"字，或四周，或下部都加饰了左右对称的笔划，以增加美观。三戟为组装的三援或四援戟的部件，可能不是原配套。三戟与铜俎为同一墓出土，文字均用红铜丝嵌错，铜丝大部分脱落。

2. "臧王之楚用戟"两件（图35）

图34

图35

3. "邵之瘠夫之行"戈（图36）

"臧王"，臧字从口戕声、读壮，臧王即楚庄王。

"臧王之楚"与"龚王之卯"都是楚王后裔为楚姓卯姓的始祖。

"邵之瘠夫"邵读为昭，《古今姓氏书辨证》："楚昭王熊轸有复楚之大功，子孙蕃衍，以谥为氏，与旧族屈，景皆为楚之大族。"此戈为春秋晚期昭氏族人名叫瘠夫的出行戈。

"臧王戟"为两援戟，其中"王"与"用"字下饰鸟形。"瘠夫行戈"的"戈"字上饰为张口伸舌的龙形，别有一种情趣。

楚国兵器戈与戟的铭文，不是刻在戈尾内部，几乎全部刻在戈的援部和胡部（戈身），受此影响的蔡、曾，甚至巴蜀的戈铭均是如此，北方诸国的铭文均刻在胡部，而楚国及受其影响的南方国家，戈的内部都是刻制族徽的地方，或龙或凤或蛇等，以示出身的高贵。

4. “蒙”字残剑（图37）

5. “蒙”字戈（图38）

残剑在颍上废品站拣出，今藏阜阳博物馆。戈为临泉博物馆藏。剑，戈饰“蒙”字均为楚国蒙地所铸，蒙字均作虎首，鸟身，突出爪部与尾部，有一种威慑感。

图36

图37

图38

6. “越王州勾，自作用剑”（图39）

“越王州勾”即朱勾（前448—前412年在位）铭文铸在剑格的两面，一面中铸“越王”“州勾”两字分铸左右；另一面左右重复铸“自作用剑”四字。“越王州勾”四字均加一鸟或二鸟为装饰；“自作用剑”，“自”字加鸟足，“作、用”两字加鸟形，此剑铭文字体阳文，纤细修美，盘屈作态，空灵俏丽，使文字装饰美化到极致。

7. “蔡叔之□玄翏”残戈（图40）

“蔡叔”蔡字作人体正面形，两腿间有倒毛，与蔡侯产剑的蔡字篆法相似，叔字装饰鸟形，“翏”字亦作鸟形，鸟作回首状，腿部粗壮。“玄”字作虎首虎身，利爪内收，尾长，“之”字上部如长髪，每字都呈现出鸟兽状，让人称奇！

8. “□之逆之用戟”（图41）

“之逆”的前一字漶灭，不知属何国兵器，“用”字下加饰一人形，作跪跽状，较为特殊。

通过以上所列举的鸟虫篆实例，我们了解到古代人为了美化文字，达到字体的平衡与对称的艺术美，往往妄加一些不属于字体结构的附加笔划，以增加文字的观赏之美。

图 39

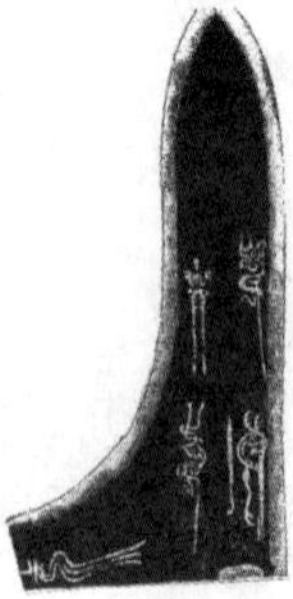

图 40

图 41

四、战国文字

战国时代，随着土地私有、生产力提高、商品交换大发展，文字在民间较前普及，讲求简易速成，这使简化草率的字体大量流行，不同地区的文字异形、变体或草率的字体出现，形成七国文字异形纷呈的景象。战国流行的文字没有字体的专用名字，在使用过程中形成工整与草率两种字体，工整的一种仍称篆书，草率的一种称为草篆或古隶，它是由篆书到隶书的过渡，它们之间的区别就是变圆笔为方笔，变弦线为直线，实例有阜阳博物馆收藏的楚国文物中的：

楚国文字

1. “郢大賡之□笰”（图 42）
2. “郢爯（爰）”金钣［图 43（2）］

图 42

图 43

图 43（2）

3. “盬鍼”泥金钣（图 44）
4. 楚国刻铭“衣鼻”（图 45）

5. 楚“新昜”戈（图46）

图44　　图45　　图46

6. 楚玺

郝厚行邑大夫玺、新东阳邑大夫玺、中州之玺、专室之玺、荑里贷玺、郏市之玺、陶文：市人之玺，工荧室。（图47）

图47（1）　图47（2）　图47（3）　图47（4）

图47（5）　图47（6）　图47（7）　图47（8）

“大廣”为楚国郢都（寿县）的国库，为量器。刻文与新阳戈刻文风格近似。

“金钣”为楚国按龟壳形状铸造发行的贵金属货币。郢爯与陈爯有古隶之意。

泥金钣是用陶土仿金钣制作的倍葬冥币。两字仍具有古篆风格。

“衣鼻”即俗称的带勾，这是用来束衣裳的带勾。文字简练。

“郝厚”地名不详，邑为行政机构，比“邑”和“市”级别高，“行邑”类似流亡政体为有功人员的食邑。州级玺已发现的有“右州”“北州”“西州”之玺，此“中州”之玺，应是某城市中部之州；“专室”即传室，为传信息或物质的机构，“荑里”和“夷市”之玺，一为里级管理借贷机构，一为管理市场印玺，两件均出于阜阳插花和袁砦，即后世称郪陵的所在地，夷字出现两种写法，说明楚国文字还未走向规范。“市人之玺”与“茓市”为印在陶器上的文字，楚国陶文很少见，“茓市”李学勤先生释为“颍市”，如先生所说，颍水之上的市场，早在战国时代已经出现。

以上列举的战国时代楚国铭文，让我们从一个侧面清晰地看清了战国草篆向古隶书的蜕变进程。

诸侯国兵器刻铭文字

战国时期，诸侯国兼并战争频繁激烈，天下大乱，各国都十分重视兵器的铸造，加强组织和管理。由国家造的兵器，由国王或丞相督造，下设工师、丞、工尹等各级管理机构；由地方政府造办的兵器，由主管官吏“令”进行督造，下边设有左、右库、工师、工尹等不同管理机构，兵器上除刻主管官吏名字，还刻有“冶”者名字。物勒工名，层层负责，以便于考核。由于兵器的大量铸造，兵器铭文逐渐由直接在兵器上錾刻文字来代替由模具打印、翻模铸造文字的方法。为了增加錾刻文字的速度，只有变圆笔为方笔，变弧线为直线，在频繁的战争和社会交往中草篆得到了普及并在普及过程中孕育出了古隶。下面分国列举各国兵器刻铭文字的特点，及这一时期由篆变隶的过程。

魏国兵器

1. “七年大梁司寇綷，右库工师缳、冶瘈戈”（图48）
阜博藏。

2. 十九年邦司寇陈授，□库工师张义，冶奚昜执齐（剂），铜铍（图49）
太和出土，私人藏。

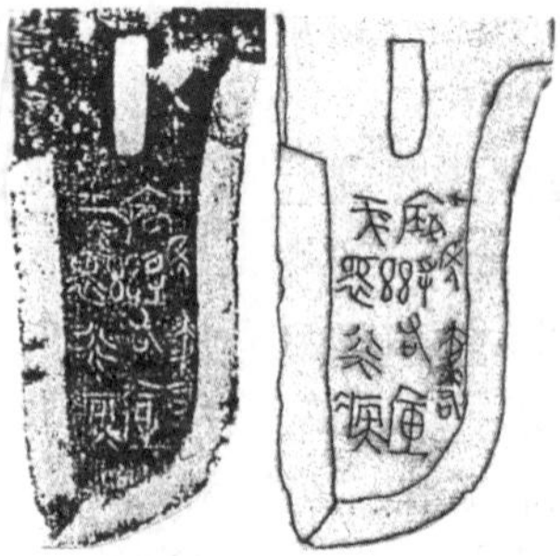

图48

图49

3. “卅三年汝阴令□右工币□冶禽”戈（图 50）

上海博物馆藏。

4. “元年来氏貼危（尉）阳白阳戟，克啇（敌）冶繙。”（图 51）

戈背面后刻铭文：“命（令）成犀（夷）、工师马童”戈。

图 50

图 51

5. “五年莂丘守、啬夫授、工师章、冶固”戈（图 52）。

6. “八年，吕（啚）令、工师瞉、冶犅”戈（图 53）。

图 52

图 53

7. “廿年、郚（梧）令，工师余，冶伭”戈（图 54）。

8. “廿七年、涑鄙（县）啬夫担，冶匀啬夫雩、冶餟”戈（图 55）

反面“餜”。

图 54

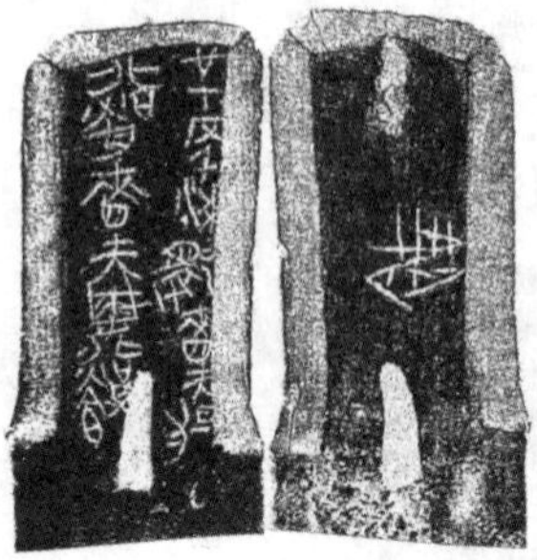

图 55

9. “廿四年晋上库工师黗冶慦”戈（图 56）

临博藏。

10. “浯阳”戈（图 57）

11. 玺文：“单父左司马”“左博”（图 58）

图 56

图 57

图 58

“大梁司寇”，大梁魏国都，《竹书记年》：“梁惠王六年四月甲寅，徙都于大梁。”惠王七年为公元前 363 年，大梁，汉代称浚仪，北宋称汴梁，今为开封市。司寇是首都管理刑狱的官吏，参加铸造兵器的工人，乃由刑徒充任。

“晋阳”“晋”，晋阳邑，战国属魏地，在今山西芮城县西，《史记·六国年表》：魏哀王十六年：“秦拔我蒲坂、晋阳、封陵。”“晋”或为阳晋邑的简称，有人将这两件兵器定为赵国不确，认为兵器上的晋阳是夏禹都城，即今天山西太原市西南营西古城，春秋属晋，战国初年赵国曾建都于此。岂不知兵器为战国晚期器，“工师”与“冶”字的写法与魏同，与赵国兵器铭文不属一个系统。

十九年邦司寇既魏国大梁司寇，执齐是负责调剂铜与铅锡比例的官员，凡刻有执齐文字的兵器，都是赵国兵器的特有标志。但在北大考古专业陈列室收藏的一件铜铍铭文“十二年邦司寇赵新、邦武库工师口孙，冶巡执齐”，与这件铜铍铭文格式相同，其陔司寇监督兵器制造为魏特有标志，两件铜铍虽刻执齐官职，仍然是魏国兵器，北大铜铍十二年，是魏襄王十二年这件铜铍应该是魏襄王十九年（公元前300年）。

“卅三年汝阴令”戈，是上海市博物馆于1995年入藏，该馆李朝远副馆长曾为此戈写过研究文章，他认为汝阴令戈的出土，可以确证汝阴县至少在战国时期就已成为行政单位，从行款上考证属魏兵无疑。魏侯在位超过卅三年的有魏惠王（前369—前335，在位35年）和安僖王（前276—前243，在位34年）“卅三年”只能为魏惠王时，但又认为：“汝阴令戈的形制一般定为战国晚期。”暂时未能解决这一矛盾。

近查有关资料，在北大高明著的《中国古文字通论》一书中揭示一件辽宁省朝阳地区发现的一件魏国兵器，铭文：“八年盲令□车沓，左库工师佗□具、冶戊。”另一件是《商周金文录遗》里登载的：“□年盲令司马伐，右库工师高反，冶□。”这两件兵器铭文与这件卅三年，汝阴戈的铭文都是用长方形印戳在模具上打印后铸造的，督造兵器组织形式亦分令，库工师和冶三级系魏兵器无疑。高先生说：“盲当读芒《汉书地理志》沛郡有芒县，在今河南省永城县东北，芒县虽为秦置，但来源一定很久，芒春秋为宋地，齐滑王三十八年（286年），齐、魏、楚三国联合灭宋，三分其地，芒即划归为魏，故戈为魏造。”同此理，春秋晚期胡子国为楚昭王二十一年（前495年）灭，但并未设县。到了战国时代，诸侯国疆界城邑变化无常。《史记·苏秦列传》苏秦“又说魏襄王曰：‘大王之地，南有鸿沟，陈、汝南、许、郾（鄢陵）新都，新郪，东有淮、颍、沂、黄’”，再从临泉、太和等地多处发现魏国兵器，魏国开挖鸿沟，直通颍淮来看，魏国曾到达胡子国故地，并建制了县治，名为汝阴是完全可能的。秦皇统一六国后，就魏国故有县名置汝阴县是很有可能的。魏国“汝阴令”戈的发现，将汝阴县建置的时间向前推了40多年，因此阜阳人民应该珍视这件魏国“汝阴令”戈。

近读古文字学家吴振武先生《新见古兵地名考释两则》一文，吴先生认为李朝远先生《汝阴令戈小考》一文，将从“阜”从“女”的字读为“汝”不确，该字实为“阜”从“安”省，疑为“隐”字用“安”作声符是可能的，“陔阴”可能相对 濦阳而言，两城都在 濦水两岸，陔阴城当在今临颍县东。

“来氏”，戈铭为铸文，保存着古篆风格。来氏出自子姓，为商人之支孙，以“来”为氏，后避周难，一支迁到淮河流域与“州”氏会合，为春秋淮夷之州来国，另一支迁于河南郑州以北安阳县西北，是为来氏邑，此戈应为春秋时期来氏所作，战国时来邑又称白（伯）阳，初为赵地，后为魏国占有，魏人得此戈，又在内处另一面加刻了令及工师的名字，可惜没把得此戈的邑名刻上。

“莂丘”地名不详。

“㞘令”，为岩字的简刻。《春秋·哀十三年》：“郑罕达率师取宋师于岩。”岩在宋国与郑国之间，战国时岩地应属魏。

“郚令”，文献作梧，《战国策·韩策》：“观鞅谓春申曰，魏且旦暮亡矣，不能爱其许、鄢陵与梧，割以与秦，去百六十里，臣之所见者，秦、楚斗之日也已。”许、鄢陵、梧三地相距不远，都是魏国的城邑。此戈有个与众不同的特点，战国末年为适应战争对兵器的紧迫和大量需求，工人在铸造过程中先把地方的县名或令名铸出，然后根据时间和令、工师、冶者等的变动，再加刻年份和人名。此戈未把县令大名刻上。《三晋兵器》图10有一件“廿两年郚令垠”，与此戈相差二年，郚令可能也是垠。

“涑鄡”，《说文》：“涑，澣也，从水束声。”涑水源出今山西绛县，西经闻喜县，又西南经夏县、安邑、猗氏、临晋、永济入五姓湖，又西南入黄河，战国时属魏，此戈为战国晚期，此时在位超过二十七年的魏王，只有安厘王在位33年，此戈为27年造是为公元前249年。

“鄡”，在燕国铜器上读县为寰。《谷梁·隐公》：“寰内诸侯”。《释文》：“寰古县字。”戈文“涑鄡”读涑县，城址应在涑水流域。

“廿四年晋上库”戈，与1974年湖南衡阳市唐家山出土的“卅三年大梁左库工师丑、冶刃”戈铭刻书风极为相似，“工师”二字都不合书，为战国偏早刻法。《史记·六国年表》：“魏哀王十六年秦拔我蒲坂，晋阳、封陵。”战国魏地，在今山西芮城县西。戈中的晋或为晋阳或阳晋的简称。三十三年戈，黄盛璋先生考订为魏惠王三十三年，这件晋戈当为魏惠王二十四年（前346）作。

“訚阳”，字从水从言（银声）与誾字为一字，訚阳故址在今陕西省神木县东，战国早期属魏，戈为战国早期魏国兵器。

以上九件兵器，铸造时间较早的有“来氏白阳戈”“誾阳戈”，余为战国中晚期兵器，其中由朝廷督造的为大梁戈，其余均为地方政府主管督造。铸造兵器的组织：朝廷督造的组织为大梁（或邦）司寇，下设库（有上、下、左、右库）工师、冶。地方主管负责督造的兵器是在县令或守或啬夫监督下，有工师、冶匀或冶来完成，工师二字均为合书，魏国兵器能确认的有惠王七年的大梁戈和安厘王廿七年的涑县戈。

玺印“单父左司马”，单父邑在今山东省单县南。古代治军官称司马，掌管军队，军事设备，负责作战。古代重视车战，兵车靠马拉，一车四马，由此把军事官称为司马，“左博”为私玺。两玺均为晋系文字。

韩国兵器：

1. “雍氏”戈（图59）

2. “卢氏”戈（图60）

3. “十年宅阳命（令隅登，右库工师冶疰冶尹敱□戟”，在另一面的胡部，又加刻“廿六年宅阳右库”（图61）

图59

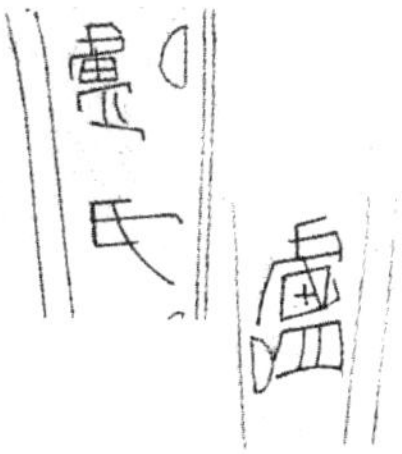

图60

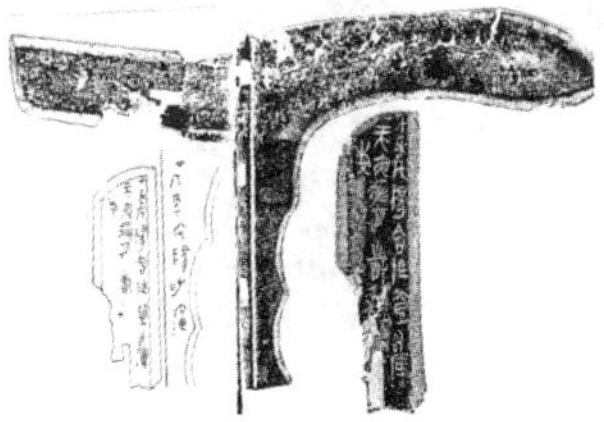

图61

4. “二年梁令张猷、司寇事昔，右库工师郜鄄、冶钧敱（造）翌戟刺”矛（图62）

“雍氏”，春秋时郑邑，战国时属韩，故址在今河南阳翟东北雍氏城。

“卢氏”，于胡部两面刻字，纹很细。城在今河南盧氏县，战国时属韩。

“宅阳”，《史记·韩世家》：韩懿侯五年，“与魏惠王会宅阳”。《魏世家》：惠王五年“与韩会宅阳城”。

《括地志》：“宅阳故城一名北宅，在郑州荥阳县东南十七里也。”此戟与《小校经阁金文拓本》10.74号“七年宅阳命隅鐙、右库工师冶疰、冶趄造”，两戟相差三年。敱是韩国“造”字的特有写法。有意思的是在戟“内”背面的“胡”的地方，经过十六年，在核校兵器时，又加刻了“廿六年宅阳右库”字样，这种现象并不多见，也为我们明确这两件戟的年代提供了证据，此戟应是韩国桓惠王二十六年的，因为桓惠王在位有33年，二十六年为公元前246年。

“梁”邑，《左传·哀公四年》：“楚袭梁及霍”，梁邑在今河南临汝县西南，战国属韩国。此矛为戟上的直刺兵器，矛刻有“冶钧散”，这是韩国兵器特有写法，定为韩国矛无误。

赵国兵器

“□晋易守令虔，工师错，冶埠戈”（图63）

“晋阳”是夏禹都城，即今天山西太原市西南营西古城，春秋属晋，战国初年赵国曾建都于此，戈为赵器。

齐国兵器

1. “右之造戟”二援戟（图64）

图62

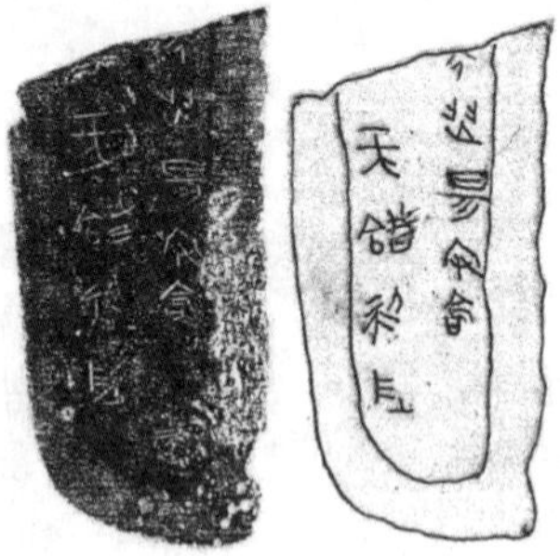

图63

图64

2. “右胥之戈”（图65）
3. “武城左戟”（图66）
4. “陈侯因資造陵左”戟（图67）

“右脣戟，右字以左手下加口，与楚简右字，手在左同。脣字从厂、贝、付，与晋国从目，府声，与楚国从贝，脣声不同，是为齐国写法。“造戟”的造从攴、告声，捁之异文，读为造。戟从金、丰声，为钺之省文。齐兵戟字多为从金戜声。

此戟铭文、府散拴等字，形体结构具有齐国文字因素，戟为二援戟。多援戟本是楚国流行的利兵，战国晚期齐国出现双援戟，显然受了楚国先进兵器的影响而出现的新兵器。

“右庛”，从厂疋声，读为胥，官名。《周礼·地官》：“胥，各掌其所，治之政袭其不正者。”《周官·天官冢宰》：“胥十有二，徒百有二十人。”贾公彦《疏》：“胥，有才智，为什长，徒，给使役，故一胥十徒也。”胥有左右，如传世戈、戟有“曹右庛造戈”“郪右庛戟”等，都是齐国地方市场管理人员使用的兵器，是战国早期齐国的兵器。“右”为

“右库”简称。

“武城”，春秋时有二处武城，一在今山东费城西南，一在今山东嘉兴南，二地均属齐地。战国时赵国亦有武城，在今河北磁县西南。“右戟”，即右库之戟。

“陈侯因資”，陈疾即田疾，田剡夺了姜姓齐国以后称为田齐，“因資”读因齐。《史记·田敬中完世家》：田齐“桓公卒，子齐威王因齐立”。齐威王因齐在位于公元前356—前320年，此戟为战国中期兵器。“陵左”，何琳仪《战国古文字典》：“陵为地名，疑与山东陵县有关”。“左”“右”是府、库的简称，这件铜戟是以齐威王因齐的名义在陵地左府铸造的兵器。

齐国兵器“右胥戈”“陈侯戟”“武城戟”都是用长方形印戳在模具上打出印文再经浇铸而成的，印戳的边缘留有戳印的痕迹。这在金属铸造史上，也是一种革新的生产技术。

图65

图66

图67

燕国兵器

“郾侯佮乍巾萃鋸”（图68）

“郾侯佮”，燕作郾，从邑匽声，儈作迨与哙通，哙是燕易王的儿子，公元前320年易王去世，哙继位为王，执掌燕国不到三年，哙突发奇想，要做当朝的尧、舜，就将王位禅让给大臣子之，自己甘做臣子，这种“臣主易位”的大事，“上逆于天，下不顺于人焉”的行为，使燕国发生了内乱和外患。史书年表在王哙的名下记在位九年，其实子之夺位三年，齐和中山国联军占领燕国三年，哙在位掌权仅三年，所以哙以侯铸造的兵器非常少，至今仅见此一件，无疑这是研究燕史的一件珍贵文物。“巾萃”，《周礼·春官》注：“巾，犹衣也。”“萃，犹副也。”这是燕王哙的随身护卫在副车上使用的兵器。

宋国兵器

1. “右𢦔”（图 69）

2. “𢦔之王信”（图 70）

图 68

图 69

图 70

“𢦏”《说文》：“伤也，从戈、才声与载通”，载读菑，在今安徽宿州北。𢦏，《说文》：作𢦔，“故国在陈留，从邑𢦏声”。《春秋·隐公十年》：“宋人、蔡人、卫人伐载、载或戴通用。梁国甾故戴国，《陈留志》云：“：古戴国今河南考城县东西五里，有考城故址，汉之甾县、古之𢦔国也。”不管戴邑在宿州北或考城，戴邑在春秋时代都在宋国的领土内，战国时戴属魏所有，但这两件兵器的刻铭与魏国兵器迥异，没有监工，没有工师和冶者。应是战国初年宋未亡时的兵器。“右𢦔”是𢦔邑右库造兵器。

巴蜀文字

战国时代，四川有巴、蜀两国，他们有自己民族文字，与汉字非一个系统，巴、蜀国的文字称为巴蜀文，早已失传，被发现的巴蜀文字，至今未有人破译，今选几件近年曾流入阜阳地方的巴蜀铭文兵器，介绍给书法界朋友鉴赏。

1. 戈正面胡部，穿左铸四字，背面胡部与穿右铸两字，字上饰一卧虎。（图 71）

2. 戈正面内部铸一图形文字，援和胡部铸七个文字，另一面援和胡部

铸八个图形文字。(图 72)

图 71

图 72

3. 戈的内部，正背两面各铸一风纹，正面胡部铸五字。(图 73)
4. 戈内部，正反两面铸图案花纹，援与胡部铸有六字，下残。(图 74)

图 73

图 74

秦国文字

1. “叶”矛（图 75）
2. “寺工”戈（图 76）

图 75

图 76

3. “新蔡斗”诏版（图77）

4. 玺印：“安石里典”（图78）“叶”

今河南南阳叶县，原为楚地，秦并六国后，叶归秦后所铸。

“寺工”，最初“寺工”“得工”是赵国和秦国所设置的宫廷工官为侍直机构，寺工、得工皆可读为侍工或直工。侍，承也，奉也，承奉之义。汉承秦制，寺工仍在汉初使用，据《三仓》记载：“寺，官舍也。”《汉书·六帝纪》：“城郭宫寺。”《注》：“凡府廷所在皆谓之寺。”“寺工”为主管手工业的官吏名称，是朝廷属官，在丞之上，非地方机构。

“新蔡斗”临泉艾亭出土，斗为铁质，外壁嵌一铜质诏版，铁量废品站不收，被砸碎，铜诏版误认为金质，到银行去卖，银行又在诏版右上角剪取一截，到最后才送到县博物馆。秦诏版是秦始皇统一文字、度量衡时，下发的诏书，这是我省首次发现的诏书实物，弥足珍贵。诏版文字称为秦篆，是篆书向

隶书演变时期的过渡文字，篆书的圆笔统统变为方笔，弦线变成了直线条。

图77

图78

玺印：“安石里典”秦始皇统一全国后，因避嬴政名讳，乡吏的里正改称为里典，田字格的秦玺为标准的秦篆体。

以上列举的文物，除注明出土和由博物馆收藏外，余均为私人收藏品。

2013年7月3日

古代几种特种工艺品在阜阳的遗存

《周礼·冬官考工记》："国有六职，百工与居一焉。""审曲面艺，以饬五材，以辨民器，谓之百工。"古代百工留下的产品，在阜阳能够见到的有陶器、漆器和青铜器，尤以青铜器工艺最为精湛。我们知道人类社会曾经历过石器时代和铜器时代，我国在公元前两千年即进入初期青铜时代，龙山文化时期就出现青铜铸造的容器，到了夏商时代，青铜铸造技术已达到相当成熟的阶段。从春秋战国时代成书的《周礼》上可以看到青铜工艺的分工和铸造："攻金之工：筑、冶、凫、栗、段、桃。""筑氏执下剂，冶氏执上剂，凫氏为声，栗氏为量，段氏为镈器，桃氏为刃。金有六剂，六分其金而锡居一，谓之钟鼎之剂，五分其金而锡居一，谓之斧斤之剂。四分其金而锡居一，谓之戈戟之剂。三分其金而锡居一，谓之大刃之剂。五分其金而锡居二，谓之削杀矢之剂。金锡各半，谓之鉴遂之剂。"证明上古时代，我们的祖先根据青铜器的使用要求，掌握了青铜成分的配料比例，这是非常了不起的发现。

1975 年 6 月阜南县朱砦常白庄出土一批商代晚期的青铜器，有尊、斝、爵、觚各二件。花纹清晰如新，工艺水平之高，可以成为商代青铜器的代表之作。

春秋时期，礼崩乐坏，诸侯强盛，中叶，青铜器兴起一种透嵌红铜的新工艺，或在青铜器表面镶嵌红铜花纹图案。晚期又出现一种用尖锐的錾子在薄胎铜器上錾刻繁缛精致花纹图案的新工艺，但没有流行多久。两汉时期一种更为精美成熟的刻铜工艺突起，产品充斥社会日常生活中，凡食案、酒樽、食盒、扁壶、灯具、熏炉、长颈壶、鸠杖之类铜器，无不用刻铜技法，錾刻出各种几何纹饰或人物，楼台、车马、龙凤以及飞鸟走兽，花鸟鱼虫等图案，线条细密成熟，繁缛不乱。

春秋中叶在青铜镶嵌红铜的技艺基础上，又发展成错金银的新工艺，金银错工艺不仅施于礼器上，甚至在兵器、车器、符节、玺印、铜镜、带勾以及漆器的口耳部位，都采用了金银错技艺，这使器物更显示其华贵，以张扬使用者的显赫身份。两汉时期金银错技术达到登峰造极的水平，汉以后逐渐衰落了，今日的错金银技术虽还存在于民间，但技艺已不能与战国两汉的错金银器同日而语。

战国中晚期到西汉，漆器工艺达到高峰，它适应了社会上各方面的需求，几乎无处不上漆，漆器胎骨有木、竹、皮、夹纻、藤、积竹、陶、铜、铁等，木胎有斫、镟、雕刻等制法，夹纻胎以麻布、漆灰做成，坚实轻巧，用这种方法对任何造型的器物都可能随心所欲制作出来。当时的工艺美术家使用毛笔直接在漆器上作画，充分发挥了他们的绘画艺术才能，他们用单线平涂相结合的技法，创造了许多生动美丽的画面。除了彩绘漆工艺外，西汉初期又出现一种竹简中称为“锥画纹”的新工艺，这是使用锥锋作笔，在漆器表层作画，行针旋转如飞，线条细如游丝，技艺达到炉火纯青，图案花纹，包罗万象，犹善于表现云水缥缈、野兽腾奔的景象。

古代劳动人民创造了这些绝世的工艺美术品，在靠近中原大地的阜阳，今天我们还能有幸发现、收藏这些传世精品，实在是祖先施惠于阜阳人的恩德。今举数例，介绍于后，让我们一睹先人的聪明才智。

一、铸铜工艺

首先要介绍阜南常白庄古润河边出土的八件青铜器，其中尤以龙虎尊与兽面纹尊最为精美，为商代青铜铸造工艺达到高峰期的代表。

龙虎尊，高 50. 5 厘米，重 20 公斤，大口，细颈，鼓腹，高圈足，口径达 45 厘米，与尊的高度几乎相等，整体给人以庄重稳固的感觉（图 1）。先从铸铜工艺上看，做成直径达 45 厘米的喇叭形口沿，厚薄如一且没有出现冷阻现象，没有高超的铸造技能，是达不到这一效果的。再从尊上的三件立体雕刻的龙头，三件立体雕刻的虎首和三个镂空的扉棱都是预制成形，再放进整体范内进行第二次浇铸，使其联为一体。为了使尊体厚薄如一，以减轻重量，凡外壁凸起的花纹、内模都采用凹进去的方法，使内模与外范内外呼应的工艺技法很不容易掌握，这种铸铜方法，是第一次在商代龙虎尊上发现。

再从尊体造型上看，尊体以三分法来造型，从上到下分为口颈、腹部、高圈足三部分，颈的下部铸三弦纹；肩的部分铸三条小龙，三条大龙；腹部用三个扉棱来分割形成三个画面，以雕刻三组相同的主体画面；高圈足的上部镂空三个十字花纹，与腹部三个扉棱上下呼应，以显示铜尊的厚度。

龙虎尊的雕刻工艺极为高超，它采用了立体雕刻、浮雕、平雕和镂空雕法于一身。这批铜器因长年浸于水中，氧化层深入体表，使灰绿色的皮壳高贵典雅，花纹清晰如新，给人以敬畏之感。

龙虎尊艺术思想鲜明，3000 多年前淮河流域，润河之滨生活着一群淮夷族的先民，其中有一支为虎方氏族，他们崇拜龙虎，并以老虎为图腾，视老虎为他们的保护神，并把老虎铸在祭器上，进行礼拜。从龙虎尊的创意上，我们领悟到尊的上口代表天，尊的肩部有神龙游荡于天空，尊腹代表大地有神虎张开巨口，在护卫着一位蛙形文身的虎方民众。人身左右环以象首护卫，象鼻高耸、庄重威严。最令人惊讶的是龙虎尊上的老虎一首两身，这与近代欧洲印象派大师毕加索画人物一样，一人或一物两面如出一辙，毕竟我们已早了三千年。

兽面纹尊，与龙虎尊同时出于阜南朱砦常白庄小润河内。高47厘米，口径39.3厘米，侈口折肩，鼓腹，圈足，肩置三虎首，以三扉棱分隔，器内壁随器表浮雕深浅而凸凹不平，以达器壁厚薄匀称，圈足有三个十字形镂孔，饰云纹，腹饰三组浮雕兽面纹，颈饰三周弦纹、足饰二周弦纹。(图2)

图1　龙虎尊

图2　兽面纹尊

兽面纹尊与龙虎尊相似，尊体与纹饰均采用三分法，肩部饰平雕云纹，腹部用浮雕手法饰兽面纹三组，围成一周，浮雕有深浅，凸凹不平，给人以立体感。

二、錾刻铜器

春秋盘匜

铜盘是古人用来盥洗盛水的器皿，圆形，口径33.1厘米，高8.1厘米，厚0.1厘米，外壁有四个环钮，其中两个，下垂绳索纹铜环。盘外无纹饰，盘内底部中心刻水涡纹，涡纹如太极。涡纹外区錾刻七条长有长角的蟠蛇纹，相互缠绕；外区刻长着鸟头、猪头和牛头的虬蛇十八条，其中九条头向内，九条头向外，身躯互相缠绕，形成一个大圆圈。盘的内壁錾刻海兽八条，其中四个头向内，四个头向外，个个两眼圆突，有的有睛，有的无睛，还有一条是盲目的。海兽头上长角，口如钳，眼周有触须，状如海中乌贼。粗壮的两肢长有锋利的双爪，躯体有波状鳞纹，八条海兽上下盘绕，有条不紊，刻工精致，线条流畅，个别有錾凿痕迹。（图3）

铜匜，椭圆形，口径18.4厘米×14厘米，前有流，后有鼻，底平，壁厚0.1厘米。匜是古人舀水的瓢。椭圆形匜底内錾刻两只有触须的水兽相互盘屈。四壁底部錾刻两条蟒蛇，头部弯向匜的流部，蛇的眼小，颈下有浓密的触须，身躯有波浪形鳞纹，全身弯屈于匜的底壁。蛇头上各立有一只巨鸟，粗壮的鸟腿长有长长的毛，尖锐的鸟爪紧紧抓住蛇的头部。蛇的身躯上部，左右各有两头伸着长舌的野兽，利爪如钩，前后相逐。匜口流部錾刻蟾蜍一只，在向流外爬行。在匜的内部口沿处，连续錾刻四组鸟、鱼、蛙连续相逐的形象。（图4）

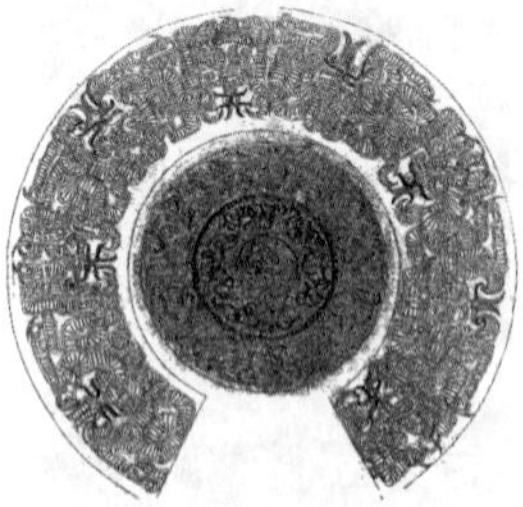
图3　錾刻铜盘

图4　铜匜

一组盘匜盥洗器具，刻出如此多的梦幻动物和写实生物，让人眼花缭乱，浮想联翩。

有汉一代又产生一种与春秋战国艺术风格不尽相同的錾刻新工艺，这种新工艺也是施技于薄胎铜器上，铜的含锡量高，易于錾凿，但艺术风格和表现内容与春秋战国铜器迥异，工艺美术已失去神秘感，趋向世俗化、宗教化。精致和繁缛、想象和写实糅于一体。阜阳博物馆收藏有几件这一时期的作品，介绍于后：

汉代化妆盒、扁壶、酒樽、鸠杖

膏泽筒（化妆盒），直筒形，直径3.5厘米，通高10.5厘米，子母盖，盖与器身一侧各有一个带孔的扁圆钮，原有链条已失。圆盖上面錾刻两走兽，前后奔跑相逐，器身上下对称錾刻重叠菱纹和锯齿纹，中间錾刻山峦两座，每山有五峰，山有流云环绕，山上有两兽奔跑，山下有两兽闲走慢步，悠然自得。这种化妆盒过去有人称作针线筒，后来通过检验筒内

留存的物品，发现盛的是蜂蜜的残留物蜜蜡，才知这种直筒形盒是盛蜂蜜搽脸用的化妆盒，汉称膏泽筒。(图 5)

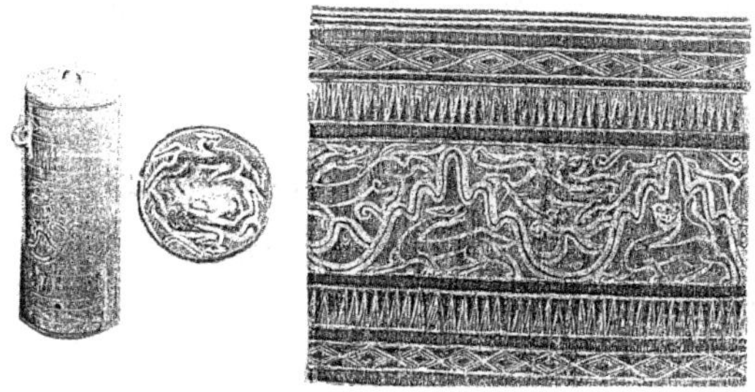

图 5　錾刻化妆盒

铜扁壶，直颈，口微外侈，子母盒盖，溜扁圆腹，长方形圈足，盖顶与壶肩双侧，均有半环形钮，原有相连的提链已失。通高 12 厘米，錾刻花纹布满全身，盖的顶部錾刻翼龙与虎相追逐。壶的上口与长方形足錾刻锯齿纹，壶颈一周錾刻翼龙二条，一前一后，后足有菱纹一块，龙前还有雄鹰各一只，一鹰向前啄龙腿，一鹰回首视龙尾。壶的腹部錾刻重叠菱纹与锯齿纹，为上下边框，框内錾刻半圆形花树 14 株，两面共 28 株。壶的侧面，上下分为五区，中间上下錾刻锯齿纹，铜扁壶内亦残留有遗物，经检验为菌类养生中药，这种小型的扁壶，当视为古人的保健盒。(图 6)

图 6　錾刻扁壶铜

还有一件私人收藏的錾刻花纹铜酒樽，樽高13.2厘米，平底平口，左右各有一个铺首衔环，樽下有三个羊形扁足作支撑，圆筒樽身，腹壁垂直，口径18.5厘米，向内凹0.5厘米，上承樽盖，惜盖已失。樽的外壁中间有一环形箍，将樽体分成上、下两部分，并以斜方格回纹和锯齿纹作边框，将上下两层錾刻成飞禽走兽动物带，可以分辨出的有飞龙、走凤、熊鹿和人面兽，或向背而走，或前后追逐。动物外轮廓线条粗犷，身体部位毛发纹理清晰，走兽之间的空隙部位，无不精雕细刻，花纹繁缛工整、纯熟，让人叹为观止。(图7)

图7　錾刻铜酒樽

鸠杖首，为古代扶老用的拐杖头，扶手做成斑鸠形，称作鸠杖，是古代敬老的标志物，享受国家的恩惠。传说鸠鸟不噎，故用于孝敬老人。阜阳博物馆收藏有大小两件鸠杖首，鸠颈錾刻羽毛纹，翅膀与鸠尾刻叶脉状纹，杖体均已失。看见这种鸠杖，就会使人联想起每年春节过后，阜阳人都会给长辈老人蒸送老雁馍的习俗，追根求源应是汉代政府给70岁以上老人颁赐带有鸠首的“王杖”，而留传至今的遗俗。

三、压印金工艺

春秋时代的金璧，璧为铜芯，外用压印成图案的金片整体包裹。金璧的内外缘用连续回纹和竹节纹为边框，璧内压印蟠螭纹图案，蟠螭相互缭绕，见不到首尾，给人一种神秘莫测的感受。这种用黄金片在模具上压印纹饰的金璧，富丽堂皇，是为首次发现，可以视为印刷术的滥觞。(图8)

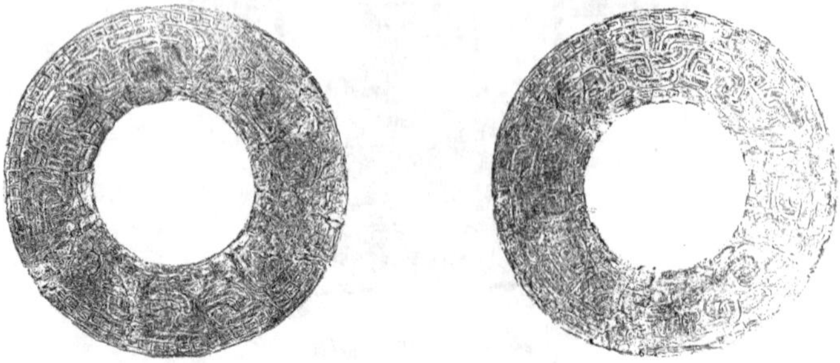

图8　压印金箔璧

四、错金银器

这是用金、银、红铜的片、丝，镶嵌在预先刻制或铸成图案的铜铁等器的凹槽内，再经错磨而成的工艺品。阜阳博物馆藏有白庙楚墓和双古堆汉墓出土的几件实物，分述于后：错银戈镈两件，战国楚墓出土，一件用薄银片切割成斜十字形纹，十字周围用银丝组成圆涡纹，增加纹饰的多变和流动感。另一件是用银片切割成龙凤纹图案，嵌于器内，镈上为龙纹，下端为凤纹，配以细银丝做的圆涡纹，增加了龙凤的动态感。(图 9)

图 9　错金银戈镈

另一件是长丰县楚墓出土的戈镈，因墓葬规格高，器物规格较白庙出土的粗大。一件上下分为两部分，用金片错成变形龙纹，再用细银丝镶边，配以银丝制成的圆涡纹加以点缀，华贵无比。另一件也分上下两层，饰兽首鸟身神怪，兽首有角有冠，人面有须、纹面，鸟身有翅有尾，鸟足有勾刺，强劲有力，鸟身等主要部位饰金片，金片外镶银边或以银丝涡纹填空。(图 10)

错金银铜距末，汝阴侯一号墓出土三副，距末是拴弓弦的弓弭，这三副全用金银片和金银丝错成，图案都以山字形为主体，但附属的图案有变化，云头形纹饰中配以卷云涡纹，使两副距末有变化；另一副全部使用金银丝做成山字图案，别具一格。距末用金银片和金银丝搭配错成优美的图案，华丽无比。这种错金银铜距末过去很少发现，十分珍贵。(图 11)

图 10　错金银戈镈

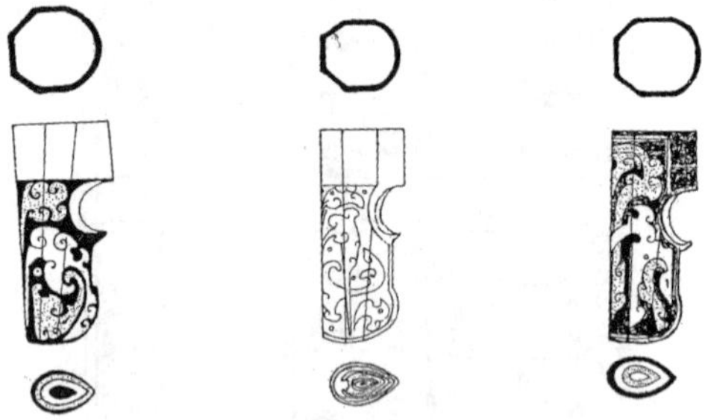

图 11　错金银铜距末

错金铁祕啮（车饰），汝阴侯一号墓出土，祕啮凹面处贴有金片饰，金片上琢有排列整齐的小圆孔，或依照泡钉上的圆形，刻成鱼形，三个一组拼成一个太极圆形，或将金片刻成云状纹贴于铁祕上。由于锈蚀，贴在铁器上的金片脱落，脱落下来的金片饰与后世剪纸或刻纸无疑。这些西汉时期的刻划金片，大概就是今日剪（刻）纸的滥觞。（图 12）

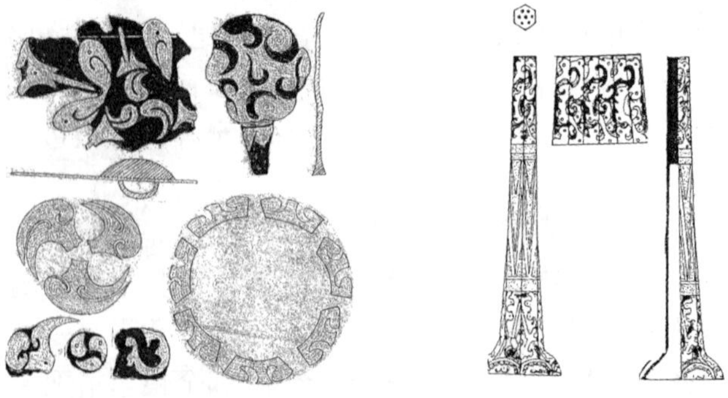

错金铁祕啮　　错金铁银铜画轴

图 12

五、彩绘、锥画漆器

1977年阜阳汝阴侯1、2号墓出土了大批漆器，种类有天文仪器：式盘、圆仪；生活用品有食盘、耳杯、酒樽、壶、卮、盂、唾器、玉柄漆匕、圆布奁、脯奁、T字形衣架、漆木笥；兵器有箭箙、漆箭杆、漆铁甲胄、漆椁板、漆陶器等，几乎无处不髹漆。这批漆器的装饰方法有彩绘、锥画或彩绘与锥画结合或加银扣饰等。

彩绘漆器有壶、盘、木笥、唾器、匜、箭箙等。选其重要的介绍如下：

银扣彩绘漆盘，髹黑漆，圆形，径31.8厘米、高1.4厘米，盘心用红彩绘山形流云纹，三座山峰指向盘心，外区绘蔓草流水纹，九只水鸟与水兽，或飞翔、或潜泳在水中，画面生动自然，盘的内外圈采用锥刻几何纹图案，围绕彩绘主体花纹，加之银扣盘口，使漆盘华丽无比。（图13）

彩绘食盘，圆形，径29.2厘米、高6.4厘米，髹土黄色漆，盘心和底壁，用灰色颜料绘云气纹，再以红色线条勾画云气轮廓，云气用晕染法分出浓淡，给人以变幻莫测的感觉。（图14）

图13　银扣彩绘漆盘

图14　彩绘食盘

漆木笥，长方形盝顶，盖长76厘米、宽49厘米，盒长73.5厘米、宽46厘米，髹黑漆或赤黑色漆（栗壳色），笥内髹红漆。盖顶以红彩绘变形云纹，间以朱漆点、捺，再在红漆线条内平涂土黄色，使云层分出层次，增加流动感。盖的四边绘长条纹，盖侧与盒侧绘红彩变形风纹。漆木笥造型大气，彩绘高贵典雅，实为难得的千古传世的艺术珍品。（图15）

锥画漆器

锥画漆器发达于西汉。漆工艺美术家使用锥或针的长锋，在漆器内外

图 15　彩绘漆木笥

的表层刻画各种纹饰的工艺，漆工们在漆皮上挥动锥锋，如在后世的纸张上挥毫一样从容自如。锥刻漆器多以繁杂多变的几何纹作边饰，围绕拱卫着中心主体图案。主体纹饰多以云气、流水纹饰为主，云中有飞鸟，水中有游鱼，山间有奔兽，极富生活气息。西汉锥画艺术已臻纯熟，线条流畅，走针细如游丝，一以贯之，没有顿笔、败笔。线条间点以红漆，十分醒目，有的线条内还残留少许金粉、银粉，使漆器更加华丽。这种填金的技法，为后世的描金漆器开了先河。下面介绍两件汝阴侯墓出土的锥画漆器。

银扣漆樽，圆筒形，高 10.5 厘米、口径 8.8 厘米，银扣三足，底平，一侧有双环鋬手，外髹黑漆，内髹红漆。樽口部及底部刻折叠菱纹和斜方格纹为边饰，器身锥画水波纹，浪涛汹涝，水涡翻滚，水中杂草随波逐浪，飘摆不定，水中游鱼，随浪沉浮，使饮酒之人端起此樽，犹如进入仙

境的舒畅。（图 16）

图 16　银扣锥刻漆樽

银扣盒盖，圆形，盖顶以几何纹为边饰，中心部位锥画鸟兽云纹，云下有展翅欲飞的长尾鸟和回首奔驰的梅花鹿，盖内和外壁均刻满流云纹和几何形纹，线条勾划，转折有力，细如发丝，走针如行云流水，动物形象刻画逼真，既浪漫又写实，可谓一幅完美的艺术作品。（图 17）

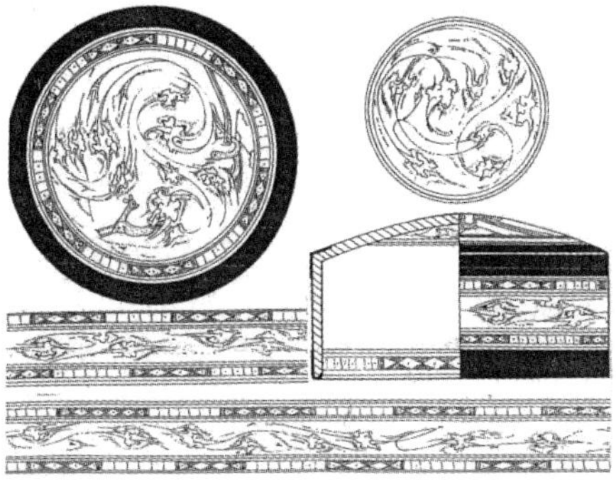

图 17　银扣锥刻圆盒盖

汝阴侯墓出土的彩绘和锥画漆器达 130 多件，其中有锥画或锥画与彩绘结合的漆器近百件。这是我国至今出土锥画漆器数量最多，工艺最为精湛的一批漆器。我们从漆器铭文里发现，这批精美的漆器，都是汝阴侯夏侯灶就封汝阴侯位时，由长安带来的一批具有先进工艺水平的工匠，包括顶级的漆工来汝阴，或则再吸收当地受楚文化熏陶的工匠，然后按照年份，逐年在侯府作坊里制作的产品，这些漆器，应该是汝阴当地制造。这批漆器文物，会激起阜阳人热爱家乡的自豪感。各种文化，在时间、空间以及民族风格方面都具有自身的特点：时间概念构成其时代特征，空间概念构成地域特征，民族风格构成其民族特征。2500 多年前楚国势力已达到淮河流域，楚文化的浪漫、自由、开阔、奔放的特征，处处都在感染着我们的先人。上面列举的商周、秦汉的特殊工艺品，无论原生产于何地，它们都是阜阳先民使用过的物品，都影响过先民的生活、习俗和思想，成为今日阜阳地域特征和地方民族特征，都应该视为阜阳文化的积淀和传统文化的组成部分。以上介绍的几类古代特殊工艺品，只是我国上古时代“百工”中的一小部分。管中窥豹，希望阜阳人能够认识、继承和发扬传统的优秀文化，为新时代增光添彩。

（原载《中华之光》2014 年 1 期）

包山楚简解析陈胜故里阳城

一、扑朔迷离的阳城

秦二世元年七月征调陈郡各县的里左贫民去故燕国的渔阳（今河北密云县）戍边，一行九百人聚集屯住在泗水郡蕲县的大泽乡，遇雨受阻，不能如期到达戍地。带队的屯长陈胜、吴广“度失期，法当斩，谋举事”。这些准戍卒尚未发给兵器就在大泽乡斩木为兵，揭竿为旗，向实行专制政权的秦王朝和不容任何人侵犯的皇权，发起了人类历史上首次农民大起义。当时，天下人像风起云聚般响应他们，各自担粮追随他们，崤山以东的英雄豪杰，同时起兵，以急风暴雨的声势，灭亡了秦王朝。

陈胜、吴广领导的农民大起义，在中国历史长河中占有重要的地位，司马迁在他传世之作《史记·世家》章节里，把《陈涉世家》放在《孔子世家》的后面，可见太史公对陈胜、吴广的推崇。

对于起义领头人的故里，太史公在《陈涉世家》开章就交代得很清楚，“陈胜者，阳城人也，字涉。吴广者，阳夏人也”。陈胜、吴广都是陈郡各县闾左的贱民，只是点出了县名，省略了郡名，吴广是阳夏人，即今河南太康人，没有异议，因为没有第二个叫阳夏的地方。只有陈胜故里“阳城”争议纷纭，山之南，水之北皆可称地名为阳。因此自《史记·索隐》:“韦昭云属颍川。”《汉书·地理志》云：“汝南，不同者按郡县之名，随代分割，盖阳城旧属汝南，今汝阴，后又分隶颍川，韦昭据以为说，故其不同。”颍川郡阳城之说几乎成了正说。但颍川郡阳城又有河南禹县和登封两说。近些年在重视传统文化和乡土文化的感召下，有些学者以本土文化为重，纷纷提出不同观点和看法，有阳城商水说、方城堵阳说、宿县南谷阳说、上蔡北说、界首养城说。深究阳城地望，扯出七种说法，扑朔迷离，令人目眩，这是当年太史公始料不及的。

其实我们用历史唯物史观，客观地审视历史事实，阳城问题是可以解决的。

首先，陈胜是楚人，这在学术界从来是没有疑义。《史记·陈涉世家》说得明白，起义前假借丛祠狐鸣提出“大楚兴”的号召。建立政权后又称“张楚”。《史记·索隐》李奇云：“欲张大楚国。”陈本古陈国都城，楚襄王重筑并于二十三年（公元前278）迁都于此。因陈胜是楚人，便以楚国故都为新政权都城。

其次，陈胜既是楚人，故里必在楚地。而秦颍川郡的两处阳城（登封、禹县）都不是楚地。所谓禹县阳城，春秋时为郑国栎（历）邑，战国时称阳翟。韩文侯二年（前385），韩攻郑、取其地，后将国都三迁至此。韩宣惠王十四年（前319年，楚怀王九年，包山楚简恰记此年事，后文详述），秦攻韩、陷鄢陵，禹县阳城又属秦。至于登封阳城，更在禹县之西、属秦，故登封、禹县二阳城均非陈胜故里。

至于方城阳城（汉称堵阳）说，也不能成立。方城在战国中期虽属楚地，楚怀王二十三年（前301）秦、韩、齐、魏攻楚，败楚于重丘，方城归韩，不久又转属秦，属南阳郡，而陈胜是秦二世元年七月从陈郡征调的戍卒。陈郡当时又称楚郡，这一带原是强大的楚国败落以后退守的根据地。楚国在公元前278年被秦将白起攻下鄢郢后，迫于形势把国都迁到陈国故都称为陈郢，公元253年又被秦迫，徙都巨阳（今太和境），公元前241年，最后迁都到寿春（下蔡国故都），楚国晚期从陈沿鸿沟、茨河、西淝河两岸，节节败退到淮河以南的寿春，最后被秦灭亡。秦统一全国后，北从阳夏、南到淮河，在楚国最后管辖的区域，划为楚郡（陈郡）。秦把楚民称为“新黔首”，以轻蔑的眼神来看待最后被征服的楚人，秦二世在征调远戍边境的兵卒时，楚郡的贫民百姓自然首当其冲，在严厉的时间约束下，楚郡守臣接到征戍命令后，为了节省时间，审时度势，因楚郡南北相距甚远，不便把征调的戍卒集中到陈郡郡治，就选择了泗水郡的蕲县作为集合点。楚郡地理位置从东向西如同扇面，蕲县如同扇把，处在各县戍卒到达蕲县的路程相差不远的位置，按时到达蕲县后，再一直向北开拔到渔阳。谁知屯住在大泽乡遇到连阴雨，然后演出了一出惊天动地的大泽乡起义。

陈胜和吴广是被陈郡即楚郡抽调的新黔首戍卒，与颍川郡阳城和南阳郡阳城的老黔首，没有任何关系，与泗水郡的谷阳（今固镇）更没有丝毫关系，况且宿县谷阳在西汉时始置县，属汉之沛郡。唐显庆初年，县废城存，故《太平寰宇记》在宿州蕲县，下载有谷阳城，或因谷阳与大泽乡都在蕲县境内，后人穿凿附会，说谷阳就是陈胜故里阳城，再后又觉不妥，改称“阳城”故址在今宿县东南湖沟集一带，这显然是没有任何史料依据的。至于上蔡阳城说和商水阳城说，同样与史不符，因这两个地方在楚顷襄王时均属魏国。因此，陈胜不可能是那个地方的人。还有赵高在秦二世面前诬陷李斯说：“楚盗陈胜等皆丞相傍县之子。”陈胜如果真是上蔡的所谓阳城人，赵高为何不理直气壮地说“楚盗陈胜是丞相同乡里人”，诬陷得更准更狠一些！商水县阳城说，学者已指出“汝南郡的阳城侯国，始建于汉宣帝地节年中”，前此未尝见于记载，而且这个侯国仅有千把户人家，不成其为县城，因此与秦末的陈胜故里无关。近些年，又有学者根据战国楚将养由基的封邑养城在界首境内，又因养与阳音同，可以通假，因此养城就变成了阳城，陈胜、吴广起义离《史记》成书才一百余年，司马迁不会讹误到这种程度。

以上七处所谓的陈胜出生地阳城，都未能得到学术界的认可，在众多研究学者中，唯有安徽省博物馆第一任馆长，我国著名历史学家李则纲先生在20世纪70年代写的《陈胜故乡考》一文里提出“陈胜生地阳城，可能在蕲县和汝阴即现在的宿县和阜阳、颍上、凤台之间”。这个意见的提出是正确的，具有先见之明。1987年湖北江陵包山楚简的出土，证实了李老先生的意见是完全正确的。

二、包山楚简为陈胜出生地阳城指明了位置

包山楚简是1987年湖北考古队配合荆沙铁路建设，在楚都纪南城16公里的荆门十里铺包山岗发掘2号楚墓中发现的。墓主为左尹邵𪚤。葬于公元前316年，其陪葬的竹简，为我们提供了具有绝对年代可考的史料。

邵𪚤在楚怀王（前328—前299年）时期主管楚国的司法工作，从他墓中出土的文书类竹简中，可知其助手的配置和左尹的职权范围，以及下属机构及主管官员和司法程序。

文书简的内容是若干独立事件或案件的纪录，各地方官员向中央政府呈报的文件，它们分别是《集箸》《集箸言》《受期》和《疋狱》四种。其中《疋狱》即记狱，是关于起诉的简要记录，共23枚简。引起诉讼的事因有杀人、逃亡、反官、土地纠纷、强占妻妾、执法不公等内容。其中120-123号竹简记录了一件发生在我们阜阳及下蔡（凤台）境内的杀人案件，其案情与调查审讯情况的详细记录，是呈送给主管司法的左尹的汇报。现依据楚简专家及古文字学家彭浩、刘信芳、徐少华等先生的研究成果和意见，试用现代汉语释读如下：

怀王九年（公元前319年）六月乙卯之日，下蔡寻里人宗胃上告下蔡纠执事人阳城公样择说：“夫拳窃马于下蔡而卖之于阳城；或杀下蔡人宗择，小人请求政府立案侦查。”阳城公样择下令“拘捕夫拳，先施以黥刑，再关押拘留所”。夫拳被逮捕。

六月丁巳之日（第三天），下蔡山阳里人夫拳向负责审理案件的县正阳城公牂择，负责管理山泽的司法官员大虞尹屈达和有司法审理权的郙阳莫嚣臧宏，宗牂等陈述说："夫拳小人窃马不实。小人承认与下蔡关里人雇女返，东邗里人场贾，夷里人景不害四人在景不害的旅馆共同杀了宗择，并将其尸体丢弃在大路上。抛尸时景不害没去。"

景不害未能押解归案，又去押解场贾、负责地方治安的里公夫前和士尹紬赐返回，回禀说：场贾已先逃亡，一时难以押解归案；又去押解雇女返，加公臧申，里公利仆返回，回禀说：女返已先逃亡，一时难以押解归案；又去押解景不害。里公吴掬，亚大夫宛乘返回，回禀说不害已先逃亡，一时难以押解归案；又去押解夫拳的妻女。加公范戌，里公宗口返回，回禀说夫拳的家小也已逃亡，一时难以归案。夫拳未到断案时间，有疾已死于拘押之所。

雇女返、场贾、景不害皆在神前发了盟誓。

2330年前发生在下蔡境内的杀人案件，在向主管司法工作的左尹舵的上报材料里，将起诉审理过程，以及掠财杀人的时间、地点、主犯和从犯的籍贯、姓氏及受理诉讼的官员、拘捕罪犯的地方治安人员加公、里公等一一记录在案。更为重要的是卖马的目的地阳城和审理案件的主审官阳城公都在下蔡境内，这为我们确认阳城的具体位置提供了依据。

在这四根竹简共229个字里，为我们提供的信息有：

负责审理案件的主要官员：阳城公牂择、大虞尹屈达、郙阳莫嚣臧宏、宗牂。

举报人下蔡寻里人宗胃，受害人为下蔡人宗择。

杀人犯：下蔡山阳里人夫拳，下蔡关里人雇女返，东邗里人场贾，夷里人景不害。

拘捕罪犯的地方治安人员：拘捕场贾的是里公夫前、士尹细汤；拘捕雇女返的是加公臧申、里公利仆；拘捕景不害的是里公吴掬、亚大夫宛乘；拘捕夫拳妻女的是加公范戌、里公宗口。

杀人的起因：是夫拳与宗择在下蔡窃马到阳城去卖，走到半路的夷里，夫拳起了歹心，伙同雇女返、场贾和景不害，在夷里景不害的旅馆杀了宗择并抛尸在大路上，抛尸时景不害不在现场。

雇女返、场贾、景不害拘捕到案后，在神前发了盟誓。

这个杀人案件为我们提供了下蔡、阳城、郙阳及山阳里、寻里、东邗里、夷里等均属下蔡管辖下的地名。

谈下蔡之前，先要了解州来国的来历。州和来原为山东东夷族，为避周人侵害，从淳于（州）和莱迁到淮河沿岸，建立东西长一百余公里，南北宽约二百公里的方国。据安徽省博物馆卢茂村先生的考察材料得知：州来位于今凤台、寿县、长丰、淮南、颍上一带。东南与钟离连接，东北与徐交界，西南与六、潜接壤，面南为巢，淮河横贯境界东西，以今寿县为中心，终春秋一世，这一地区的历史与吴楚称霸的战争联系在一起。州来先被楚灭，约在楚庄王、共王之间（前598—前585）。公元前584年吴国得申公巫臣之助，始伐楚，攻入州来，为吴所占。

蔡国为周文王之子叔度的封国，在今河南上蔡，春秋时晋、楚、吴争霸，蔡处于三国之间，迫于形势，曾多次迁徙。公元前531年楚灵王灭蔡，三年后又在楚平王时恢复了蔡国，南迁到新蔡。公元前494年蔡昭侯为避楚就吴，国都由新蔡迁到州来，作为吴的屏障，得到吴国的保护。传了四王，公元前447年，楚惠王四十二年灭蔡，州来原来统辖之地，称为下蔡，成为楚国东境统治下的一座最大城邑。公元前278年楚考烈王从钜阳迁都到此，命曰郢。公元前223年为秦所灭，设九江郡，寿春为郡治。淮河以北设下蔡县，属陈郡和泗水郡管辖。

楚国封君，多为某王的后代，阳城君在曾侯乙墓出土的竹简遣策中，有阳城君为曾侯乙赙丧（赙出钱物帮人办丧事），有路车三乘，红身黑尾的马为左服。这位阳城君为楚惠王（前488—前432）时人，他的封邑，专家认为在今河南方城县东的阳城（汉称堵阳）。据《吕氏春秋·上德》篇记楚悼王（前401—前381年）去世时，阳城君伙同墨者和群臣围攻吴起，吴起急中生智，躺在楚王尸旁，群臣乱箭射死吴起，也射中王尸。按楚刑律，将依法处理射中王尸的大臣。阳城公避祸出走。楚收其国。墨者巨子孟胜等为阳城君赴难，弟子一百八十人随死。

包山楚简120号上的阳城公是楚怀王（前328—前299）时人。此时楚国被秦逼退守到东楚，原来楚的封君多已失去了土地和封邑，封君的后代失去了领地，随楚王朝东迁，楚王在下蔡辖境内为跟着逃亡的封君选择一块安身立命之地，按封君旧有的封号称新住地为阳城。临泉县就曾发现一枚这个时期的“郩厚行邑大夫玺”，所谓“行邑”就是逃亡政府。“郩厚”显然是外地迁来的贵族封号。包山简反映阳城公有封邑，还有管理下蔡县的司法职务。

最早提到阳城靠近下蔡的是辞人宋玉，司马迁说：“屈原既死之后，楚有宋玉、唐勒、景差之徒好辞而以赋见称。”屈原死于楚怀王三十年（前299）。次年顷襄王立（前298—前263）宋玉（鄢人）为顷襄王侍从、大夫。本年秦攻楚，斩首5万，陷楚16城。顷襄王二十一年（前278），秦将白起攻陷鄢郢，楚迁都于陈（今河南淮阳）。后来楚都一路东迁至钜阳（今太和）、下蔡（今寿县）都未能离开颍、淮流域，《登徒子好色赋》中说：“嫣然一笑惑阳城，迷下蔡。”而宋玉对这一地域都很熟悉，他可能到过阳城。宋玉之所以把阳城与下蔡相提并论，说明这两地社会经济繁荣，人民生活富足。同时，两地都处于战国晚期楚国的重要商道及交通线夏路上。所谓“夏路”，是楚国北方经方城通中原华夏诸国的要道。方城是楚国在其北界沿今伏牛山东北麓所筑之长城，夏路所出之方城县按《水经·潕水注》载，正当南阳盆地，东北伏牛山缺口隘道。夏路东线得到1957年寿县出土的《鄂启启节》车节的验证，即自鄂市（今邓县）北上，就阳丘（方城东6里堵阳），出方城沿潕水（今洪河上游）经豫南上蔡入皖，经繁阳（今临泉鲖阳境）、高丘（今临泉高塘）到下蔡。而阳城即在上蔡与下蔡中途。《鄂君启节》铸于楚怀王六年（前323）与记载怀王九年（前320），下蔡案件的包山楚简是同一时期的文献实物。都证明了战国晚期淮河中下游经济发达，并出现阳城和下蔡这样富裕的城市。正因如此，楚国后期的三个都城才迁移到这里，依靠这里的人力、物力、抗击强秦，使国脉延续半个世纪。

三、汉代在楚国阳城公封邑置富陂县

包山楚简120～123号的出土，实证了下蔡附近有阳城并属下蔡管辖。简中所说的郫阳，即典籍中的卑梁，《史记·楚世家》有“吴之边邑卑梁与楚边邑钟离小童争桑”。《正义》：“卑梁邑近钟离也。”郫阳在楚怀时已属下蔡管辖，下蔡东部边界已超过钟离，到达郫阳县，可见下蔡管辖的范围之广。

郫阳莫嚣（敖）是郫阳邑的军事首领，犹如军分区首领。

在这个杀人案中，有关人员的住址都有记载。地名有下蔡境内的寻里、山阳里、关里、东邗里，今已无法考证，幸运的是在杀人案件发生地“夷里”我们找到了两枚楚国地方的官印，一枚收藏在阜阳市博物馆的“夷里贷玺”，此印20世纪在阜阳插花镇征集；一件是近年在阜阳袁寨出土的“夷市之玺”，今已被私人收藏。

夷陵《颍州府志》记载“在郡城东六十里”。今据孙报竹老师《颍州拾话》考证：“颍州三陵［留陵、夷陵、艮陵（长陵）］都是楚国阵亡将士的陵墓。例如夷陵在袁砦北照寺一带。《颍州志》说：其地今西南丘垤连亘岗如阜，当地人俗称七十二坟。”

夷里今称夷陵，这与吴楚大战淮河流域有关，夷里地名今已失传，夷陵却留传至今。

夷里已被定位在今阜阳插花、袁砦、六十铺一带，这为我们寻找阳城的方向和位置有了可靠的依据。我们在夷里的定位上搜寻战国时的古城遗址，向东北今颍上县境内有慎城，西周初已见于史书，春秋属楚国，公元前479年楚令尹子西召故太子建之子胜于吴、号白公，封于慎，慎城成为楚北进中原的军事基地，也是吴楚争夺的军事要塞。向东有甘罗故乡甘城，当时属下蔡管辖，向南今阜南县境，东有焦陂，为楚国伍奢父伍举的封地。正德《颍州志》作椒陂镇，县的西边有鹿上，原为宋国地，后为楚有，后汉置原鹿县（今阜南阮城）。县东南王化镇境内，沿谷河两岸有一片古城遗址，面积很大，东至吕家岗头，西至七旗仑，花门楼，南至王仲以南的杨庄，大许庄等都是古城范围，遗址曾出过楚铜贝和金郢称，以及战国铜鼎，剑和陶器。西汉宣帝初年（前73—前70年）置富陂县，《水经注・淮水》："谓多陂塘，以溉稻，属汝南郡。东汉建武二年封王霸为富陂侯，十三年更封向侯县，废。永元九年复置县，西晋废。"三国时东吴名将吕蒙即出生于富陂。

古城各村庄至今流传着一首民谣，两个版本，"羊击鼓，驴撞钟，鸱子过河失阳城"，另一是"驴弹鼓、羊撞钟，鸱子失了向阳城"（阳城前加"向"字与王霸改封向侯有关系，待考）。歌谣传递了两千多年前秦军攻阳城时，城内实施空城计，秦人不识水性，不知城外谷河的深浅，又听城内钟鼓乱鸣，不敢贸然攻城，后来看到水鸟鸱子在水中寻食，才敢蹚水攻城，阳城终属秦人所有。

汉代富陂县的前身就是楚国阳城公的封邑，秦统一后为阳城县，1983年江陵县发掘了张家山汉墓，出土一批吕后二年（前186年）竹简，其中《二年律令・秩律》在二等县（令秩六百石）里，列有二个阳城，整理者在阳城（注五九）属汝南郡；（注六七）阳城"属颍川郡"。汝南郡的阳城就是汉初继承秦的阳城县，也是包山楚简120号阳城公的封邑阳城，也就是今阜南县王化镇境内的阳城，这里离下蔡仅二百多里，比文前所说的7处阳城离下蔡都近。夫拳窃马后倘若到较远的阳城去卖，所得钱款说不定还不够，往返吃住的费用，何况同案犯还不止夫拳一人。西汉初年高帝在秦的陈郡置淮阳侯国，陈郡以南建置汝南郡，领县三十七个人口二百一十多万。汉宣帝地节四年（前66年），皇族刘德因修黄老术有智略，地节中以亲亲行谨厚，封为阳城侯，封地在河南商水县境，食邑1140户。阜南的阳城县被汉宣帝改置富陂县。从此，阜南王化集的阳城县就被隐匿在历史长河中了。

四、汝阴与阳城的关系

汝阴县原为归姓胡国，据周原甲骨，周初就有归姓胡国存在，建国可能更久。楚昭王二十一年（前 495 年）灭胡，以胡子豹归，将胡国之民迁于荆，原胡地在楚人统治下，未曾建县城。

秦于公元前 221 年统一全国，在今阜阳北城建置了汝阴县。

战国晚期，楚在下蔡安置的阳城封邑，秦置的阳城县以及汉初吕后二年在《二年律令·秩律》里提到的汝南郡阳城县，以及汉宣帝封刘德为阳城侯，阳城之名被移到河南商水县，然后又在阳城故址设置了富陂县，汝阴县与阳城、富陂平级，没有统辖关系。到了唐代，司马贞作《史记索隐》时说“阳城旧属汝南，今为汝阴”，是正确的，因为在阳城故址建置的富陂县，西晋已废，唐代设颍州，原来阳城故址即今王化镇一带归汝阴县管辖。故可称“今为汝阴”。

陈胜为陈郡汝阴阳城人的重要证据，除前述包山楚简直接的考古实物支持外，从他起义后所用的人中也可得知，如陈人武臣、张耳、陈余、周文，汝阴人邓宗，上蔡人李由（李斯之子）、蔡赐，阳城人邓说，这些都是陈胜同郡的老乡。因起事于大泽乡，属泗水郡的蕲县，其邻县如符离人葛婴、铚县人宋留等都得到重用。开始响应起义的有凌人秦嘉、铚人董緤、符离人朱鸡石、取虑人郑布、徐人丁疾等，都是泗水郡属县人。

同时，当陈胜起义军攻入陈郡不久，便以陈作为“张楚”的国都。此后不久，他委派的各路将领，占领了部分韩、魏、齐地，但他并未迁都至原韩都阳翟（今禹县）、郑（今新郑），这两地离陈都不远。甚至部分占领了东周国都洛阳，他也只派李由做三川（即洛阳，位于河、洛、伊之间）守。因为陈既曾是楚国都，又是他的家乡。

再者，陈胜称王后，时刻不忘家乡，七月起义，“腊月，陈王之汝阴，还至下城父，其御庄贾杀以降秦”（见《史记·陈涉世家》）此时秦将章邯已围陈，起义军战败，正值战事紧张之际，陈胜到汝阴干什么？招兵！这说明他惦记家乡，相信故乡群众。

最后，为陈胜报仇杀死庄贾的是新阳（今界首市）人吕臣，也是陈胜的老乡。

阜阳人民应如何对待乡贤陈胜？革命领袖曾经教导我们，“中国农民运动是推动中国历史前进的动力”，在大建设时期，理论家又告诉我们“农民暴动造反，是社会动乱，经济衰败，倒退的根源”。如何评价农民运动，可以由政论家、史学家评论去吧。但作为两千多年前领导农民揭竿起义为推翻专制皇朝打响第一枪的陈胜，其推动历史前进的功绩是不可忘记的。今天我们从出土文物中找到了确实的证据，陈胜出生地阳城就在我们阜南县王化镇。陈胜回归故乡了！阜阳人民应该怎样接待这位乡贤呢？河南永城市人民为我们做了表率，《史记·陈涉世家》："陈胜葬砀，谥曰隐王。""陈王故涓人将军吕臣为仓头军，起新阳（今界首境）攻陈下之，杀庄贾，复以陈为楚"。"陈胜虽已死，其所置遣侯、王、将、相竟亡秦，由涉首事也"，"高祖时为陈涉置守冢三十家砀，至今血食。""新莽，墓血食乃绝。"

1958 年在苏联历史学家的推动下，对砀山陈胜墓作了初步调查，1973 年恢复隐王陵的设计方案出台，并请郭沫若院长手书碑文，2005 年由国家文物局和地方拨巨款重修了墓冢和墓碑，建起大殿和廊房，形成一座 4000 多平方米的陵园，在山峦环绕、松柏掩映中矗立着一座高 5 米、周长 50 米的青石围券的大墓，墓前立一通高 2.56 米的石碑，镌刻着郭沫若手书"秦末农民起义领袖陈胜之墓"。每年前来凭吊的游人络绎不绝，成为永城市的著名景点。

1964 年春毛主席著《贺新郎·读史》热情讴歌了陈王："更陈王奋起挥黄钺，歌未竟，东方白。"今天陈王在芒砀山前安然静息，与山河同在，共日月长存。

陈胜这一次真的回归故乡了。阜阳人民应学习河南永城市人民的真诚厚意，来对待乡贤陈胜，并大力宣传这一历史事实，为阜阳经济文化开发服务。

（与刘奕云、韩朝合作，原载《阜阳风物》第三期）

戴南山先生《忧庵集》序

戴名世手订《忧庵集》稿本，是一九六二年葛介屏、韩明祥两同志在安徽省博物馆库房编目组工作期间，经手收购归入馆藏的。中介人是桐城县政协主委疏通甫先生，出售人是桐城县徐复华先生，由于特殊的历史原因，对徐复华先生及其先人珍藏戴氏文集的经过，不可能问个明白。后来明祥疑徐复华有可能是清末徐宗亮的后人。徐宗亮字晦甫，曾参幕于湘军与淮军，为李鸿章捉刀，平生喜爱戴氏经艺文章，叹为奇绝，并为同乡戴钧衡所编《潜虚先生文集》增补所购之四篇纪略，详加校录刊印。这本戴氏《忧庵集》稿本是否也是徐宗亮收藏的文集，当时未敢刊印？明祥为了弄清《忧庵集》的流传经过，曾自费从济南赴桐城寻访故人，无奈事隔三十七年，疏、徐二位先生早已作古，连其后代也未能询问到，所以《忧庵集》稿本的流传经过，还有待考定。

据《忧庵集》自序："余岁岁客游，车马之上，逆旅之间，不便观书，则往往于困倦之余，随笔书一二条，藏之行笥。或志其本日之所讲说，或追忆其平生之所闻，或触事而有感，草稿数行，颇无伦次，亦不求工雅，聊以度日而已。""戊子春，翻阅旧书，于其中得二百余条，因裒而存之。"又在扉页所抄苏轼《薄薄酒》诗后记里说："右苏东坡先生七古，甚有意趣，由于录于"松陵姚乐山之秀"'读史楼'中"，因此这本《忧庵集》，是戴名世中进士和授翰林院编修前一年，即康熙四十七年戊子，戴氏五十六岁，在江苏吴江县姚乐山的读史楼开始将历年的随笔草稿，聚焦裒辑成册，陆续誊抄的本子。稿本每页三十一或三十二行不等，每行二十五至二十八字。文章没有分类编次，也没有篇题与条号，顺页抄录，颇无伦次。今加新编号，稿本第六十二条和第一百三十四条后面都留有半页空白，可能是戴氏有意分卷抄写的。稿本已残缺，文章按新编号，得一百七十四条，比自序所言二百余条，尚缺数十条。

《忧庵集》是戴氏的随笔杂记，内容大致可以分为明史十八条，清史十三条，风俗人情二十七条，议论和文论三十八条，商贾经济八条，花草树木自然现象五十一条，宗教巫术等十三条。戴氏一生以维护封建社会忠孝节义、伦理道德为己任，所以文章里对忠臣、孝子、节妇、义士多加褒扬，对残害忠良、滥杀无辜的罪人，上自朱棣皇帝，下至乱臣贼子，贪官污吏，他都痛加鞭笞。他对明清两代的南粮北运，耗费无尽的人力而不用来发展西北的农业经济的统治者，进行了批评；对旗人仕宦者崇尚侈糜，某巡抚嫁女，陪嫁溺器也以螺钿漆器为之，进行了辛辣的嘲弄，对某大僚煮人参为汤以浴身，另一大僚平生食参达数十万金，戴氏不胜感叹地说："使出资以济贫困，其活人岂不多哉!"更为可贵的是他对中国女子戕残肢体，以缠足为美表示反对；对江西信丰县二次葬的习俗进行了抨击；对湖南、浙东以及庐州、凤台一带的溺女恶俗，进行了谴责；对宁波的贫民举女卖人成为"棺材银"的不幸遭遇，表示了深切的同情和怜悯。这些光辉的民主和人权思想，是戴氏文章中千秋不朽的精华。戴氏是以叛逆罪被刑的。在他的遗著中，我们找不出他有反清复明的言行，近代学者说他一生追求科举入仕就足以说明他没有反清思想。这一次我们从他的《忧庵集》稿本中发现更有力的证据，如七十四条"此书出于明之末，国朝之初"。一百四十四条"两处之人皆为余言，本朝定鼎以来"。一百六十二条"此君明末为参将，复降本朝为副总兵"。文章中凡提及"国朝"和"本朝"的地方，无不空出一格表示对清朝的尊重和认同，这是具有反清复明思想的"叛逆者"做不出来的。

《忧庵集》稿本入藏安徽省博物馆时，曾经该馆鉴定组专家葛介屏、徐子鹤、石谷风、罗长铭、姚翁望、龚空万诸先生认真鉴定，一致认定该稿本为戴名世手迹无疑。入藏后，馆长李天敏当即交给明祥同志研究这一稿本任务。明祥接受任务后，着手将稿本加以过录标点一遍。后来明祥从安徽调回老家济南市博物馆工作，工暇之余，每当翻阅这本亲手过录的戴氏《忧庵集》稿本时，心潮激荡，不能平静。李天敏馆长早已故去，三十多年前交给的整理研究任务未能完成，歉疚之心不已，戴氏《忧庵集》稿本未能整理出版，公之于世，供学术界研究，殊觉有愧于先贤。前年明祥得到汪庆元先生已有点校本出版的消息，来函要我帮助购买。该书已出版多年，印数很少，已难买到，后来我托在省出版社工作的世侄弄到一本寄给明祥。明祥见到这本黄山书社出版的《忧庵集》喜出望外，不管是谁点校整理的，《忧庵集》得以公之于世，从此不致湮灭，总算了却了一件心事。当他拿起汪本与自己早年经手过录的本子对校时，发现汪本错误严重，他的心情也随着沉重了起来。为了慎重，为了对今人和古人负责，他请求葛介屏老先生帮助提供稿本的复印件，并要求我共同参加点校工作，我们数次聚首济南和阜阳两地，经过细心地对校，发现汪本点校的一百七十一条里，竟有一百三十七条出现不同情况的错误，其中错释的有一百八十七处，漏释的一百一十八处，衍字的十五处，颠倒辞句的十二处，标点失误，造成严重破句的有二十四处，以及整条或整段遗漏的五处，共一百七十六字。更令人不解的是，汪本在吴孟复教授所作序文中已经肯定《忧庵集》稿本：“楮墨陈旧，明为百年前物，其为真品，实无疑义。”并惊呼：“今得此本，真天下之瑰宝也”。然而汪庆元先生在前言中却说“稿本间有误字疑为抄本”。汪氏所说的“间有误字”，可能是指“习而不知异也”，知改为之；“及启瓮视之，皆则清水也”，皆字被圈点掉之类，这种误笔或用字不妥的地方，只有作者本人才能随手更改，怎么能看成是别人的传抄本呢？汪先生不作深入研究就否定稿本为真迹，实为不妥。我们依据稿本复印件，参照一九六二年的过录本，重新过录点校一遍，并在汪本原编条号的基础上，去除了重复号，加进未录的条号，重新调整后，编成一百七十四条，在原稿复印件的条目上加了数码字，以利读者查阅。我们为了出版一本完善的戴名世手订《忧庵集》，历经数年的努力和奔波，请教了全国知名的戴名世学术思想研究专家王树民教授，他赐以热情的指导，往来书信十数件，并为本书作序和全部校正，王老又将家藏戴名世王孝子诗真迹提供出版。戴氏手泽得以面世，是和许多人的努力与支持分不开的，尤其是安徽省博物馆原馆长朱世力老先生，副馆长黄秀英同志的大力支持，又有马彬研究馆员、桐城市博物馆张泽国馆长的鼎力相助，在此敬表谢忱。

戴氏生前曾对自己的文章自信终不沉没。又在《忧庵集》中第八十三条记明代毛子晋访求《陆放翁诗全集》事，感叹地说：“文人精光灵气，终不可灭。”戴氏遇害近三百年，到了我们这个文明昌盛，科技发达，民族复兴的时代，他被禁锢数百年的未刊手稿，才能够重见天日，影印出版。戴名世先生地下有知，也可以欣慰地含笑于九泉了。

中华书局出版《戴南山先生忧庵集》序

2006 年 2 月 10 日恭记

阜阳民歌　国之瑰宝

——读《阜阳民歌三百首》《音乐》感言

20 世纪五六十年代，根据中央及省有关抢救、保护传统文化的指示精神，阜阳专署文教局几次抽调力量，对阜阳专区地方剧种、剧目、曲艺、民歌及其他民间文艺作品进行了全面普查、挖掘和整理。

在民歌方面，阜阳专区文教局组织全区音乐干部赵鹏宾、王勇、董华安、徐家玺、葛国政、高歌、郭林宗、王侃华等人，分别由赵鹏宾、王勇各带一队到阜阳 11 个县市，深入农村、集镇进行民歌大普查，记录曲谱和歌词，完成 500 多首民歌的记录工作。后经整理、剪裁，并由阜阳三里湾印刷厂的杨剑虹同志手刻油印成《阜阳民歌三百首》一书，印数不到百本。这本民歌集印出不久，还未进入研究、改编、创新阶段，被扼杀在摇篮里。

我是一个文博工作者，一生为阜阳地区发掘、征集、保护过上万件的文物，这是人民的物质文化财富。但是在保护非物质文化财富方面，我还想贡献一些微薄之力。因此，这些年，我努力寻找这本油印的民歌集，期望有一天这些民歌能为今人服务。在几年寻找的过程中，一直没有消息，我一度想放弃，值得欣慰的是，有一天，我终于在多年未动的旧书堆里，找到了这本油印本《阜阳民歌三百首》。这些民歌是阜阳人民生活在淮北平原这片土地上，为改造自然、改善生存环境而发出的心声，民歌里充满了淮河儿女的喜怒哀乐，散发着浓郁的乡土气息，具有鲜明的地方特色。这是阜阳宝贵的精神财富，是当之无愧的非物质文化资源，正属于当今国家要求的保护范畴。40 年前搜集者和歌唱者大都已经过世，从他们口中传唱哼出的歌曲，犹如瞎子阿炳的二胡曲一样，不能再复制。我们为了继承和发扬这份阜阳民歌遗产，首先要保护这本原始资料，使它能够再版、传播。寻到民歌油印本后，我去见原地区文联老主席徐建华同志，他见到这本记忆犹新思念已久的民歌集，激动得无以言表，立刻给原音协主席王勇同志通电话报告喜讯，并商讨再版事宜。为了保护这笔阜阳人民的精神财富。次日，徐老带着民歌集找相关职能部门协商出版，都未能得到应有的回音。

阜阳民歌的再版，曾得到阜阳新视听文化传媒有限公司总经理丁本福的同情和支持。他也曾找了几家赞助单位，终因对方提出的条件不合时宜而未果。新闻媒体工作者曹炯同志也在报纸上作了关于阜阳民歌的报道，希望找到再版的赞助者。曹炯同志还告诉我，20世纪七八十年代，地区文化局又曾两次组织人员下乡征集民歌700多首，没有付印，原稿被各县分走。近期曾在网上看到有人拍卖阜阳民歌征集稿本的信息，这又平添了我心中的义愤，坚定了重印《阜阳民歌三百首》的决心。

为了保护阜阳人民精神文化遗产，在一次会议上，我谈到抢救阜阳民歌的事，受到了阜阳市新闻出版局局长刘其杰同志的重视，他当即答应先期做好优盘，由他负责找印刷厂付印一千本，我拱手表示谢意。

重印《阜阳民歌三百首》有了希望，我又将收藏多年的"民国"二年颍上佚名人士抄写的《音乐》找出来。这本小册子记录了辛亥革命时期的歌曲51首，如《武汉举义歌》《祝民国新年歌》《庆贺总统歌》《救蒙助饷歌》《祝立宪歌》《庆祝共和歌》《陆军老军歌》《剪辫子歌》等都真实记录了民国初年的时事，有非常珍贵的史料价值。这本《音乐》还保存了不少"校园"歌曲，例如《励志歌》《国民歌》《自立歌》《学生军歌》《戒烟、戒赌歌》《运动会歌》《赛跑》《划船》《春游歌》，还有《十八省地理历史歌》《颍上八景》《西湖十景》等。这些寓教于音乐歌曲中，使青年学子在潜移默化中，得到德智体的全面教育的方法，仍然值得我们借鉴。

手抄本《音乐》由于传抄人不习简谱，所记乐谱不能演唱，王勇同志抱病用了三个多月的时间，把有谱的39首歌曲，按原声调重新作了调整，理顺了曲谱，使老歌复活，可供今人演唱，其功不可没。王勇同志又为重印民歌集，写了《阜阳民歌——含苞待放的花朵》一文，从阜阳民歌的地方特色与价值作了深层的阐述。刘奕云同志从民歌歌词内容着手，分析了近百年流行在阜阳地区民歌的历史价值和文学价值，是一篇很有功力的论文。

这次重印《阜阳民歌三百首》及民国二年《音乐》，在曲谱的打印上，需要乐谱软件才能在电脑上完成，后由曹炯同志介绍，由颍泉区音协主席杨林、秘书长许冬子，负责完成打印工作，以使这次重印得以完成。

阜阳民歌集得以重印，音乐工作者可以从民歌中得到灵感，有所启发，激起创作热情，用老谱填新词的方法，还可以将大文豪欧阳修、苏东坡等歌颂颍州和西湖的诗词，谱上民歌的曲调，使具有淮北阜阳风格的歌曲，唱响全国，走向世界。

明年是辛亥革命一百周年，集子里收集的辛亥革命时期的歌曲有许多首，在纪念一百周年时，我们重温历史，唤起记忆，从而更加珍惜我们的新时代，并努力为阜阳文化事业的发展作出新的贡献。

（原载《志鉴》2009年第4期）

颍州物质文化遗产毁灭记

颍州地处淮北平原，为我国南北交通要冲之地，建置已有三千多年历史，文化积淀十分厚重。古城内外遗留有众多的物质文化资源。据史书记载，汉初汝阴侯的封地，城内保存有宫殿遗址，东关外保存有陶器窑址，西南发掘了汝阴侯夫妇墓葬。墓里出土的天文仪器和三种式盘与大批竹简，中外知名。宋神宗赵顼为颍王时筑有颍王宫，中国历史上有名的颍州开元寺和北宋初年雕塑大师在开元寺彩塑的十八罗汉像和几十尊佛像，艺术造诣惊动当朝，后唐铸造的五千斤大铜钟，至今仍存放在寿县博物馆成为镇馆之宝，开元寺罗汉堂，在刘锜抗金大战中曾住过宋朝部队和刘锜家眷。北宋时期著名的大文学家欧阳修、苏东坡先后知颍，大科学家苏颂也和欧阳修同时在颍州为官，这些历史伟人在颍州都有官署和住宅。南宋刘锜大败金兵的指挥所；我党领导的四九起义的指挥所和牺牲的领导人乔锦卿的故居；抗日战争驻军司令部和三省流亡政府及山东鲁四临中、韩国中学驻地，这些令人难忘的遗迹，都随着岁月流逝或在天灾人祸中消失了。尤以 1920 年秋，老洋人豫匪之乱及 1930 年李老末匪乱，烧杀掳掠颍州古城，使其元气大伤。颍州西湖原有的宋、元、明、清和民国建筑的亭台楼阁与书院，均被花园口破堤的黄水涤荡一空；明清是在宋代老城基础上建筑的颍州府城，建有城门宜阳（东门）迎薰（南门）宜秋（西门）和城墙四角的敌楼有“望霍楼”“克敌楼”“向蒙楼”“凯歌楼”以及文昌阁这些古建筑都在抗日期间即民国二十八年（1939 年），南京国民政府以躲日机轰炸为名，通令全国拆城，颍州古城在劫难逃，奎星楼在阜阳人民的强烈要求下被保留下来，东城墙上巍然壮观的文昌阁被拆毁，阁基与东城墙根还幸存在东城墙路，国民党指挥扒城的赖刚师长臭名永远留在阜阳人民的记忆中。日寇侵华时期占据了大半中国，颍州始终未沦陷，但在 1938 年至 1941 年日寇多次派飞机 30 多架次轮番对阜阳狂轰滥炸，向城内投下二百多枚炸弹，炸毁城里房屋万余间，炸死数百人，伤者无数。整个颍州城满目疮痍，面目全非。更为悲惨的是为了阻止日军的疯狂进逼，蒋介石下令炸开黄河花园口，黄水夺颍而下阜阳城东，黄水所经之处，房倒屋塌，灾民无处栖身，横卧街头巷尾，其惨犹如地狱。黄水泛滥历经八年，古城风貌，千疮百孔，乡愁失去归依，文明印记损毁殆尽。1949 年后，最初二三十年，人们忙于生产建设和政治运动，无暇顾及老城改造，全区的政治经济文化中心都集中在北关古城，后来在阶级斗争思想理论的影响下，一种民族虚无主义思想抬头，一些人对祖先留传下来的精神和物质文化遗产，没有丝毫的敬畏之心，他们没有把自己居住的城市当成自己的根脉、灵魂和基因，毫无人性地把老祖宗留下的一切例如建筑、器物等有形的物质文化遗产统统视为敝屣，人人可败坏之、清除之。在这种风气的横扫下，阜阳在各种劫难中尚保留下的一点点历史痕迹，又逐渐在运动中和建设中被侵蚀、被破坏。为了不使这一毁灭过程在记忆中消失，现将笔者目睹的事例，择其要者，立此存照。

一、鼓楼

为北宋顺昌府南城门，是宋代古城硕果仅存的一处古老建筑，高大的城门洞，通行车马行人和卡车，楼前有贯穿东西的护城河。鼓楼上的城楼历尽沧桑，毁于清末。由于城门高踞城中，中华人民共和国成立那天，阜阳军民在鼓楼搭建彩楼，在楼前开大会表示庆祝。鼓楼自明清以来直到20世纪50年代初，一直作为广播宣传与火警台。1953年春，为填人民剧场东大塘，主政者决定拆除鼓楼，将其砖土当成废物与东城墙金鸡嘴及文昌阁的夯土基础，推入大塘，1958年修人民西路，又把宋代南城河填平。

二、刘公祠

位于宋城与明城之间的西城墙上，主祀南宋顺昌保卫战的抗金名将刘锜和知府陈规，通判汪若海等。年代悠远，仅清代就重修过三次，抗战时期，虽经国民党扒城妖风，拆毁一些建筑，1941年经道长常华庵募捐，在原址上又重建大殿三间，所祀诸人像塑得栩栩如生，艺术价值很高，祠的东厢房还供奉着明代木雕萧何坐像。后来所有塑像、匾额、木对联、明清两代石碑和祠内一切供养陈设都被损坏，这些被焚的经板到底是什么古籍，何时雕成，都永远搞不清楚了，惜哉！

三、资福寺

始建于宋仁宗嘉祐年间，扩建于宋神宗熙宁年间，明崇祯八年，寺遭火灾，清顺治康熙年间重修，鼎盛时期有五进院落，大殿内供养明代铸造的三世铜佛，体形硕大、庄严，为淮北存世佛像之冠，后铜像被毁。

资福寺藏有一部宋版《碛沙藏经》影印本，民国二十四年大寺特建五间藏经楼入藏，这部价值连城的秘籍，也没有保存下来。

四、大观

又名迎祥观、三清观，为我市著名的元代道教建筑，明初道长张三丰曾在此修炼三年，后去湖北武当山，给大观留下浑元衣一件，被信众视为神物，成为观内一件传家宝。抗战期间，五间大殿和配殿尚存。1949 年后为军分区医疗队住所，后为地委党校校址，大殿作了党校大礼堂，而得以保存，后交给物资局作仓库，又移交给老干部局作为“老干所”。可惜，于 2013 年被市有关部门拆除，无人过问。

五、黉学

是明清颍州府祭祀孔子的庙宇兼府学，明代建筑大成殿毁于日本飞机轰炸。1949 年后黉学被分割成两半，北半部明伦堂做了东城小学校址，南半部还保存着大成殿棂星门、状元桥、泮池等建筑。院内成了军分区政治部及文工团住所，后改住军分区修械所，建了一些住宅，但未损坏原有建筑的格局。后曾经象征颍州文化的最高学府被彻底毁坏了。

六、明颍州署（清代县署）

为明清及民国时期行使行政权力的地方。1949 年后，阜阳行政专员公署在这里办公达 30 多年之久，此时的衙署大门和二门以及府内的厅堂还大多保存下来，行署于 1956 年拆了衙署大门，在原址上建了一座四层的办公楼，1985 年行政专员公署迁到城南清河路。主管部门毫无顾忌地将明清以来的老衙署来了个翻天覆地的大改造，变成了住宅楼群，往日的威严官署荡然无存。

七、城隍庙

本是明代洪武二年朱元璋敕封的庙宇（全国唯一皇封之庙）。民国年间改作中山纪念堂。1949 年后还大体保留着府城隍庙的原貌，有庭院、庙门、大殿、后楼、廊房，大门前为中山公园，建有中山纪念塔、亭等，格局基本完整。东院内县城隍庙为地委统战部住所。府城隍庙由文化部门管理使用，但文化部门很少花钱进行维修。后城隍庙建筑被破坏，大门前盖了两座宿舍楼，阻断了南北通路，大门被拆除建了群艺馆办公楼，职工紧跟效仿，盖起私家的小楼，好在地皮不要买，谁不抢占先机！再看城隍庙明代建的大殿和后楼，风雨飘摇，危在旦夕，坍塌的危险时时存在。城隍庙是市政府宣布的文保单位，1949 年后一直由文化部门居住管理，如今破败到如此地步，遑论其他。

八、程家祠堂、亓家祠堂

两座祠堂都在鼓楼东侧。程家祠堂为清末长江水师提督程文炳的家庙，建筑雄伟、越制，为全城祠堂之冠。1949 年后，两家祠堂被行署作为各种会议的招待所，老建筑每年尚可得到维修，原来面貌和格局得以保留。改革开放后，城市中心南移、宾馆林立、老祠堂发挥完余热后，竟被行署第二招待所卖给了建设银行，老房子被拆，一栋银行大楼拔地而起，阜阳又一处古迹湮灭了。

九、中山纪念塔、抗日烈士纪念塔

原在城隍庙前院的广场上。中山纪念塔是孙中山逝世时，阜阳民众捐资兴建的。抗日烈士纪念塔是日寇侵犯阜阳时国民党抗日壮士奋力抵抗，牺牲了许多将士，阜阳城才得以保存，没有沦陷，如骑兵第八师副师长卢广伟等都牺牲在抗日战场。阜阳人民感激为阜阳而牺牲的抗日将士，在中山纪念塔旁刻碑立传，称为抗日烈士纪念塔，后塔、碑都被毁坏了。

在城隍庙南大门东侧是武庙，是祭祀关羽的庙宇，有大殿、东西厢房、山门，标准的四合院建筑，院内几棵青松翠柏，浓荫蔽日，方砖铺地，肃穆幽静。1926 年北伐战争后，改为“忠烈祠”。大殿内悬挂着众多为国牺牲的烈士照片、事迹、军政领导、名人楹联等。1949 年后被改称为“烈士祠”，陈列解放战争、抗美援朝战争的阜阳籍烈士，这本神圣无比，但该地段却于 2009 年被市政府拍卖，地上建筑也被拆除了。

十、天主堂

是清朝末年罗马教皇敕令在阜阳修建的教堂，规模宏伟，是阜阳最早的西洋式建筑，日寇轰炸阜阳时，因德意日是轴心国，天主堂不是轰炸目标，当日机来轰炸时，成千上万的民众都躲进教堂避难，生命得以保全。1949 年后天主堂内建起阜阳中心医院，教堂房舍部分被占用，后天主堂的不动产为专署医院继承，随着医院的发展，庄严的教堂改为女职工宿舍，神父居住的洋楼改为五官科病房，为传教死在阜阳的神父墓地也随门诊楼的兴建而消失。

十一、会老堂

为颍州西湖唯一存在的古建筑，为大文豪欧阳修的故居，是西湖的重要文物景点之一。西湖广袤十余华里，唐宋时期亭台楼阁之胜可与杭州西湖媲美，明嘉靖年间曾对西湖进行过疏浚和修缮，修复了兰堂、清涟阁、会老堂、六一堂、四贤祠、澄源堂、梧风柳月堂、松乔祠、画舫斋、西湖书院、湖心亭、撷芳亭、双柳亭、清颍亭、宜远桥等历史名胜，清末湖上建筑开始败落。1938 年黄河泛滥，湖面被淤为平地，仅存会老堂一处古迹和几处明清石碑。后石碑被砸、文字受损，欧阳后代将五块石碑和欧公石刻影像，沉入水塘才得以保存。后省政府曾两次拨款维修会老堂，头一次负责维修的人员，把石碑及画像从水中捞出镶入会老堂墙壁，得以完好地保存下来。到第二次大修时，维修人员打着“修旧如旧”的口号把会老堂完全扒掉，来个落架重建，原先砌在墙上的明清石碑全部从墙上拆除，丢到院墙外的草堆里，等房子盖好后，也没把这批石碑运进院内保护，工程结束后也没交人保管，数年后被生态园管理人员当建筑垃圾用推土机推出 200 多米的竹园内，填了水坑。新闻界知情后，多次曝光呼吁，无人买账。一座唐宋时期全国知名的风景园林，修复重建，不经专家研究论证、科学规划，不考虑人文景观，执政人员竟随心所欲，盲目引进西方文化。修复古代园林，本应按古代风韵来建，自己的古代风韵不追求，却引进了罗马大帝骑在高头大马上，挥舞着长剑向游园的游客砍来。

十二、慧湖、涮马池

慧湖是阜阳东城边的一个园林风景区，明代王胤开浚，后归刘永翠，植竹种荷，文人墨客多觞咏于此，称为胜景，清道光己未科进士、吏部郎中刘体仁留下吟咏慧湖的诗作近十篇。

“岸渎萦回，修竹丛丛，绿洲点点，楼榭亭阁，相映成趣。”这是对慧湖盛时的写照。然而到了今天，慧湖早已成为都市的弃儿，没人关心，无人呵护。慧湖四周高楼耸起，水池逐渐缩小，成了东关外一带居民的垃圾归宿地。夏日污秽散布、臭气熏天，逐渐在世人眼里消失。

黑龙潭又称涮马池：在古城东北方，系晋汝阴郡太守李矩夫人卫铄（王羲之姨母、老师）在此涮笔而得名。亦是顺昌之战刘锜染马壮大军威的水池，具有重要的历史价值，是顺昌大捷的著名遗迹。如今和慧湖的遭遇一样，成了北城居民的垃圾堆集场，已经被填平。市政府 2002 年 5 月在西安招商会议上把北关（即颍州古城）作棚户区改造出让浙江绍兴环球房屋开发公司。现此处已夷为平地，拟建高楼大厦，古城遗迹即将彻底毁灭。

十三、西灌渠商周遗址

在古城西北隅，刘公祠以北与谢公闸遗址相近，附近有楚汉鸿沟桥、唐建双庙寺遗迹。后兴修水利，开挖西灌渠，挖掉了明万历二年修建的谢公闸、大悲庵。在大悲庵基址下，是商周时期的堆积层，挖出大量的陶器残片、火烧兽骨、卜甲、陶埙等遗物，证明这里是阜阳建城前古人类居住、活动的文化遗址，可惜未经考古人员的科学发掘，就被毁掉了，十分可惜！

十四、楚国宫殿遗址青孤堆

阜阳城东南有一高大的土丘，周围农民逢年过节常到土丘上烧香祈愿，京九铁路开工初期，市文博人员曾多次要求省考古队派人配合铁路建设，进行探查或发掘，未果。1984 年城建部门为填平城东早年开挖的养鱼塘，雇用军工十轮大卡车，夜间开挖土丘，花了十几个夜晚，硬是把遗存两千多年的青孤堆遗址夷为平地，等文博人员发觉赶到现场，发现孤堆是人工夯筑的土台，在夯土层中露出楼房遗址，尚存有空心砖砌就的三层楼梯，周围存留大量经火焚毁的筒瓦。夯土外有用方形砖铺成的道路尚存有十一余米长，似为庭院。根据建筑规模和方法，可以断定这是一处战国时期的建筑遗址。这个时期是楚人统治这里，非楚国的宫殿或园囿莫属。这是极为难得的古代文化遗迹，刚刚出世，就毁于一旦，令人叹惋不已。

十五、女郎台

位于城西北颍泉开发区，是胡子国唯一保存于世的地表古迹，有 2550 多年历史。

公元前 572 年鲁襄公即位，十多年后，娶胡子国君之女敬归为妻，同时娶敬归之妹齐归为媵。女儿出嫁前，胡子国君特选西湖风光秀美之地筑台建一宫馆，教习儿女礼仪。二女嫁鲁襄公后，敬归生公子稠。公元前 542 年 9 月，公子稠被立为鲁国国君，是为鲁昭公。女郎台是鲁昭公曾经住过的公馆。宋代前女郎台宫室馆舍被毁，但台上水井犹存，直至清末民初。杨守敬所著《水经注图》中，标绘有女郎台及水井。1993 年法国社会科学院兰柯利博士专程来华考察女郎台及会老堂。女郎台是世界闻名、国际学者公知的中华文化古迹。

2004 年颍泉区为了引资，将女郎台划入开发区建厂房，某公司头头看中院内的高大土丘，并以有碍建厂房为由，动了出卖女郎台封土的主意，高大的土丘很快被夷为平地。市博物馆得到消息后，原址已无法保护，请示有关单位，对其进行了科学发掘。全市人民都期盼着通过考古发掘，解开二千多年的传说谜团，于是全馆人员出动，发掘工作进行了两年，在封土层里发现几座汉代早期墓葬，向下又发现数座战国时期的墓葬，这些墓葬古代均被盗贼光顾过，仅出土几件玉器和残陶碎片。不过，后来在下边的土层内发现一座墓壁规整、填土夯筑结实的早期墓葬，可惜只向下挖了三米多，用铁棍向下扎了几下，就草率宣布墓已到底，将这座人们期待有重大发现的墓葬放弃了。为了求得更大的突破，发掘领队人员雇请了洛阳考古钻探队，对封土周围普遍钻探20多天，找到晚期的十几座小墓，唯独对已放弃的主墓没有进行钻探。最后在封土边沿钻探队探到一大片用红陶烧制的无底陶筒做墙壁的建筑，这是一处重大发现，他们集中精力又用了数月时间把这处建筑清理完毕。这处建筑为长方形，三面用0.5米高的陶筒三个一组相叠紧靠内壁围成陶筒墙，墙内全部用废碎陶片夯实，形成1.5米高的的坚固层。发掘领队错误地认定这是从来没见过的墓葬，结果将陶片筑成的夯层全部清理掉，也没有见到下面有墓葬的痕迹。为了慎重起见，先后请来了省考古所、中国历史博物馆、故宫博物院著名考古专家来会诊，因为这些专家不了解阜阳古代地貌和历史情景，答案是：“从来没有见过用陶筒作墓壁，陶片当封土的墓葬类型。”他们的考察结论完全由发掘人员误导，先入为主地认定这是古墓葬而引发的。

女郎台发掘的建筑遗址，实际上是春秋战国时期人工建筑的停船码头。古代女郎台四周是湖泊，台上有贵族墓葬（即未发掘到底的墓葬），每年祭祀必然要乘船上台。阜阳没有石材，当时还未发明烧砖，为使台岸不崩塌，就采用了打木桩的办法加固，又怕木桩常年在水中浸泡和浪打，就用烧制的陶筒套在木桩上来进行保护，然后在陶筒木桩围成的墙内用碎陶器残片夯实，筑成了历经两千多年坚固如旧的码头。这是考古史的惊人发现，目前全国还没有类似的发现，这在古代建筑史上非常重要，如果早能认识并加以精心保护，必定可以参加当年的全国十大考古发现。遗址如能保护到今天，也可以成为阜阳历史旅游的亮点之一。可惜古今中外知名的已历两千五百多年的女郎台遗址，就这样永远消失了。春秋时期“宗胡”唯一存世的女郎台遗址，毁在文明古国鲁昭公姥娘家后代人的手里。

十六、白庙出土的春秋铜器

1989年白庙一村庄，在颍河堤外的土塘内，发现一批春秋的铜器，被农民卖给了文物走私贩子，后由阜阳县文管单位的万里同志与县公安人员追到山西省，几乎中煤气回不来。两同志追回三件春秋铜器，这是研究古代胡子国历史的物证。万里等同志冒死追回的文物受到县、省两级文管部门的表彰，后被国家文物局表彰为全国文物安全保卫先进个人，让人欣慰。可是表彰之后，三件铜器不知流落谁人之手。万里同志仙去了，谜底将由谁来揭开？

以上是我目睹亲历的16桩颍州物质文化遗产被毁灭的事例，已经是令人痛心疾首，不堪回忆了，明里暗里毁掉的不知还有多少！有时我幻想着阜阳这些古代文化遗产，如果都能完好无损地保存到今天，该有多好啊！试想一个外乡人到我们阜阳，我们会带他们参观阜阳郊区的古迹，先从春秋时的女郎台墓葬和用特殊方法构筑的停泊码头，再到谢公闸看商周古遗址，体验古人类生存的简朴与艰辛，再驱车参观青孤堆楚国宫殿及园囿遗址，然后到楚灵王开挖的沟通淮、颍水系，为我国最早的人工运河——通商渠（系楚汉鸿沟南端遗址五代时改称为清河），在通商渠乘船游玩后，再到师范学院参观新建的汉代汝阴侯墓葬博物馆，中午回国际大酒店休息，下午去宋代古城颍州，先瞻仰刘锜祠和宋代古城墙，体会宋代顺昌保卫战的惨烈，下城墙再参拜张三丰修道的迎祥观（大观），然后到城隍庙瞻仰中山纪念塔和抗日纪念碑，再到城隍庙观赏明代建筑群，听听地方戏曲，回首参拜为抗日战争、解放战争、朝鲜战争牺牲的烈士纪念馆，然后登上鼓楼，俯瞰古代宋城景观和唐代开元寺遗址，下楼后走进程家祠堂和亓家祠堂参观体会原阜阳“八大家”的气势，再登上东城墙攀上文昌阁品味阜阳历朝历代的文脉之盛，唐宋八大家中的欧阳修、苏轼、苏辙、王安石、曾巩这五位都曾为颍州留下诗篇。回首再拜谒汉代汝阴侯宫殿遗址。然后，进北关宋城品尝阜阳地方特色小吃，游玩北城特色胡同街巷和历代名人住宅，以及顺昌战役的涮马池与书法家卫夫人练字的洗笔池。然后，参观欧、苏作颍州太守的旧治和刘锜抗金兵的指挥所及颍州府衙与县衙，再拜谒孔庙、天主教堂，或到资福寺进香祈福，然后回国际大酒店休息，晚间听阜阳民歌，观赏地方戏曲。第三天到颍州西湖乘船畅游，尽享自然风光的美妙，湖上唱起欧阳修的《采桑子》把人间变成天上，这就是真正的文化之邦。游历了阜阳之后，谁还敢说阜阳没有文化！

（原载阜阳《视界看点》2013年第一期）

整合颍州西湖与颍州古城历史文化资源申报国家级考古遗址大公园

我是阜阳博物馆退休的馆长，文博研究馆员，国家文物保护基金修复鉴定管理委员会专家顾问，省政协五、六届常委。

我是阜阳人，又是搞文史考古职业，因此对阜阳历史文化情有独钟，对阜阳市的经济发展极为关注。

阜阳地处淮北大平原，河流纵横、湖泊星罗棋布，古今都是交通要道和枢纽，这里水清景美，历代成为文人墨客的歌咏之地。历史上曾与杭州西湖媲美的颍州西湖是珍贵的历史文化遗产，是阜阳旅游的资源和宝库，历届政府对西湖开发都很重视，但很少考虑自然的西湖被人为地分割成几个行管区，势必限制了西湖的规划、复原开发和景点设置。现在西湖管理形成各自为政、随意而为，中西古今混杂，不伦不类，毫无古人吟咏的诗情画意，落了个一般性的游乐园品位。

开发颍州西湖资源是摆在市政府面前的一件大事。颍州西湖的开发是阜阳经济大发展的依托，颍州西湖搞好了成为旅游胜地，阜阳经济自然会好起来，希望政府能够广泛征求社会各界有识之士的意见，把颍州西湖的事办好。

本人不揣冒昧，向政府提出几点建议：

一、发展西湖文化。首先要把眼光放大点、放远点，看看周边的省、市、县，例如永城、商丘、寿县等地，看看人家怎样发挥自身的文化传统优势，做大、做强自身文化。我们的西湖，历史上是一个整体，现在被人为地分割成几片，不利于规划管理和开发。一定要还原完整的西湖，把西湖范围整合为一，老西湖的历史面积可以依据文献和航拍照片资料，划出范围，加大湿地面积，然后请高水准的园林规划设计师，依据诗词大家留下的历史描述，进行有步骤的复原建设。

二、颍州西湖与颍州古城是一个密不可分的整体，应该整合在一起，不能分割。颍州古城已有两千多年的历史，城址未曾移动，现有城址遗存是宋代格局，文化积淀深厚，去年省委下达六条指示，要求完好地保护古城面貌，为积极申报省级和国家级历史文化名城做好准备。

三、要把阜阳的文化做大、做强。全国各地都在自己的历史文化传统上大做文章。阜阳最值得称道的莫过于颍州西湖文化和顺昌保卫战。为了做大、做强阜阳文化，我建议向国家申报颍州西湖考古遗址大公园。有利条件：1. 西湖面积大，符合大的标准。2. 文化底蕴深厚，历代歌咏西湖的诗词文章，至今仍在广为流传。3. 历史文物出土丰富，多为国家一级文物，在全国有较大的影响，例如白庙出土的春秋胡子国青铜器，楚墓出土的战国琉璃壁、错银戈镈，西灌渠出土的西周陶埙，唐代银镯内藏的写、印陀罗尼经咒。还有西湖出土的歌颂王莽井田制铜镜，宋元祐八年“晓鼓颂”诗碑和“怀欧桥”石刻，西湖女郎台发掘的春秋停船码头遗址，颍州城内出土的“汝阴宫当”及欧阳修遗物“六一居士”刻铭的骨簪，城南的双古堆汉墓竹简，还有春秋时期楚灵王开挖的人工运河通商渠，刘锜抗金兵的顺昌古城遗址，哪一条哪一件都可以说是响当当的见证，这些发现绝大部分都是在生产建筑中偶然发现。如能展开大规模的考古调查和发掘，定会有惊世的文化遗迹、遗物被发现，从文物角度来衡量，申报颍州西湖考古遗址大公园是完全具备条件的。

四、加强对颍州北关古城的保护，杜绝破坏，不容开发商把具有两千多年的颍州古城在地图上抹掉，阜阳历史文化基因不容割裂。

希望政府作出决断，不折不扣地执行省委下达的保护颍州古城的规定，把颍州古城这一不可再生的历史文化资源保护下来，为下一步做大做强大西湖文化，留下必备的和有利的条件。

2011 年 5 月 31 日

附一

安徽颍上王岗、赵集发现商代器物

阜阳地区博物馆

王岗位于颍上县城东南50里，地靠颍河。赵集位于颍上县城正南，南临淮河。从1972年以来，两处多次发现殷商时代的器物，现分别介绍如下：

一

1980年秋，王岗郑小庄社员在庄东取土垫房基，发现铜、铅、陶器十多件。我馆问讯后，当即派人前往，在颍上县文物组同志的协助下，进行了调查和征集工作，据挖土社员叙述，器物是南北向排列成行的。墓为一长方形竖穴，南北向，墓底距地表1.5米。但因起土太甚，墓室大小和葬式已经无法知道了。该墓出土文物共19件：

（一）铅器

鼎2件，一件完整，一件稍残，形制相同，直耳折沿，深腹圜底，柱形三足。口沿下和腹部饰凸弦纹两道，弦纹间饰圆涡纹9个。鼎通高23厘米、口径16.5厘米、腹圆52厘米。底部有三角形合范铸痕。

毁1件，完态，侈口，深腹稍内收，圈足。腹部饰两道凸弦纹，弦纹间饰斜方格纹和乳钉纹。通高14.5厘米，口径22厘米，圈足径12厘米。

甗一件，鬲甑合铸方唇侈口，索状竖耳，下腹内收束腰，颈饰弦纹，间以圆涡纹和小扉棱。下部分裆柱足，上饰象首衔足纹。算残剩四分之一。甗通高月37厘米，口径26厘米，腹深13厘米。

爵2件，一件完态，一件残破，形制相同，窄流，尾上翘，流旁有菌状柱，柱高4厘米。颈腹分界不明显，腹为卵形，腹一旁有鋬，下有三棱锥状足，足尖外撇。颈部饰弦纹两道。通高18.5厘米，腹深10厘米，口径6厘米，流至尾长16.5厘米。

觚2件，一件完态，一件稍残，形制相同，侈口，束腰，圈足呈喇叭形，平底，腹及圈足各饰两三道弦纹。器身有明显的合范条痕，通高16厘米，口径12厘米，底纹8.5厘米。

卣1件，基本完态。形体扁圆，小口，鼓腹，圈足。肩两侧各有一环状耳，与提梁相连，盖钮菌形，高3厘米，器肩、器盖和圈足各饰弦纹一、二道。器肩前后各饰一象征形兽首。通高24厘米，口径11.5～10厘米。

尊1件，已残破，约高27.5厘米，口径21厘米，腹深20厘米，腹有四条扉棱，两两相对。

弓形四1件，完态，两头有铃。弓背中间有凸起的圆形饰。通长27厘米，弓身长19厘米。

从残存的铅片中尚能辨认的还有觯和削等碎片。

（二）铜器

矛5件，形制相同，都有不同程度的残损。形如柳叶，前尖后宽，近筒处束腰。矛身两面各凸起一线，作为中脊，脊下部隆起成筒，筒内残有朽柲，长约23厘米，

戣1件，残。援身为三角形，中有孔，孔周有纹饰，锈蚀不清。援内相接处有两孔已残，内长方形，尾，穿皆残，戣残长16厘米。

（三）陶器

绳纹罐1件，夹砂灰陶，直口圆腹，平底短颈，通身饰细绳纹。高12厘米，口径10.8厘米，腹径17厘米，底径7.5厘米。

二

1972年春，王岗郑小庄东地和北地池塘边各发现商代墓葬一座，出土文物十余件，先后卖废品站，被博物馆拣选收藏，现已难知某物归某墓了。现介绍如下：

（一）铜器

爵2件，一件在鋬下有“月已”铭文。完态，有流有尾，流旁有柱，下有三棱形足。腹呈长卵形，腹饰云雷纹底的饕餮纹，花纹细腻。鋬上饰牛首纹。通高21厘米。另一件，三足略残，高18厘米，尾转尖，三棱足左右有槽，腹饰饕餮纹模糊不清，鋬上无牛首饰纹。

觯1件，口残，高约16厘米。

矛1件，前尖后宽，中有脊，脊旁有翼。銎椭圆形。残长19厘米。

刀1件，环首直背，刃残。长23.7厘米。

凿1件，呈楔形，銎呈长方形，长12.2厘米。

斧1件，长8.5厘米，銎稍残。

（二）铅器

斧1件，銎残，长9.2厘米。

戈 1 件，仅存援部和内部各一段。

三

1971 年 11 月和 1972 年元月，在离王岗 20 多华里的赵集王拐村，征集到铜器 7 件。据社员说是在淮河堤边出土的。

爵 3 件，“酉”字爵高 20.5 厘米，窄流，尖尾上翘。流旁有柱，柱高 3.5 厘米，柱头圆涡纹。腹饰云雷底纹饕餮纹。腹呈长卵形，三棱尖锥足，鋬饰牛首，鋬下腹部有“酉”字铭文，“月己”爵，高 19.5 厘米，形制和纹饰与“酉”字爵基本相同，但纹饰较“酉”爵粗犷清晰。一件残破，腹饰饕餮纹，以圆圈纹作上下边饰。

觚 1 件，口沿残。细颈，圈足。腹突出并有扉棱。圈足上部有长方镂孔两个，孔下饰乳钉纹四个，对称。残高 22 厘米。

铃 1 件，钮残，通高 5 厘米，圆筒形，弓形器，残存一铃，长 9.5 厘米。

车軎一件，长方形，正面有小方孔，侧面和上面饰云雷纹为底的夔纹，夔张口卷尾，十分生动，軎长 10.4，宽 2.5 厘米。

综观以上出土文物，从器物的组合以及形制、花纹几个方面考察，都属殷商晚期的遗存。尤其是王岗出土的铅鼎、卣与安阳大司空村 M51 出土的同类铜器相比，形制和花纹都非常相似。铅甗也和安阳后冈 H321B 的铜甗形制一样。因此，这组铅、铜器的时代，按照邹衡同志的殷墟文化分期，可以列入殷墟晚期第三期第五组内。其他几处出土器物，因组合关系不清楚，难下结论。不过，有的器物的时代应与王岗墓相当，有的可能晚到第四期。提梁卣形制较晚，与康王十九年的乍册睘卣形制一致。因此这批铜器要晚到西周康王时代。

据《颍上县志》记载：“白马湖在县东距垂岗集五里许，有废刹白马祠。湖旁有荒冢，后为轮蹄所削，故垄已平。乾隆丙申（公元 1776 年）夏暴雨，集地陷，农民王某掘之获铜鼎，罇，斝之属大小十余事，篆刻漫灭不可识。以呈县令蔡元成贮之库，今亡。”“又嘉庆癸酉（公元 1813 年）湖水涨，激岸益積，或逐兔，兔遁西北岸窟，掘之求兔，汲铜瓿一，鼎一，炉一，壶，爵无算。绿锈斑剥，形制奇古，鬻于淮南士民家。”

白马祠今已不存，湖已淤塞。遗址今名寺湖子，在王岗集南三里。清代乾隆，嘉庆年间两次出土大量的铜器，而且还有铭文，可惜前人没有进行详细的著录，今天已难知详情了。不过，从这段记载中，我们得知王岗一带出土商周青铜器是有历史性的，加之近些年的多次发现，这一带地方的确应引起我们考古工作者的重视。

王岗，赵集出土的青铜器，带铭文的有“酉”爵1件，“月已”爵2件，月是族名，已是日名，或者“月已”是族名，目前尚未搞清楚，不过，“月已”铭文的铜器尚未见著录过，应是新出现的一个曾经活动在淮河中游，颍河下游的氏族。带“酉”字族徽的铜器，见于著录的有20余器，但有明确出土点者，仅有陕西耀县丁家沟出土的“酉”爵，以及传为安阳出土的“酉父辛”卣和“亚酉”尊。据邹衡同志推断，“酉”族应该是居于殷墟的商人（或夏的遗民）。颍河上游是夏文化的发源地，“酉”族的分支在历史的变故中顺颍河而下，迁徙到颍尾落户是有可能的。

颍上出土商代文物的地方，西距著名龙虎尊出土地的朱砦润河不到百里，离润河入淮处不到50里，现在在出土龙虎尊的周围，又多次发现了商代文物，这为我们探讨古代淮夷族的活动区域的和淮夷的文化，提供了宝贵资料。

（执笔　刘海超）

附二

安徽颍上县出土一批商周青铜器

颍上县文化局文物工作组

1982 年 5 月颍上县王岗区郑家湾生产队社员在稻场边垫路，在 2.3 米深处，发现一批青铜器和灰陶罐。县文物工作组闻讯后，前往现场清理。

郑家湾位于颍上县城东南 20 公里，颍河南岸，东靠唐家湖，南临淮河，全部土质是黄色沙淤，近似洛阳土质。历年来居民筑堤修路，垫台盖屋，不断挖出各个时代的古代遗物。1982 年初春，堤坝附近居民垫台孜时曾挖出铜戈、铜锛、铜马蹄形饰。戈、锛与洛阳钢铁厂两周第 301 号墓的戈、锛相似。现将郑家湾出土的青铜器介绍如下：

鼎，通耳高 25 厘米、耳高 4 厘米、口径 20 厘米。深腹，直耳，圜底有“丁”形记号，可能是铸造时支钉的痕迹。圆柱形足。

爵 2 件，通高 21 厘米、腹深 10 厘米、爵柱高 3 厘米、足高 8 厘米。前有流后有尾。近流处两个菌形柱，腹部有两道弦纹。深腹，圜底，锥足。

卣，通提梁高 22.5 厘米、口纵长 11 厘米、口横长 9 厘米。敛颈。腹纵长 17 厘米、腹横长 14 厘米、腹深 12 厘米、圈足 2 厘米。造型优美，线条柔和。

尊，高 21 厘米，口已破碎，底径 13 厘米。侈口，素面，质薄。

弓形器。长 28，高 7.5 厘米。有圆球形铃头，弓身有对称鸟纹，中间有一凸出的圆座。

直内戈，通长 19、宽 7 厘米。凸内饰有夔纹。戈脊稍高直延锋尖，后侧有两孔，戈体厚重，铸造精细。镞长 3.5 厘米。镞身圆脊，左右两叶刃向前聚成锋尖，向后形成倒刺，链成圆锥形。

勺，全长 19 厘米，勺头口径 3 厘米、高 5 厘米。柄长 16 厘米。柄尾呈铲形，宽 2 厘米。

陶罐，高 12 厘米、口径 10 厘米、腹径 15 厘米、底径 6 厘米。侈口，敛颈。从腹到底全是绳纹。这些青铜器的出土，为阜阳地区的殷周历史研究提供了实物资料。

（执笔　马人权）

后　记

值此父亲一周年忌日，这部《韩自强文物考古集》经过多方的努力和关心，特别是在阜阳市政协文史委、阜阳市博物馆的大力支持下，终于面世。这部考古集是父亲毕生的心血，是父亲智慧的结晶，是父亲留存于世的最后一部遗作，今天把它整理出版面世，借以慰藉远在天边的英魂，鼓励鞭策后世之辈，交流、充实、传播阜阳珍贵文物。

这部考古集介绍了青铜器、陶瓷器、玉石器、漆器、竹简、货币、印玺、碑刻、卜卦、绘画、古文字等十几个类别，几乎囊括了阜阳博物馆馆藏文物，其中不乏镇馆之宝，里面的文字拓片都是我父亲一笔笔刻画下来的。正是这样的一部集子，它从历史的角度，唯物的角度，专家的角度，全方位诠释、展示了阜阳历史文化、文物精华，是阜阳文物的集大成，是对阜阳文物的荟萃。

父亲一生沉迷文物考古研究五十余载，钻之弥坚，不可自拔，其痴之深、迷之切、专之情，可以昭昭于星月，告白于天下，说他是真正的、痴迷的“考古学家”，一点也不为过，他可以在黄金岁月宅深院，他可以远离家乡千余里，他可以冰冷馒头蘸冷粥，他可以蓬头垢面连轴转，但是他，唯独不会离开心心念念的挚爱和至宝！

我辈生来鲁钝，未能接过、传承父亲的衣钵，发扬光大父亲的事业，甚觉愧疚，可以毫不夸张地说，父亲开辟了阜阳文物考古界的新天地，他的功勋日月可鉴，他的成就文字可依，他做出的贡献是我辈难以望其项背的！通过这部著作，透过这些文字、图画，我看清了父亲，我懂得了父亲，我理解了父亲，可惜，父亲再也不知我现在已经懂他、知他、爱他，这是我一生的憾，是我一生的痛。

这部著作未出版前，样本曾经送给与我父亲过从密切的知己、同行审阅，多方征求意见，仔细订正谬误，受益匪浅，借此致以衷心感谢，感谢李兴武先生、陆志成先生、杨玉彬先生，感谢后期的校对、插图——刘奕云先生、杨文君女士，以及提供摄影图片拷贝的曹炯老师，没有他们的倾力合作、辛勤劳作，就没有今天这部作品的问世。

再次叩谢所有有心的人！

长子：韩辉　次子：韩朝　女儿：韩梅

2017.12